TOD IM INNTAL

Fabian Marcher, geboren 1979 in Tegernsee, ist gelernter Buchhändler und arbeitet als freier Autor. Im Emons Verlag hat er bereits den Inntal-Krimi »Kranzhorn« und – gemeinsam mit seiner Frau Julia Lorenzer – den Reiseführer »111 Orte in Rosenheim und im Inntal, die man gesehen haben muss« veröffentlicht. Die beiden leben in Oberbayern und in Italien.

Dieses Buch ist ein Roman. Handlungen und Personen sind frei erfunden. Ähnlichkeiten mit lebenden oder toten Personen sind nicht gewollt und rein zufällig.

FABIAN MARCHER

TOD IM INNTAL

Oberbayern Krimi

emons:

LChoice
Hier bestellen

Lust auf mehr? Laden Sie sich die »LChoice«-App runter, scannen Sie den QR-Code und bestellen Sie weitere Bücher direkt in Ihrer Buchhandlung.

Bibliografische Information der Deutschen Nationalbibliothek
Die Deutsche Nationalbibliothek verzeichnet diese Publikation in der Deutschen Nationalbibliografie; detaillierte bibliografische Daten sind im Internet über http://dnb.d-nb.de abrufbar.

MIX
Papier aus verantwortungsvollen Quellen
FSC® C083411
FSC
www.fsc.org

Umschlagmotiv: mauritius images/Christian Bäck
Umschlaggestaltung: Nina Schäfer, nach einem Konzept von Leonardo Magrelli und Nina Schäfer
Umsetzung: Tobias Doetsch
Gestaltung Innenteil: César Satz & Grafik GmbH, Köln
Lektorat: Susanne Bartel
Druck und Bindung: CPI – Clausen & Bosse, Leck
Printed in Germany 2019
ISBN 978-3-7408-0569-2
Oberbayern Krimi
Originalausgabe

My heart is turned to stone;
I strike it, and it hurts my hand.
William Shakespeare, »Othello«

Erster Teil

1

Lorenz Kastner schaltet einen Gang zurück und tritt das Gaspedal bis zum Anschlag durch. Der Motor seines hellblauen Fiat Panda stößt einen ächzenden Klagelaut aus und müht sich weiter die steile, von dichtem Nadelwald gesäumte Straße hinauf.

Hinter der nächsten Kehre öffnet sich eine Lichtung, in deren Mitte drei hohe Masten in den tiefblauen Himmel ragen. Rechteckige Fahnen sind hochkant daran befestigt, sie zeigen das Logo des Internats: die Silhouette eines Raubvogels und quer darüber den schwungvollen Schriftzug »Schule Schloss Falkenberg«.

Noch eine letzte scharfe Kurve, dann ist er angekommen. Die strahlend weiße Fassade, die Lorenz bereits von den Bildern im Internet kennt, leuchtet in der Sonne. Der Parkplatz direkt vor dem Gebäude ist nicht groß und bereits ziemlich voll. Zwischen einem riesigen, silbrig glänzenden Audi und einem dunkelblauen BMW Cabrio findet er noch eine Lücke.

Er hat gerade den Motor abgestellt, da wird der Innenraum des Fiat plötzlich von einer sanften Klaviermelodie erfüllt. Nach ein paar Sekunden bricht sie ab, nur um gleich wieder von vorn zu beginnen. Lorenz runzelt die Stirn. Wo kommt das her? Natürlich, sein neues Handy! Er dreht sich um und kramt das Smartphone aus der auf dem Rücksitz deponierten Tasche. Auf dem Display pulsiert der Name des Anrufers: »Prof. Dr. Beckstein«.

»Kastner.«

»Beckstein hier. Guten Morgen, Herr Kastner. Sind Sie schon unterwegs?«

»Streng genommen bin ich sogar schon da. Ich habe soeben mein Auto vor dem Schloss geparkt.«

»Sehr gut. Ich wollte Ihnen nur kurz Bescheid geben, dass ich erfreuliche Nachrichten von der zuständigen Stelle in Berlin erhalten habe. Wenn wir ein hieb- und stichfestes Gutachten über die Anlage in Falkenberg liefern können, steht der Finanzierung eines länderübergreifenden Forschungsnetzwerks nichts mehr im Weg.«

»Wunderbar.«

»Sie wissen ja bereits, dass ich Sie für die Leitung dieser Gruppe vorschlagen werde. Mein Wort als Inhaber eines der renommiertesten Lehrstühle für mittelalterliche Geschichte im deutschsprachigen Raum hat in dieser Angelegenheit großes Gewicht.«

»Ich weiß. Vielen Dank für Ihr Vertrauen, Herr Professor Beckstein.«

»Jaja. Aber erst mal brauchen wir Ergebnisse.«

»Ich werde mein Bestes tun.«

»Davon bin ich überzeugt. Auf Wiederhören, Herr Kastner, und … gutes Gelingen!«

»Auf Wiederhören.«

Er steckt das Telefon zurück in die Reisetasche und öffnet dann sehr vorsichtig die Fahrertür. Ein Kratzer im Lack des schnittigen BMW wäre wahrscheinlich eine ziemlich teure Angelegenheit.

Die beiden Flügel der gläsernen Eingangstür schieben sich lautlos zur Seite, als Lorenz näher kommt. Er durchschreitet den hellen Vorraum, öffnet die nächste Glastür mit der Hand und findet sich in einem großzügigen Foyer wieder: Ein mit funkelnden Kristallen geschmückter Kronleuchter hängt von der hohen Decke, purpurne Läufer bedecken den blitzsauberen Marmorboden. Durch eine geöffnete Tür zu seiner Linken fällt sein Blick in den dahinterliegenden Saal: blank poliertes Parkett, riesige Fenster, schwere Vorhänge, holzvertäfelte Wände und ein großformatiges Porträt in Öl. Niemand ist zu sehen, aber er hört gedämpfte Stimmen und das Klappern von Geschirr. Rechts führt eine breite Treppe in den ersten Stock. Er zögert einen Moment, geht dann aber hinauf.

»Entschuldigen Sie, ich suche das Büro von Herrn Dr. Brenner.«

Neben ihm ist eine ganz in Weiß gekleidete junge Frau gerade dabei, Lachsbrötchen dekorativ auf einem Silbertablett anzurichten. Sie lächelt Lorenz kurz an, unterbricht ihre Arbeit aber nicht.

»Im zweiten Stock«, sagt sie. »Rechts den Gang runter. Die vorletzte Tür auf der linken Seite.«

»Danke.«

Auf der langen Tafel mit den blütenweißen Tischdecken sind weitere Tabletts mit appetitlich aussehenden Häppchen arrangiert, daneben edle Metallbehälter, die dem in der Luft liegenden Geruch zufolge warme Speisen enthalten. An anderer Stelle ist eine bunte Obstpyramide angerichtet, deren Mittelpunkt eine kunstvoll in Rosenblütenform geschnitzte Wassermelone bildet. Am Ende des geräumigen Flurs stehen auf einem Tisch verschiedene Getränkeflaschen und eine Menge Gläser bereit.

Man wird doch nicht extra für ihn einen Empfang vorbereitet haben?

Während er die Treppe ins nächste Stockwerk hinaufsteigt, geht Lorenz verzweifelt den Inhalt seiner Reisetasche durch. Nein, er hat nichts Repräsentativeres dabei als das kurzärmlige Sommerhemd und die zwar bequeme, aber nicht gerade nagelneue Hose, die er gerade trägt. Er seufzt. Dem ersten Eindruck des Schlosses nach könnte das ein ziemlich peinlicher Auftritt werden.

Hier muss es sein, die vorletzte Tür auf der linken Seite. Daneben ein Schild: »Dr. Julius Brenner, Schulleitung«. Lorenz klopft an.

»Herein.« Eine Frauenstimme.

Er öffnet die Tür und betritt ein kleines Vorzimmer – offenbar das Reich der adretten, etwa fünfundvierzigjährigen Dame mit Brille und Hochsteckfrisur, die ihn hereingebeten hat. Sie sitzt hinter einem Computer und sieht Lorenz fragend an.

»Mein Name ist Kastner, ich komme vom Lehrstuhl für mittelalterliche Geschichte an der Universität München.«

»Herr Kastner, herzlich willkommen.« Die Dame steht auf und reicht ihm die Hand. »Daniela Weinhold, ich bin die Sekretärin des Internatsleiters. Wir haben Sie schon erwartet. Herr Dr. Brenner müsste jeden Moment wieder da sein. Kann ich Ihnen inzwischen etwas anbieten? Einen Kaffee? Ein Glas Wasser?«

»Nein danke. Aber ich hätte eine Frage.«

»Ja?«

»Der Empfang, der gerade im ersten Stock vorbereitet wird … also … ist das …?«

»Welcher Empfang?« Frau Weinhold scheint von nichts zu wissen.

»Nun ja, die Getränke, die Tische mit den weißen Decken, das Büfett …«

»Ach das.« Sie wirft einen Blick auf ihre kleine silberne Armbanduhr. »Es ist kurz vor elf. Gleich haben wir große Pause.«

»Kommt überhaupt nicht in Frage, Frau Stahl. Bei aller Liebe, das *kann* ich nicht genehmigen.«

Dominik Zeller, Leiter der Mordkommission Rosenheim, rollt mit seinem giftgrünen Sitzball ein paar Zentimeter nach vorn, stützt sich mit den Ellenbogen auf den Schreibtisch und macht mit seinen Händen eine Geste, die aussieht, als streichelte er eine imaginäre Bowlingkugel.

»Es geht um das gemeinsame Erlebnis, und Teambuilding

kann nur funktionieren, wenn auch wirklich das ganze Team vor Ort ist, nicht wahr?«

Hauptkommissarin Tamara Stahl nickt resigniert. Das war zu erwarten. Wenn Zeller sich etwas in den Kopf gesetzt hat, bringt man ihn nicht so leicht davon ab. Aber auch sie gibt nicht ohne Weiteres auf.

»Ich weiß.« Sie versucht, zerknirscht zu klingen, und fährt sich mit der rechten Hand durch die kurzen blonden Haare wie jemand, der vor einem echten Dilemma steht. »Ich ärgere mich ja selbst darüber, dass ich nicht früher von dem Vortrag erfahren habe. Aber das Thema Profiling ist in letzter Zeit in aller Munde, und wenn ich mich dahingehend weiterbilde, könnte ich meine neu erworbenen Fähigkeiten ebenfalls zum Wohl des gesamten Teams –«

»Wie lange sind Sie jetzt schon bei uns in Rosenheim, Frau Stahl?«

»Zwei Jahre, vier Monate.« Tamara ist selbst erstaunt, dass sie das so genau weiß.

»Mhm, mhm.« Zeller nimmt eine schmale Mappe von einem Stapel zu seiner Rechten und blättert gedankenverloren darin herum. »Am Anfang war es sicher nicht einfach für Sie. Als jüngste Kommissarin, die es hier je gegeben hat. Und als erste Frau überhaupt beim Mord.«

Sie zuckt mit den Schultern, doch bevor sie etwas erwidern kann, fährt ihr Vorgesetzter auch schon fort.

»Aber Sie haben die Herausforderung sehr gut gemeistert. Sie sind fleißig, zuverlässig, diszipliniert. Und dieser Fall damals in – wo war das gleich noch mal? – Oberaudorf, richtig. Jedenfalls war das gute Arbeit, damit haben Sie sich Respekt verschafft. Aber klug, wie Sie sind, wissen Sie sicherlich auch, dass moderne Ermittlungsarbeit immer eine Gemeinschaftsleistung darstellt. Deshalb ist es mir so wichtig, dass meine Teams zusammenwachsen und als Einheit agieren. Und das geschieht nicht von selbst.«

Wieder blättert er in der Mappe. »Wie ich sehe, haben Sie in den zwei Jahren und vier Monaten, die Sie bereits bei uns sind, noch nie an einer Teambuilding-Maßnahme teilgenommen. Beim letzten Mal waren Sie verhindert wegen«, Zeller klappt die Mappe geräuschvoll zu, »der schweren Krankheit Ihrer Großmutter. Geht's ihr inzwischen besser?«

»Wem? Ach so ... Ja. Ich meine, nein. Sie ist tot.« Und zwar schon seit fünfzehn Jahren, doch das verschweigt Tamara lieber.

»Sie ist mittlerweile verstorben? Das tut mir leid.«

»Schon in Ordnung.«

»Jedenfalls wird es so einen Vortrag zum Thema Profiling bestimmt bald wieder geben, und dann werde ich der Letzte sein, der Sie davon abhält, ihn zu besuchen. Aber diesmal hat der Teambuilding-Workshop absolute Priorität.«

Zeller steht auf, um unmissverständlich anzuzeigen, dass das Gespräch beendet ist. »Ich freue mich also darauf, Sie heute Abend in Seeon als Teil der Gruppe anzutreffen.«

Tamara erhebt sich ebenfalls, schüttelt ihrem Chef über den Schreibtisch hinweg die Hand und verlässt deprimiert das Büro.

Im Vorbeigehen sieht sie Heinrich Schmitterer, der mal wieder das »Rosenheimer Tagblatt« auf seinem stattlichen Bierbauch ausgebreitet hat. Er grüßt, indem er zwei Finger hebt, ohne den Blick vom Sportteil zu lösen. Sein Arbeitsplatz könnte als Symbolbild für »Chaos« dienen: mehrere ungespülte Kaffeetassen, Teller mit Krümeln darauf, dazwischen irgendwo die Akten, die er eigentlich bearbeiten soll. Aber Schmitterer lässt es wie immer ruhig angehen. Wobei er stets einen herablassenden Spruch für jeden parat hat, der ihm zu ehrgeizig und pflichtbewusst erscheint.

Tamara stöhnt innerlich auf. Mit dem wird sie also ab morgen früh im Stuhlkreis sitzen und über ihre Gefühle sprechen. Nun ja, falls es eine Vertrauensübung geben sollte, bei der man sich rücklings in die Arme des anderen fallen lassen muss, würde sich wohl niemand wundern, sollte ihr Heinrich Schmitterer mit seinen zweieinhalb Zentnern Lebendgewicht aus Versehen durchrutschen.

Sie kann sich glücklich schätzen, dass das moderne Großraumbüro im Rosenheimer Kommissariat noch nicht Einzug gehalten hat und sie jederzeit die Tür hinter sich schließen kann. Während sie das tut, meldet sich ihr Handy auf dem Schreibtisch.

Eine Kurznachricht. Wie immer in den letzten Wochen scheint ihr Herzschlag bei diesem Ton eine Sekunde lang auszusetzen. Sie wirft einen Blick auf das Display, und das kleine Fünkchen Hoffnung, das sich soeben erst entzündet hat, verglimmt sofort. Die Nummer des Anrufers ist nicht in ihren Kontakten gespeichert – aber irgendwie kommt ihr die Zahlenreihe mit den zwei Fünfern in der Mitte bekannt vor. Sie ruft die Nachricht auf.

Hey tamara! hab grad die teilnehmerliste vom seminar in seeon durchgeschaut – ihr aus rosenheim seid auch dabei?? cool ;-) freu mich tierisch, dich zu sehen! tobi

Tobi. Die Hauptkommissarin lässt sich in ihren Bürostuhl fallen und liest die Nachricht noch einmal. Damit hat sie nun wirklich nicht gerechnet. Aber die Seminare in dem ehemaligen Kloster nahe dem Chiemsee werden jedes Jahr allen Präsidien der Bayerischen Polizei angeboten, und anscheinend kommen diesmal auch Kollegen vom Betrugsdezernat in München, wo Tamara nach der Ausbildung ihre erste Stelle als Kommissarin innehatte – und in dem ihr damaliger Freund Tobi noch immer arbeitet.

Wann hat sie das letzte Mal mit ihm gesprochen? Sie erinnert sich wieder. Ein paar Monate nach der Trennung und ihrem Umzug nach Rosenheim, als sie an dieser Oberaudorf-Sache dran war, hat sie ihn angerufen. Damals ging die Praktikantin mit der piepsigen Stimme ran, der die männlichen Kollegen im Betrugsdezernat andauernd auf den Hintern geglotzt hatten. Wie hieß die noch? Johanna? Egal. Jedenfalls war das der richtige Moment gewesen, Tobi und seine Nummer aus ihren Kontakten zu löschen und ihn endgültig zu vergessen. Was sie auch getan hat. Bis heute.

Tamara legt das Handy weg und kaut geistesabwesend auf ihrer Unterlippe herum, denkt an Oberaudorf, wo sie Lorenz kennengelernt hat. Am Anfang kam er ihr reichlich seltsam vor, aber irgendwie ging er ihr trotzdem nicht mehr aus dem Kopf, auch als der Fall längst gelöst war. Sie trafen sich noch einmal, telefonierten ab und an, und als er dann nach Südtirol zog, um endlich seine Doktorarbeit abzuschließen, hätten sie sich beinahe aus den Augen verloren. Aber eben nur beinahe.

Sie muss jetzt noch lächeln, wenn sie an seinen Anruf vor ziemlich genau zwei Monaten denkt. Ob sie Lust habe, mit ihm auf sein erfolgreich verlaufenes Kolloquium anzustoßen.

»Selbstverständlich, Herr Dr. Kastner. Meinen Glückwunsch!«

Das darauffolgende Treffen in Rosenheim lief wirklich gut. Das nächste – der Erinnerung wegen im »Weber an der Wand«, dem Höhlenwirtshaus in Oberaudorf – noch besser. In den Tagen danach fühlte sie sich richtiggehend beschwingt.

Und ging dann in ihrer Euphorie zu weit. Nun ist es schon beinahe zwei Wochen her, dass sie die dämliche Idee hatte, zu Lorenz nach München zu fahren, um ihn mit einer Essenseinladung zu überraschen. Das war offenbar zu viel, sie hat ihn überrumpelt. Ob er sich überhaupt noch mal meldet?

Aber jetzt genug davon. Schließlich liegen nicht nur auf Schmitterers Schreibtisch ein paar Akten, die bearbeitet werden wollen, auch wenn es in den letzten Monaten kaum einen interessanten Fall, sondern fast nur Routineangelegenheiten gegeben hat. Leider. Das bedeutet: viel Papierkram, wenig Inhalt.

Die einzige Ausnahme war der sportliche Herr mittleren

Alters, der vor knapp zwei Wochen leblos im Flur seiner Rosenheimer Altstadtwohnung gefunden wurde. Keine Zeichen äußerer Gewalteinwirkung, aber laut Ersteinschätzung des Arztes auch kein Herzinfarkt. Für ein paar Stunden war das ganze Kommissariat mit Ermittlungen beschäftigt, bis die Gerichtsmedizin anrief: Man habe die Verschlusskappe eines Augentropfen-Fläschchens in der Luftröhre der Leiche gefunden. Damit war die Todesursache geklärt. Auch wenn sich Tamara immer noch nicht erklären konnte, was genau mit dem Mann geschehen war.

Doch glücklicherweise hat sie mit Hauptkommissar Josef Burger einen Kollegen, der zwar eher selten durch brillante Einfälle auf sich aufmerksam macht, im Gegenzug dafür während der Frühlings- und Sommermonate aber unter heftigen Allergieanfällen leidet, weshalb er über jede Menge Erfahrung mit Augentropfen verfügt. Als sie Burger den Fall schilderte, kam er sofort auf die Lösung: Der Mann hatte sich den Deckel des Fläschchens zwischen die Zähne geklemmt und dann den Kopf in den Nacken gelegt, um sich die Tropfen in die Augen zu träufeln. Das kleine Plastikteil musste ihm dabei in den Rachen gerutscht sein, er konnte es nicht mehr ausspucken oder herauswürgen – und sein Schicksal war besiegelt.

Das war der aufregendste Fall der letzten Wochen: weder Mord noch Selbstmord. Tamara muss den Bericht dazu noch abschließen. Sie stöhnt. Da sie heute wegen des Seminars nur einen halben Tag arbeiten wird, sollte sie wohl besser sofort damit beginnen. Als sie die Akte zur Hand nimmt, fällt ihr Blick wieder auf das Handy.

Kaum zu glauben, dass sie Tobi schon heute Abend wiedersehen wird. Ihr Vorgesetzter, ihr Ex-Freund, sie selbst und noch dazu eine ganze Horde Beamter der bayerischen Kriminalpolizei, alle eingesperrt in einem ehemaligen Kloster. Das kann ja heiter werden.

Ein riesiger antiker Schreibtisch aus dunklem Holz, darauf nur ein Telefon, ein zugeklappter Laptop und ein antiquiert wirkender Füllfederhalter, dahinter ein breites Fenster, das einen beeindruckenden Bergpanoramablick erlaubt. Am anderen Ende des Zimmers eine Sitzecke mit schwarzen Ledersesseln und ein niedriger Glastisch auf kühl glänzenden Metallbeinen. Im Kontrast dazu die alten, ledergebundenen Bücher, eine betagte Schreibmaschine und ein Globus. Offensichtlich versucht Internatsleiter Dr. Julius Brenner durch die Einrichtung seines Arbeitszimmers genau die Verbindung von Altbewährtem und Modernem auszustrahlen, von der er Lorenz in diesem Augenblick berichtet.

»Ein Internat wie unseres ist gewissermaßen ein Hybrid. Einerseits vermitteln wir traditionelle Werte. Gerade für Kinder, die aus einer privilegierten Familie stammen, ist das wichtig. Viele von ihnen werden später die verantwortungsvollen gesellschaftlichen Positionen einnehmen, die heute ihre Eltern ausfüllen.«

Dr. Brenner lehnt sich ein wenig zurück und blickt über seinen Zuhörer hinweg an die Zimmerdecke. Lorenz schätzt ihn auf Mitte fünfzig. Er ist nicht besonders groß, aber sehr schlank und eine äußerst gepflegte Erscheinung. Sein Maßanzug sitzt perfekt, das volle dunkelbraune Haar ist nur an den Schläfen leicht ergraut.

»Aber Tradition allein genügt heutzutage bei Weitem nicht mehr«, fährt er fort. »Schließlich sollen die Schülerinnen und Schüler hier bestmöglich auf eine Welt vorbereitet werden, die sich ständig weiterentwickelt.«

Der Internatsleiter wendet sich kurz dem Panoramafenster zu, wie um zu verdeutlichen, dass er von der Welt da draußen spricht. Dann dreht er sich wieder zu Lorenz um und sieht ihm direkt in die Augen.

»Deshalb ist es mindestens ebenso bedeutsam, am Puls der Zeit zu sein. Wir sind die erste Schule in Deutschland, die digitales Lernen konsequent umsetzt. Bei uns gibt es papierlosen Unterricht, jeder Schüler hat ein eigenes Tablet, mit dem alle Übungen und sogar die Prüfungen absolviert werden und auf dem das gesamte Lehrmaterial abgespeichert ist. Keine Hefte, keine Bücher.«

Lorenz hebt erstaunt die Augenbrauen. An den Gedanken, dass der Verzicht auf Bücher beim Lernen Vorteile bringen soll, muss er sich erst noch gewöhnen. Doch Dr. Julius Brenner ist jetzt richtig in Fahrt und redet schon weiter.

»Das mag Ihnen vielleicht etwas extrem erscheinen, doch ich halte Kompetenz im Umgang mit digitalen Medien für die Schlüsselqualifikation der kommenden Jahre und Jahrzehnte. Auch wenn ich selbst alles andere als begeistert von dieser Entwicklung bin. Gerade in der Kommunikation sind heutzutage Dinge selbstverständlich geworden, deren Tragweite wir kaum noch verstehen. Soziale Netzwerke, Chatprogramme für Handys oder die gute alte E-Mail machen vertraulichen Informationsaustausch meiner Meinung nach nur scheinbar einfacher, während ihre Funktionsweise in Wirklichkeit für den Laien kaum zu durchschauen ist. Aber ich schweife ab. Der moderne, zukunftsweisende Aspekt ist in den vergangenen Jahren jedenfalls besonders wichtig für unser Marketing gewesen. Als Privatschule sind wir ein Unternehmen, das sich auf einem anspruchsvollen Markt behaupten muss. Würden wir uns nur auf die Tradition und den Charme dieser großartigen Immobilie verlassen, kämen wir nicht weit. Die Besten gehen nur zu den Besten, sage ich dem Kollegium immer.«

Dr. Brenner unterbricht sich und starrt einen Moment lang versonnen auf die makellos glänzende Oberfläche seines Schreibtisches. Dann fährt er fort: »Aber zuletzt wurde der Wunsch geäußert, die Außendarstellung der Schule neu zu justieren. Ich kann hier nicht einfach schalten und walten, wie es mir beliebt, müssen Sie wissen. Hinter mir steht das

Kuratorium – eine Art Aufsichtsrat – unter dem Vorsitz von Ludmilla von Sternberg, einer Altschülerin, die sich in der Vergangenheit um das Internat sehr verdient gemacht hat. Sie möchte künftig neben unseren hochmodernen Unterrichtsmethoden die geschichtliche Bedeutung des Schlosses stärker in den Fokus rücken, und ich werde mich diesem Wunsch natürlich nicht verschließen. Sie sehen: Das Interesse, das Sie als Historiker an der Erforschung der mittelalterlichen Grundstrukturen dieses Gebäudes angemeldet haben, kommt uns gewissermaßen gelegen. Wir werden Ihnen bei Ihrer Arbeit behilflich sein, wo wir nur können. Meine Sekretärin hat in den vergangenen Wochen bereits alle Pläne und Dokumente zur Architektur des Schlosses zusammengetragen, die wir auftreiben konnten. Alles, was sie in unseren Archiven gefunden hat, steht Ihnen zur Verfügung.« Der Internatsleiter lächelt.

Lorenz nickt. »Das wird sicher sehr hilfreich sein, vielen Dank.«

»Haben Sie eigentlich schon Ihr Zimmer gesehen?«, wechselt Dr. Brenner unvermittelt das Thema. »Nein? Ich werde Frau Weinhold gleich damit beauftragen, es Ihnen zu zeigen. Wir haben Sie im sogenannten Literatenturm untergebracht. Der Name stammt noch aus der Zeit, als regelmäßig Schriftsteller und andere Künstler vom Schlossherrn eingeladen wurden. Ich hoffe, die Räumlichkeiten sagen Ihnen zu. Es ist dort ruhiger als im Ostflügel, wo die Schüler und die Erzieher wohnen. Ach – eines hätte ich fast vergessen.«

Dr. Brenner hat sich schon halb aus seinem Stuhl erhoben, lässt sich jetzt aber wieder zurückfallen.

»Das Kuratorium möchte auch den historischen Tiefbrunnen, der zur Schlossanlage gehört, genauer untersuchen lassen. Eigentlich hatte ich dafür einen Hobby-Höhlenforscher aus dem Dorf engagiert – doch der ist gestern leider mit dem Fahrrad gestürzt und hat sich den Arm gebrochen. Tja, und jetzt stehen wir – mit Verlaub – ziemlich dumm da, weil ich bereits vor Wochen für morgen früh die Feuerwehr bestellt habe, damit sie die Brunnenerkundung absichert. Es ist wirklich ärgerlich.«

»Das kann ich mir vorstellen.« Lorenz hat keinen Schimmer, worauf der Internatsleiter hinauswill.

»Und in dieser unglücklichen Situation … habe ich an Sie gedacht, Herr Kastner.«

»An mich? Inwiefern?«

»Sehen Sie, der Tiefbrunnen wurde im Mittelalter angelegt. Das ist Ihr Spezialgebiet, nicht wahr? Sie sind doch hier, um im gesamten Schloss die Bausubstanz zu begutachten, die aus dieser Epoche stammt.«

»Sie meinen …?«

»Ich meine, dass es im Grunde sowieso viel sinnvoller ist, wenn ein Experte wie Sie bei der Erkundung des Brunnens vorangeht.«

»›Vorangeht‹ im Sinne von …?«

»Im Sinne von: die einzigartigen Relikte vergangener Jahrhunderte, die dort unten warten, als Erster in Augenschein nimmt. Was auch immer auf dem Grund des Brunnenschachtes zu finden ist, es könnte uns wertvolle Informationen über die Menschen geben, auf deren Schultern – bildlich gesprochen – die Schüler, meine Kollegen und ich heute arbeiten und leben. Und seien Sie unbesorgt, die Feuerwehr kümmert sich wie schon gesagt um sämtliche Sicherheitsaspekte. Ihre Recherchen hier auf Schloss Falkenberg könnten also gleich mit einem echten Sensationsfund beginnen. Nun, was sagen Sie dazu? Klingt das in Ihren Ohren nicht verlockend?«

Gut sechs Stunden später balanciert Lorenz vorsichtig einen Teller Gemüsesuppe durch den mit Stimmengewirr erfüllten großen Saal im Erdgeschoss. Die etwa hundertfünfzig Jugendlichen aller Jahrgangsstufen, die gerade gleichzeitig das Büfett stürmen, machen ihm die Sache nicht leichter. Kaum ein Schüler trägt jetzt noch die dunkelblaue Uniform, der Lorenz am Nachmittag überall im Schloss begegnet ist.

»Das Tragen der Schulkleidung ist während der Unterrichtszeit für alle Mädchen und Jungen bis zur zehnten Jahrgangsstufe Pflicht«, hat Frau Weinhold ihm erklärt, als sie ihn nach der Besprechung mit Dr. Brenner zum Literatenturm begleitete. »Die Älteren dürfen frei wählen – wobei wir ihnen empfehlen, sich am ›Smart Business Look‹ zu orientieren.«

Vor dem Getränkespender steht eine Gruppe von Oberstufenschülern, ihre halblangen Haare sind sorgfältig gescheitelt, sie tragen Marken-Poloshirts mit farblich abgesetztem Kragen, dazu edle Chino-Shorts und Wildleder-Turnschuhe. Am Handgelenk der meisten glänzt eine Rolex. Lorenz betrachtet sie genauer. Ob das der »Smart Business Look« ist, von dem die Sekretärin gesprochen hat? Jedenfalls scheint dieses Outfit bei den Jungs der oberen Klassen eine Art inoffizielle Sommeruniform zu sein.

Endlich hat er den riesigen kreisrunden Tisch erreicht, an dem einige Lehrer, die Erzieher und der Internatsleiter sitzen und an dem ein Platz für ihn reserviert wurde.

»Guten Abend. Sandra Vogel, erstes Fach Englisch, zweites Fach Deutsch. Sie sind der Historiker, nicht wahr?«

»Ja, guten Abend. Ich heiße Lorenz Kastner.«

Sandra Vogel, auf deren Teller sich ein eindrucksvoller Salatberg türmt, legt die Gabel weg und reicht ihrem neuen Tischnachbarn die Hand. Sie trägt ihr glattes dunkelblondes Haar offen, Lorenz schätzt sie auf Mitte dreißig. Der Figur und dem sonnengebräunten Gesicht nach hätte er sie eher für eine Sportlehrerin gehalten.

»Sie wohnen auch hier im Schloss?«, fragt er, nachdem die beiden ein paar Minuten lang schweigend gegessen und dem Gespräch der anderen gelauscht haben.

»Ja, wie alle an diesem Tisch.« Sie spießt mit der Gabel ein Stück Tomate auf. »Die Kollegen, die im Umland wohnen, kommen frühmorgens her und fahren nach dem Unterricht wieder nach Hause. Wie in jeder normalen Schule. Manchmal beneide ich sie darum.«

Ein etwa vierzigjähriger Mann mit zerzausten blonden Haaren, der trotz des sommerlichen Wetters ein abgewetztes beiges Cordsakko trägt, stellt seinen Suppenteller rechts neben Lorenz – an den einzigen Platz, der am Tisch noch frei ist.

»Guten Abend«, grüßt er mit etwas heiserer Stimme, um sich dann vorzustellen, »Friedrich mein Name. Wolfgang Friedrich. Geografie und Chemie.«

Lorenz schüttelt auch ihm die Hand, wendet sich, als Herr Friedrich die ihm gegenübersitzende Erzieherin nach dem Salzstreuer fragt, aber wieder Sandra Vogel zu.

»Zumindest ist das hier ein besonderer Ort zum Leben. Und ein sehr schöner noch dazu.« Er lächelt. »Ich hatte schon ein bisschen Zeit, mich umzusehen. Der Blick von der Terrasse in die Berge ist wirklich atemberaubend. Noch dazu Räume wie dieser.« Lorenz sieht sich erneut im Saal um, der ihn schon am Vormittag bei seiner Ankunft so beeindruckt hat.

»Das mag sein, aber glauben Sie mir, Herr Kastner«, die Lehrerin dämpft ihre Stimme ein wenig, »hier ist längst nicht alles Gold, was glänzt. Sicher, das Schloss ist wunderbar, der Blick aus den Fenstern auch, die Klassen sind klein, wir sind hervorragend ausgestattet, und die Erzieher bemühen sich, den Kindern ein wenig Familienersatz zu sein. Aber mal ehrlich: Hätten Sie in dem Alter gern in einem Internat gelebt?«

Unauffällig lenkt sie Lorenz' Blick auf ein etwa zehnjähriges Mädchen, das verloren am Nebentisch sitzt und traurig in seinem Obstsalat herumstochert.

»Außerdem müssen wir Lehrer uns ständig mit Eltern herumschlagen, die … ach, egal. Ich möchte Sie nicht mit meinem Gejammer langweilen. Denn natürlich haben Sie recht: Das Schloss ist auf jeden Fall ein besonderer Ort. Und Sie sind hergekommen, um seine Geschichte zu erforschen?«

»Genau so ist es. Ich werde etwa eine Woche bleiben.«

Lorenz beginnt, der Lehrerin von dem geplanten länderübergreifenden Forschungsprojekt zu erzählen, das sich mit Überresten mittelalterlicher Festungsanlagen im Elsass sowie in Südtirol und Oberbayern befassen soll, und von der Schlüsselrolle, die Schloss Falkenberg als ehemalige Wehrburg dabei hoffentlich spielen wird. Auch Wolfgang Friedrich schaltet sich gelegentlich mit Bemerkungen zu den vorherrschenden Gesteinstypen in den verschiedenen Regionen in das jetzt angeregte Gespräch ein.

Nach dem Essen verabschiedet sich Lorenz von den beiden Lehrern und seinen übrigen Tischgenossen und begibt sich auf sein Zimmer. Es ist geräumig, verfügt über ein eigenes Bad, eine Sitzecke und einen kleinen Schreibtisch. Aus den zwei Fenstern hat man beinahe so eine spektakuläre Aussicht wie aus Dr. Brenners Büro. Auf dem breiten Bett liegt der Papierstapel, den ihm die Sekretärin nach seiner Besprechung mit dem Internatsleiter ausgehändigt hat. Pläne, die vor einigen Jahren zur Vorbereitung von Renovierungsarbeiten erstellt wurden.

»Daraus ist dann doch nichts geworden«, hat Daniela Weinhold Lorenz erklärt, »aber immerhin Sie können die Zeichnungen jetzt brauchen. So bekommt die Arbeit, die man sich damals gemacht hat, doch noch einen Sinn, nicht wahr?«

Lorenz lässt sich auf die Matratze fallen und faltet den obersten Plan auseinander. Ostflügel, Erdgeschoss. Die variierende Dicke der Mauern fällt ihm gleich ins Auge. Das könnte ein Hinweis auf unterschiedliche Bauphasen sein. Wie sieht das in den anderen Stockwerken aus?

Eigentlich wollte sich Lorenz nur kurz einen Überblick verschaffen, doch als er sich endlich von den Aufzeichnungen losreißt, ist draußen bereits die Dämmerung hereingebrochen. Sämtliche Pläne der Schlossanlage sind auf dem Bett und dem Fußboden ausgebreitet, seine Augen schmerzen, und erst jetzt spürt er, wie müde er ist. Es war ein anstrengender Tag, und bei dem Gedanken, morgen wegen der Brunnenerkundung früh aufstehen zu müssen, stöhnt er innerlich auf.

Er wühlt in seiner Reisetasche und zieht das Smartphone heraus, das bestimmt eine Weckfunktion hat. Wenn er nur wüsste, wie man die einstellt. Mit seinem alten Handy ist er bestens zurechtgekommen – bis es vor einem Monat endgültig den Geist aufgab. Dann hat Lorenz sich dieses hochmoderne Ding aufschwatzen lassen – und ist jetzt schon froh, wenn es ihm gelingt, einen Anruf entgegenzunehmen. Nach ein paar Minuten des erfolglosen Wischens gibt er auf. Es wird sehr früh hell um diese Jahreszeit, er sollte also nicht unbedingt einen Wecker brauchen.

Die tief stehende Sonne hat in der vergangenen Stunde das auf seinem Hügel thronende Schloss, das etwas unterhalb liegende Dorf und die umgebenden Felder, auf denen bald Weizen und Gerste geerntet werden, zunächst in goldfarbenes und dann in rötliches Licht getaucht. Schließlich ging der gleißende Feuerball hinter den fernen, schroffen Alpengipfeln unter, und nun, da nur noch ein heller Schimmer am westlichen Horizont vom vergangenen Tag kündet, senkt sich endgültig die Nacht über das Land.

Schatten kriechen die Berghänge hinab, dringen sanft und lautlos vor, bis in die Ställe, in denen das dicht an dicht stehende Vieh sein Schicksal stumm und duldsam erträgt, und hinein in die Häuser, hinter deren Mauern die Menschen ein paar letzte Handgriffe erledigen, bevor sie sich dem Schlaf überlassen. Das Dunkel nimmt auch das Schloss in Besitz, die Eingangshalle mit dem nun erloschenen Kronleuchter, den Speisesaal, durch dessen hohe Fenster nur noch der blasse Abglanz des Mondes fällt. Die Schatten erobern die Privaträume des Internatsleiters, der Lehrer und der Erzieher, ebenso die Zimmer im Ostflügel, in denen je zwei oder drei Schüler in ihren Betten liegen, wobei die einen reglos, still und friedlich atmen, während andere sich unruhig hin und her wälzen und, von düsteren Traumbildern verfolgt, gelegentlich ein leises Wimmern ausstoßen.

Dann ist sie da, die Zeit der Finsternis, die dunkelste Stunde, in der diejenigen sich hinauswagen, die ungesehen bleiben wollen, und in der geschieht, was niemand je erfahren darf.

2

Friederike Ziegelmeier öffnet die Augen, und sofort bricht die Intensität der Farbe über sie herein wie eine Flutwelle. Das unwiderstehliche Blau des sommerlichen Morgenhimmels. An anderen Tagen ist es das satte Grün des noch vom Tau der Nacht benetzten Rasens oder das zarte, verletzliche Rosa einer Blüte, welches sie nach der Meditation in den Bann zieht.

Manchmal ist sie sich nicht sicher. Wenn sie sich zu sehr vom Alltag einfangen lässt und dem ständigen Störfeuer ihrer Umgebung zu viel Aufmerksamkeit schenkt – dem Geläster ihrer Nachbarn etwa oder den banalen Schulproblemen ihrer doch beinahe schon erwachsenen Kinder. Wenn sie nicht ganz und gar bei sich ist, dann verwirren sie die Eindrücke in ihrer Vielfalt. An solchen Tagen fühlt sie sich heillos überfordert, und ihr gelingt nichts. Doch heute ist alles gut, Friederike hat keinerlei Zweifel: Die Farbe dieses Morgens ist Blau.

Sie steht auf, zupft den angenehm kühlen Stoff ihres seidenen Morgenmantels zurecht, atmet noch einmal tief ein und danach sehr langsam wieder aus, bevor sie vom Balkon zurück ins Schlafzimmer tritt.

Etwas später trägt sie eine schlichte türkisfarbene Bluse und dazu einen bequemen, knöchellangen Rock in kräftigem Königsblau. Über die offene Wendeltreppe aus hellem Holz, die der ganze Stolz ihres Mannes ist, seit sie den alten Stall zu einem großzügigen, lichtdurchfluteten Wohnhaus ausgebaut haben, begibt sie sich ins Erdgeschoss.

Das vertraute Geräusch einer fernen Kreissäge dringt für einige Sekunden durch das gekippte Fenster in die Küche, dann herrscht wieder Stille. Jakob ist bereits drüben in der Schreinerei. Er hat gefrühstückt, der Kaffeegeruch hängt in der Luft, seine Tasse steht neben der Spüle. Luna und Elias hingegen schlafen offenbar noch. Wenn die beiden nicht bald aufstehen, riskieren sie, schon wieder den Schulbus zu verpassen.

Friederike Ziegelmeier schaltet den Wasserkocher ein und nimmt die Dose mit dem Pai-Mu-Tan-Tee und eine Kanne aus dem Hängeschrank. Sie spürt die leichte Anspannung, die immer dann von ihr Besitz ergreift, wenn sie ein Bild in sich trägt. So wie heute. Sie spürt Ungeduld, freudige Erwartung – aber auch ein wenig Angst vor dem, was sich in den Tiefen ihres Unterbewusstseins entwickelt hat und bald auf der Leinwand Gestalt annehmen wird.

Als das Wasser sprudelt, schaltet sich der Kocher mit einem dezenten Piepton ab, und sie gießt die Teeblätter in der Kanne auf. Ihr Blick fällt auf die Uhr über dem Esstisch. Der Tee muss mindestens zehn Minuten ziehen. Wenn sie in der Zwischenzeit Monikas Bild aus der Galerie holt, wird sie nachher sofort ins Atelier gehen können.

Die Sonne hat jetzt spürbar mehr Kraft als noch vor einer Viertelstunde. Sie wärmt ihr Gesicht. Friederike mag es, wie der feine Kies unter den dünnen Sohlen ihrer Ledersandalen knirscht. Seit ihre neue Galerie die nach dem Abriss des Geräteschuppens entstandene Lücke füllt, hat der ehemalige Dreikanthof beinahe wieder seine ursprüngliche Hufeisenform – und doch ein viel moderneres, freundlicheres Antlitz.

Im Vorbeigehen wirft sie einen flüchtigen Blick hinauf zu dem kleinen Fenster im ersten Stock der alten Bauernwohnung. Hat sich dort nicht gerade etwas bewegt? Von früh bis spät sitzt er da oben, beobachtet alles, suhlt sich in seinem Hass und seiner Selbstgerechtigkeit. Die Energie, die von diesem verbitterten Greis ausgeht, ist katastrophal. Sie passt perfekt zu der dunklen, bedrückenden Aura, die der ganze noch unrenovierte Hofteil verströmt. Wenn ihr Schwiegervater endlich tot ist, wird Jakob auch die Bauernwohnung von Grund auf umbauen. Für zwei Gästezimmer oder eine geräumige Ferienwohnung dürfte da drin auf jeden Fall Platz sein.

Jakob senior, der letzte Ziegelmeier-Bauer, ist alt und krank. Die Tage, an denen er sein Gift noch verspritzen wird, sind glücklicherweise gezählt. Doch leider ist er nicht der Einzige, der Friederike das Leben in Falkenberg schwer macht. Im Haus hinter ihrer neuen Galerie wohnt Udo, der Ehemann von Jakobs nach Spanien ausgewanderter – manche sagen auch: geflohener – Schwester. Einen drei Meter hohen, blickdichten Zaun hat er auf die Grundstücksgrenze gesetzt, der das ausgeklügelte Beleuchtungskonzept des Ausstellungsgebäudes zunichtemacht. Außerdem erstattet Udo bei jedem noch so geringen Anlass Anzeige gegen sie, sodass sie seit Jahren ständig irgendwelche Gerichtsverfahren am Hals haben. Und als wäre es damit nicht genug, hat er, der noch nicht mal offiziell geschieden ist, in seiner verzweifelten Suche nach einer neuen Frau zuletzt damit begonnen, Friederikes Schülerinnen zu belästigen.

Und Josef Brandstätter, der andere Nachbar, dessen Hof hinter der alten Bauernwohnung beginnt, stellt zufälligerweise immer genau dann seinen undichten Odelwagen vor die Einfahrt der Ziegelmeiers, wenn das alljährliche Sommerfest mit Friederikes Mal- und Yogaschülerinnen stattfindet. Einmal ist ein Rinnsal der stinkenden braunen Brühe bis unter die bereits aufgestellten und dekorierten Stehtische gelaufen und dort im Boden versickert. Der Geruch war so unerträglich, dass sie die Feier trotz drückender Hitze ins Haus verlegen mussten.

Das Leben in Falkenberg ist für Friederike oft ein erbitterter Stellungskrieg. Aber wenn diese Hinterwäldler glauben, dass sie kapitulieren wird, haben sie sich getäuscht.

Mitten auf dem Hof bleibt sie stehen und hält einen Moment lang inne. Der Tag hat so gut begonnen. Sie muss besser auf ihre Gedanken achten, sonst werden ihre negativen Emotionen sie noch aus der Bahn werfen. Wut und Ärger können zwar hervorragende Antriebskräfte sein – aber im Augenblick will Friederike sich nur auf sich selbst konzentrieren.

Sie legt den Kopf in den Nacken. Das unwiderstehliche Blau des Himmels, die Farbe dieses Morgens. Eine halbe Minute verstreicht, sie atmet bewusst, den Blick immer noch nach oben gerichtet, und spürt, wie sich die Dunkelheit zurückzieht und sie langsam ihren inneren Frieden zurückgewinnt.

Im Bereich vor der Galerie hat Friederike ein Blumenbeet angelegt und ein paar Büsche gepflanzt. Nur ein schmaler Pfad führt durch diese natürliche Barriere, die symbolisieren soll, dass dahinter ein geschützter Bereich beginnt. Gerade stehen die Hortensien in voller Blüte, ihr Duft wirkt auf die Seele wie ein reinigendes Bad. Während Friederike vor die Nische tritt, in der sich die Eingangstür zur Galerie befindet, sucht sie an ihrem Bund nach dem richtigen Schlüssel. Erst als sie den Kopf wieder hebt, sieht sie das Paar weit aufgerissener, toter Augen.

Sie will schreien, doch kein Laut kommt über ihre Lippen. Ein kühler Windhauch streicht um ihren Nacken, eine kleine Wolke schiebt sich vor die Sonne und raubt allen Farben ihre Kraft. Vor ihr liegt, was vom Menschen übrig bleibt, wenn ihn das Göttliche verlassen hat. Der Schlüsselbund fällt klirrend auf den Boden, der Schulbus fährt am Hof vorbei und lässt den Boden erzittern. Das Bild, das Friederike in sich getragen hat – es ist unwiederbringlich verloren.

»Ois klar? … Auf geht's!«

Die raue Stimme des Feuerwehrkommandanten ist das

Letzte, was Lorenz hört, bevor er in die Dunkelheit sinkt. Mit jedem Meter wird es düsterer um ihn herum. Er atmet ein, die Luft ist jetzt schon deutlich kühler und riecht nach abgestandener Feuchtigkeit. Der nur etwas mehr als eine Armlänge von seinem Gesicht entfernte Fels verliert nach und nach die Feinheiten seiner Struktur, erscheint erst dunkelgrau, dann fast schwarz. Noch ein wenig weiter und er wird endgültig nichts mehr sehen. Moment – so kann das nicht funktionieren!

»Halt!«

Das Funkgerät braucht er hier noch nicht. Sein Ruf ist in dem engen Schacht kaum verklungen, da spürt er schon einen Ruck, und seine Abwärtsbewegung stoppt. An dem fingerdicken, mit einem Karabiner an seinem Hüftgurt befestigten Seil wippt er ein wenig auf und ab.

Die Lampe! Da oben, auf der riesigen Terrasse, die den gesamten Platz vor der rückseitigen Fassade des Schlosses einnimmt und über den etwa zwanzig Meter entfernten Brunnen hinausreicht, wimmelt es von Feuerwehrleuten, die sich mit all diesen Dingen viel besser auskennen als er. Und trotzdem ist niemand von ihnen auf die Idee gekommen, ihm zu sagen, dass er die Lampe an seinem Helm einschalten soll, bevor es losgeht. Er hebt einen Arm. Mit den Schutzhandschuhen tut er sich schwer, den Schalter zu ertasten. Ah, jetzt! Plötzlich wird es heller, ein Lichtkegel tastet die Wand ab, sobald er den Kopf bewegt.

»Okay, weiter!«

Wieder ein sanfter Ruck, als oben der Mechanismus in Gang gesetzt wird. Das Seil läuft über eine Spule, die über eine Art Kran mit einem der schweren Löschzüge der Falkenberger Feuerwehr verbunden ist. Beim ersten Anblick dachte Lorenz, es sei ein Abschleppwagen. Jetzt hat jemand wieder den Schalter umgelegt, die Winde dreht sich, und er schwebt weiter hinab in die Tiefe.

Querrillen im Fels, Spuren der Werkzeuge, mit denen Bergleute vor knapp achthundert Jahren Stück für Stück in den Rotsandstein vorgedrungen sind. Mindestens zwei Jahre Schwerstarbeit für die etwa fünfzig Meter bis zur wasserführenden Schicht. Immer mehr kleine, quadratische Löcher, in die Gerüstbalken gelegt wurden, ziehen an ihm vorüber. Vor Jahrhunderten arbeitete man noch ohne Stirnlampe, Schutzweste und Helm in der Tiefe, dafür aber mit offener Flamme. Sie spendete nicht nur das nötige Licht, sondern zeigte auch an, ob die Luft noch genügend Sauerstoff enthielt.

Lorenz trägt ein Funkgerät und eine Digitalkamera bei sich, außerdem hängt ein Multigas-Detektor an seinem Gürtel, der beim kleinsten Ausschlag einen Alarm auslösen würde. Abgesehen davon wurde schon in den vergangenen Tagen von der Feuerwehr immer wieder Frischluft in den Schacht gepumpt. Er ist also bestens versorgt, befindet sich auf einer Art Luxustrip in die Unterwelt des Mittelalters. Trotzdem fühlt sich der Historiker alles andere als wohl.

Dr. Brenner hofft auf den ganz großen Fund. Irgendetwas Sensationelles, Spektakuläres, vielleicht auch etwas Wertvolles. Jedenfalls etwas, das die historische Bedeutung von Schloss Falkenberg unterstreicht. Eine Schwertklinge aus dem Spätmittelalter, Münzen aus der Zeit des Dreißigjährigen Krieges, solche Dinge.

Lorenz weiß, dass die Erwartung des Internatsleiters vollkommen unrealistisch ist. Auf dem Grund dieses Brunnenschachtes liegen wahrscheinlich ein Haufen Geröll, ein paar Hühnerknochen und mit etwas Glück ein verrosteter Löffel oder ein paar Scherben eines vor Jahrzehnten entsorgten, billigen Porzellanservices. Lange verschlossene Räume oder in Vergessenheit geratene Höhlen und Brunnenschächte regen bei Laien zwar zuverlässig die Phantasie an, aber auch in vergangenen Zeiten waren die Schätze, die man an solchen Orten aufbewahrte, eher spärlich gesät. Müll und wertlosen Plunder, den man loswerden wollte, gab es dagegen damals wie heute zuhauf.

Lorenz legt den Kopf in den Nacken, erkennt einen Lichtpunkt, wo er vor ein paar Minuten abgetaucht ist. Wie weit ist er schon ins Erdreich vorgedrungen? Dreißig Meter? Hier unten erscheint ihm der Schacht viel enger als noch beim Einstieg. Was, wenn das Messgerät nicht richtig funktioniert? Würde er jetzt bewusstlos, wäre er verloren. Würde erstickt sein, bevor jemandem etwas aufgefallen wäre. Lorenz atmet schnell, plötzlich kann er seinen eigenen Herzschlag fühlen. Nur immer ruhig bleiben, haben sie oben noch zu ihm gesagt. Die haben leicht reden.

Unvermittelt wird seine Fahrt in die Tiefe gestoppt, dann ertönt ein seltsames Rauschen und Knacken.

»Ois in Ordnung bis jetzt?«

Die Stimme des Feuerwehrkommandanten klingt blechern aus dem Funkgerät in der Brusttasche von Lorenz' Jacke. Er nimmt es vorsichtig heraus, hält es ins Licht der Grubenlampe und drückt auf den Knopf, den man ihm vorhin gezeigt hat.

»Ja, alles in Ordnung.« Seine eigene Stimme dröhnt dumpf in seinen Ohren und erinnert ihn aufs Neue daran, dass er auf engstem Raum zwischen gigantischen Felsmassen gefangen ist. Er spürt, wie Schweißperlen auf seine Stirn treten.

»Mia san jetz bei genau … neinadreißg Meter. Sie ham's boid gschafft.«

»Aha.« Ruhig, nicht zu schnell atmen. Neununddreißig Meter, tiefer, als ein Hochhaus hoch ist. Und als der Maibaum, der im Frühling auf dem Viktualienmarkt aufgestellt wurde. Lorenz schließt die Augen. An etwas Schönes denken.

Ein lauer Sommerabend vor vierzehn Tagen, die tief stehende Sonne, ein gemeinsamer Spaziergang nach dem Essen. Schwabing, der Englische Garten. Noch bis zur nächsten Biegung und dann wieder bis zur nächsten, um sich nicht voneinander trennen zu müssen. Das Gespräch läuft wie von selbst.

Lorenz ist witzig, aber nicht albern, er hat ihr vorhin ganz nebenbei ein Kompliment gemacht, und sie hat zu Boden gesehen und ein wenig verlegen gelächelt, ihren Panzer abgelegt.

Dann bleiben sie beide plötzlich stehen, wie auf ein geheimes Signal hin, ihre Blicke treffen sich, das unvergleichliche Blau ihrer Augen. Etwas hat sich verändert, Lorenz weiß, es ist der richtige Moment. Jetzt oder nie! Er beugt sich leicht nach vorn, neigt den Kopf, ihr Mund öffnet sich kaum merklich. Seine Hände zittern vor Aufregung, sein Herz droht zu zerspringen. Als seine Lippen ihre berühren, hat er für einen Augenblick Angst, ohnmächtig zu werden. Dieses seltsame Gefühl in seinem Bauch, zuerst nur ein starkes Kribbeln, doch dann krampft sich etwas zusammen.

»Ich …« Lorenz spürt, wie ihm die Schamesröte ins Gesicht steigt. »Es tut mir leid, ich …«

»Herr Kastner?« Der Kommandant klingt jetzt besorgt. »Basst bei Eana da untn wirklich ois? Gibt's a Problem?«

»Nein, alles gut.« Zwei tiefe Atemzüge, leichter Fäulnisgeschmack auf der Zunge. Im Boden versinken und für immer verschwunden bleiben, das kann auch eine verlockende Vorstellung sein. Hängt alles von der Perspektive ab. Er räuspert sich. »Wir können weitermachen!«

Der dürre Sozialpädagoge, der sich bei seiner Vorstellung als ›Coach‹ betitelt hat, rückt die Nickelbrille auf seiner Hakennase zurecht und kratzt sich dann nachdenklich am fast kahlen Kopf, während er den Fragebogen überfliegt. Schließlich verzieht er das Gesicht zu so etwas wie einem Lächeln, wobei er ungeniert seine schiefen, bräunlich gelben Zähne zur Schau stellt.

»Sie sind eindeutig rot, Frau Stahl. Sehr schön, damit hätten wir alle vier Farben vergeben.«

Er drückt der Hauptkommissarin ein quadratisches, mit knallroter Folie beklebtes Stück Karton in die Hand.

»Rot?«, raunt Heinrich Schmitterer, der im Stuhlkreis direkt neben ihr sitzt. Er schwitzt auffällig und fächert sich mit seinem grünen Quadrat Luft zu. »Ich wusste gar nicht, dass du *so* dominant bist.«

Tamara findet, dass dieser Seminarraum für acht Leute plus einen Sozialpädagogen entschieden zu klein ist. Nicht nur, weil sich das einzige Fenster nur minimal kippen lässt und draußen die Sonne vom Himmel brennt, weshalb es hier drinnen in den nächsten Stunden bestimmt noch heißer und stickiger werden wird. Sondern auch, weil es nur wenige Menschen gibt, die sie gut kennt und mit denen sie es auf engstem Raum aushalten kann.

Ihr Kollege Heinrich Schmitterer gehört jedenfalls nicht dazu, ebenso wenig Josef Burger, der ihr direkt gegenübersitzt und dessen Augen wegen der paar Gräserpollen, die es durch die winzige Fensteröffnung ins Zimmer geschafft haben, schon wieder ziemlich gerötet sind. Von Dominik Zeller, ihrem Vorgesetzten, ganz zu schweigen. Wenigstens muss der im Stuhlkreis auf seinen albernen Sitzball verzichten und sich wie alle anderen mit einem unbequemen, rückenschädlichen Standardmöbel zufriedengeben.

Zeller redet mit gedämpfter Stimme auf Sonja Fuhrmann von der Kriminaltechnik ein, die zu seiner Linken sitzt. Wahrscheinlich erklärt er ihr, warum sie ein gelbes Quadrat in der Hand hält, genau wie er. Das würde Tamara allerdings auch gern wissen. Sonja Fuhrmann ist zielstrebig, kompetent und bescheiden, außerdem sehr kollegial, aber nicht aufdringlich. Sie und ihr Chef haben nun wirklich nicht viel gemeinsam.

»So!« Der Sozialpädagoge, der eben noch zwei von Tamaras Kollegen gebeten hat, ihre Plätze zu tauschen, klatscht aufmunternd in die Hände. »Dann wären wir so weit. Jeder und jede von Ihnen hält seine – beziehungsweise ihre – Farbe in der Hand, die einen der vier Grundtypen symbolisiert, über die wir bereits gesprochen haben.« Er deutet auf das Flipchart, auf dem den Farben Gelb, Grün, Blau und Rot jeweils eine Reihe von Eigenschaften zugeordnet ist.

»Dadurch haben Sie vielleicht schon etwas mehr voneinander erfahren«, fährt er fort. »Ein guter Beginn, denn für erfolgreiche Teamarbeit ist es unerlässlich, sich in seine Mitstreiter hineinversetzen zu können. Wir werden nun eine kleine Übung machen, die –«

Ein leises, aber irritierendes Summen ertönt in kurzen Abständen.

»Entschuldigung!« Dominik Zeller springt auf, sein Handy in der Hand. Eine Sekunde später ist er schon am Telefon. »Zeller. – Ich hoffe, es ist wirklich wichtig, Frau Beifuß. Sie wissen doch, dass ich heute ...« Seine Stimme verklingt, als er die Tür des Seminarraums hinter sich zuzieht.

»Also!« Der Sozialpädagoge müht sich, die Aufmerksamkeit der Gruppe wieder auf sich zu lenken. »Ich werde Ihnen nun eine hypothetische Begebenheit beschreiben, woraufhin Sie in ein paar Stichpunkten notieren, wie Sie selbst sich in solch einer Situation fühlen und was Sie tun würden. Anschließend«, er macht eine Kunstpause, in der er allen Anwesenden nacheinander kurz in die Augen sieht, »werden Sie sich überlegen, was die Person, die Ihnen direkt gegenübersitzt, wohl auf ihrem Zettel notiert hat. Sie dürfen sich ruhig an deren Farbtyp orientieren. Alles klar? Gut. Dann nehmen wir mal an, Sie ...«

Während der Sozialpädagoge weiterredet, lächelt Josef Burger Tamara von der anderen Seite des Raums vielsagend an und winkt mit seinem blauen Quadrat. Sie seufzt. Ob Tobi mit seiner Abteilung gerade durch eine vergleichbare Hölle geht? Zumindest werden sie nachher beim Mittagessen gemeinsam über diesen ganzen Zirkus lachen können.

Es ist schon eigenartig. Nach seiner überraschenden SMS hatte sie nicht einen Moment lang daran gedacht, dass sich ausgerechnet Tobis Anwesenheit in Seeon als einziger Lichtblick erweisen könnte. Aber nachdem sie gestern nach der obligatorischen Begrüßungsrunde gemeinsam aus der Klosteranlage geflüchtet und in den kleinen Ort hinüberspaziert waren, haben sie einen sehr entspannten und unterhaltsamen Abend verbracht. Nur sie beide und je ein kühles Bier auf der Terrasse eines einfachen Wirtshauses – das war so ziemlich das Beste, was aus ihrer Situation zu machen war. Tamara hatte schon fast vergessen, wie lustig ein Abend mit Tobi sein kann.

Jetzt erinnert sie sich wieder daran, dass sie auch früher viel miteinander gelacht haben. Vor allem am Anfang, kurz nachdem sie zusammengekommen waren. Als sie fast jedes Wochenende mit ihm zu seiner Familie an den Tegernsee gefahren ist. Kaum zu glauben, dass seitdem fast fünf Jahre vergangen sind.

»So, Frau Stahl, dann kommen wir zu Ihnen. Wie, denken Sie, fühlt sich Herr Burger in dieser Situation?«

Verflixt. Warum fällt es ihr in letzter Zeit nur so schwer, jemandem länger als ein paar Sekunden zuzuhören? Spätestens bei der nächsten Zeugenbefragung sollte sie das wieder beherrschen.

Die Augen der ganzen Runde – einschließlich derer des Sozialpädagogen, der so gern Coach sein möchte – sind auf Tamara gerichtet. Wie fühlt sich Josef Burger? Etwas anderes scheint momentan niemanden zu interessieren.

Tamara schürzt die Lippen und holt tief Luft – ohne zu wissen, was sie gleich sagen wird. Da öffnet sich die Tür des Seminarraums, und Dominik Zeller steckt den Kopf herein.

»Frau Stahl, ich müsste Sie einen Moment sprechen!« Dann wendet er sich an den jetzt doch ein wenig verärgert aussehenden Seminarleiter und zeigt dabei auf sein Handy. »Es tut mir leid, ich ... Es ist ... Kommen Sie bitte, Frau Stahl?«

Als Tamaras Chef ihr kurz danach im Flur berichtet, worum es geht, kann er seine Enttäuschung kaum verbergen.

»Es ist wirklich zum Aus-der-Haut-Fahren! Man sollte doch wohl erwarten dürfen, dass Kollege Stock fähig ist, zwei Tage im Präsidium die Stellung zu halten. Aber nein: Heute früh hat er sich krankgemeldet, sagt Frau Beifuß. Migräne. Seit wann hat der denn Migräne?«

Tamara antwortet lieber nicht – obwohl auch sie sich ziemlich sicher ist, dass Hauptkommissar Konrad Stock noch nie Migräne hatte. Sie nimmt an, dass er auch jetzt nicht davon geplagt wird – aber soweit sie weiß, ist in dieser Woche Schützenfest in Rohrdorf. Und wenn Dominik Zeller seine Untergebenen ein bisschen besser kennen würde, wäre er längst dahintergekommen, dass Hauptkommissar Stock sich immer dann krankmeldet, sobald jemand irgendwo im Landkreis Rosenheim ein Bierzelt aufstellt.

»Es hilft ja alles nichts.« Der Leiter der Mordkommission hat die Phase der Wut offenbar bereits hinter sich gelassen und scheint jetzt beim Stadium der Resignation angelangt zu sein. »Sie fahren da jetzt hin und sehen sich das an. Es ist wirklich bedauerlich, dass Sie das Seminar abbrechen müssen, aber Schmitterer kann ich nicht schicken. Für den ist mir die Sache noch zu … undurchsichtig. Hier.« Er reicht Tamara seufzend ein Stück Papier. »Die Leiche einer Frau mittleren Alters, Identität und Todesursache bis jetzt unklar. Sie wurde heute Morgen in Falkenberg gefunden. Ich habe die genaue Adresse notiert. Ist wohl eine Art Galerie.«

Oh süße Freiheit! Während die Hauptkommissarin durch die Korridore der ehemaligen Klosteranlage eilt, um ihre Reisetasche zu holen, kann sie ihr Glück kaum fassen. Der Gedanke, nicht in den Seminarraum zurückkehren und auch nicht an den nachmittäglichen Outdoor-Gruppenaktivitäten teilnehmen zu müssen, beflügelt sie.

»Hey!« Beinahe wäre Tamara in ihrer Eile mit Tobi zusammengestoßen, der aus dem Korridor kommt, in dem die Toiletten liegen.

»Hast du dich auch abgesetzt?«, fragt er mit einem süffisanten Lächeln.

»Nein«, antwortet sie und wedelt triumphierend mit dem Zettel in ihrer Hand. »Viel besser. Ich habe einen Fall und muss leider vorzeitig von hier verschwinden.«

»Du Glückliche! Aber … Moment mal: Wie soll ich denn dann den heutigen Abend überstehen? Ich dachte, wir würden uns noch mal ein bisschen zusammensetzen und –«

»Nun übertreib mal nicht, Tobi. Du hast schon Schlimmeres überstanden.«

»Meinst du? Na ja.« Er seufzt ein wenig theatralisch. »Wenigstens habe ich direkt im Anschluss an diese Tortur Urlaub. Morgen fahre ich weiter nach Rottach-Egern und bleibe da eine Woche. Aber wenn du jetzt so überstürzt aufbrichst … Vielleicht können wir uns ja in den nächsten Tagen mal am Tegernsee treffen? Also, natürlich nur, falls es bei dir passt.«

»Ja, warum nicht? Aber jetzt muss ich los. Mach's gut!«

»Du auch. Bis bald!«

Kurz darauf sitzt Tamara hinter dem Steuer ihres Wagens. Sie wird nicht unnötig Zeit vergeuden, sondern direkt nach Falkenberg zum Fundort der Leiche fahren und danach ins Kommissariat nach Rosenheim, um alles Nötige in die Wege zu leiten. Sie tritt aufs Gaspedal, und die Reifen wirbeln auf dem ungeteerten, sandigen Parkplatz der Klosteranlage eine Staubwolke auf, die auch noch in der Luft liegt, als der Dienstwagen längst auf die Hauptstraße eingebogen und hinter der nächsten Kurve verschwunden ist.

»Ich sehe den Boden! … Hallo?« In seiner Aufregung hat Lorenz vergessen, den Knopf am Funkgerät zu drücken. Also noch einmal: »Ich sehe den Boden!«

Wie erwartet: nichts als Schlamm und Geröll. Als er seine in schweren, mit Stahlkappen bewehrten Feuerwehrstiefeln steckenden Füße aufsetzt, kann er nur mit Mühe das Gleichgewicht halten. Das Seil hängt bloß ein wenig durch, oben haben sie sofort die Winde angehalten, als die Spannung nachließ.

Lorenz streckt den rechten Arm aus, berührt die Wand und spürt durch die Handschuhe die Unebenheiten und Bearbeitungsspuren. Achthundert Jahre Nässe und Dunkelheit haben hier unten wohl kaum etwas verändert. Jetzt, da er nicht mehr von seiner hochmodernen Kletterausrüstung in der Luft gehalten wird, sondern auf seinen eigenen Füßen steht wie die Bergarbeiter zweiunddreißig Generationen vor ihm, wirkt alles noch beklemmender. In den letzten Minuten hat er sich nur gute fünfzig Meter von der Stelle bewegt, doch könnte er ebenso an den Nordpol gereist sein oder auf den Mars. Lorenz befindet sich an einem vollkommen fremden, lebensfeindlichen Ort. Würden ihn die Feuerwehrleute nicht wieder herausziehen, er wäre unweigerlich verloren.

»Hallo?« Die Stimme des Internatsdirektors, durch das Funkgerät ein wenig verzerrt. »Was sehen Sie, Herr Kastner?«

»Ich, äh … Nun ja …« Er bewegt den Kopf, um seine Umgebung mit dem Lichtkegel der Stirnlampe auszuleuchten.

»Haben Sie schon Bilder gemacht?«

Der Fotoapparat! Lorenz zieht den Reißverschluss seiner Hosentasche auf und nimmt ihn heraus. Mit den Handschuhen sind die vielen kleinen Knöpfe schwer zu bedienen.

»Herr Kastner, hören Sie mich?«

»Ja, ich – verdammt!« Während seine linke Hand mit dem Funkgerät hantiert, rutscht ihm die Digitalkamera aus der rechten und verschwindet mit einem dumpfen »Plopp!« in einer Pfütze zwischen seinen Füßen. »Äh, ich glaube, das mit den Bildern wird schwierig, Herr Dr. Brenner.«

»Sehen Sie denn etwas, das Sie mit heraufbringen können? Irgendwelche interessanten Gegenstände?«

»Leider nicht. Nur Steine und ein paar Holzbalken. Alles ist voller Schlamm …« Lorenz beugt sich hinunter, fischt die

Kamera aus dem Wasser, wischt sie kurz an seiner Hose ab und steckt sie wieder in die Tasche. »Augenblick!«

Etwas, das fast vollständig unter dem Geröll begraben ist, hat gerade das Licht seiner Stirnlampe reflektiert. Ein feuchter, besonders glatter Stein oder doch Metall? Lorenz macht einen Schritt darauf zu und schiebt vorsichtig einen etwa fußballgroßen Felsbrocken zur Seite, um besser sehen zu können.

»Jetzt habe ich etwas gefunden! Aber ...«

»Sehr gut, Herr Kastner! Können Sie es eigenhändig mit nach oben bringen, oder sollen wir Ihnen mit einer Seilwinde zu Hilfe kommen? Wir könnten Ihnen einen Behälter herunterlassen.«

»Nein, ich denke, es wird gehen.«

»Großartig. Wir sind gespannt!«

Bald darauf schwebt Lorenz langsam, aber stetig nach oben. Das Funkgerät hat er wieder in die Brusttasche gesteckt, denn sein Fund ist schwer und wegen der Feuchtigkeit etwas glitschig, sodass er ihn vorsichtshalber mit beiden Armen umklammert hält.

... die Menschen, auf deren Schultern – bildlich gesprochen – die Schüler, meine Kollegen und ich heute arbeiten und leben ... Kein Zweifel: Dr. Brenner wird ziemlich enttäuscht sein. Aber da kann Lorenz ihm nicht helfen. Mit Erwartungen ist das nun mal so eine Sache.

Was ist zum Beispiel aus der Hoffnung geworden, die Lorenz an jenem wunderschönen Tag vor zwei Wochen noch erfüllt hatte, als er mit Tamara nach dem Essen durch den Englischen Garten spazierte? Nichts. Implodiert ist sie in dem Moment, als er peinlicherweise die Flucht antreten musste.

»Klingt nach 'ner Meeresfrüchteallergie.« Es war Sigmund, sein Onkel und Hausarzt, der am Tag nach dem Treffen mit Tamara sein Leiden am Telefon diagnostizierte. »Hattest du so was schon öfter?«

Lorenz war bisher der Meinung gewesen, dass er Spaghetti mit Muscheln oder gegrillten Tintenfisch einfach nicht besonders gern mochte. Aber eine Allergie? Hätte er das nur vorher gewusst – dann wäre er niemals auf die Idee gekommen, das »Frutti di mare«-Menü, das Tamara geordert hatte, aus Höflichkeit mitzuessen. Die Folgen waren katastrophal gewesen: Bauchkrämpfe der übelsten Sorte und kurz darauf Durchfall. Eigentlich konnte er von Glück reden, es noch rechtzeitig nach Hause auf die Toilette geschafft zu haben. Aber er musste jemanden zurücklassen.

Langsam wird das Ding in seinen Händen doch ziemlich schwer. Aber es ist nicht mehr weit, die Umgebung wird bereits deutlich heller.

»Glei san S' herobn!«, verkündet nun auch die Stimme des Feuerwehrhauptmanns aus seiner Brusttasche.

Auf den letzten Metern vergehen die Sekunden zäh, doch dann ist es geschafft. Welch eine Freude, wieder Tageslicht zu sehen! Mit einem Schlag löst sich jede Beklemmung, und als Lorenz unter dem Applaus der Wartenden endgültig aus dem Brunnenschacht auftaucht, den blauen Himmel sieht, den mit Zinnen besetzten Burgfried und die in der Sonne schneeweiß leuchtende Fassade des Schlosses, kann er seine Erleichterung nicht verbergen.

»Herzlich willkommen zurück an der Erdoberfläche, Herr Kastner!« Der Internatsleiter strahlt.

Der Feuerwehrhauptmann und ein Kollege helfen Lorenz dabei, sich mitsamt seinem schweren Gepäck über die sechseckige, gemauerte Brunneneinfassung zu hieven, die normalerweise mit einer schweren Betonplatte abgedeckt ist.

»Was haben Sie uns denn nun mitgebracht?«, fragt Dr. Brenner.

Lorenz, sichtlich erschöpft und von Kopf bis Fuß mit Schlamm bespritzt, hat noch immer beide Arme um das Fundstück geschlungen.

Der Internatsleiter kann seine Neugierde kaum zügeln, aber die Angst um seinen teuren Anzug hält ihn wohl davon ab, noch näher zu treten.

Schließlich stellt Lorenz den Gegenstand auf die Brunneneinfassung, wischt ein paarmal mit dem Handschuh darüber, um ihn einigermaßen vom Schmutz zu befreien, und tritt dann einen Schritt zur Seite, sodass jeder der Anwesenden freie Sicht auf das Objekt hat.

Niemand sagt etwas, nur Vogelgezwitscher ist zu hören und das leise Kichern zweier Mädchen, die etwas abseits stehen und sich für das Geschehen am Brunnen weitaus weniger interessieren als für das Video, das sie sich gerade auf einem Smartphone ansehen.

Die Büste ist überlebensgroß, von dunklem Rostbraun, nur an den Ohren, auf der Nasenspitze und an der linken Wange schimmert der ursprüngliche Glanz der Bronze durch die fleckige Patina. Akkurater Seitenscheitel, deutliche Ringe unter den leblosen Augen, die Unterlippe wie zum Trotz ein wenig vorgeschoben, über dem Mund das Bärtchen. Ein Bild unangenehmer Vertrautheit.

Eine eigenartige Spannung liegt plötzlich in der Luft, sodass sogar die beiden Mädchen vom Display aufblicken und sich umsehen.

Es ist der Feuerwehrkommandant, der das Schweigen bricht. »Ja, pfiat di God – da Hitler!«

3

Jakob Ziegelmeier senior beobachtet das Geschehen unterhalb seines Küchenfensters und streicht dabei mit den Fingern über die grauen Bartstoppeln an seinem Kinn. Er schüttelt den Kopf. So ein Durcheinander. Zwei Streifenwagen, bei einem blinkt noch immer das Blaulicht. Und das Auto des Notarztes, das mit weit geöffneter Fahrertür quer in der Einfahrt steht. Vor der Galerie – diesem hässlichen Schandmal, das sein Sohn an die Stelle des alten Geräteschuppens gesetzt hat – hantiert einer der Uniformierten mit grell leuchtendem Absperrband. Alle kommen sich wichtig vor, laufen aufgeregt hierhin und dorthin. Als käme es noch darauf an. Als würden dadurch die Toten wieder lebendig.

In Jakob Ziegelmeiers rechtem Bein, das er auf dem Holzschemel ausgestreckt hat, pulsiert der Schmerz. Sein Körper verkommt. Seit Jahren schon löst er sich auf, Stück für Stück, in letzter Zeit immer schneller. Teile von ihm beginnen zu verfaulen, ohne sich noch länger um seinen wachen, lebendigen Geist zu scheren. Als wären die letzten noch unberührten Reste des Ziegelmeier-Hofs – das winzige Schlafzimmer, die Abstellkammer, die düstere Stube, die Küche mit der Eckbank, dem Holzofen und dem dunkelgrünen, an der Kopfstütze und auf den Armlehnen schwarz glänzenden Sessel vor dem Fenster – bereits sein Grab.

Es ist eine einzige Qual. Nicht das Sterben an sich, damit kommt er zurecht, das kann er akzeptieren. Man kommt auf die Welt, wird erwachsen, arbeitet, sorgt für seine Familie. Man bewahrt, was einem anvertraut wurde, und mehrt es nach Kräften. Man wird alt, man stirbt. So einfach ist das. Aber in seinen letzten Jahren mit ansehen zu müssen, wie alles mutwillig zerstört wird, was er und die, die vor ihm da waren, mühsam geschaffen haben, wie es in kürzester Zeit vor die Hunde geht – das ist kaum zu ertragen.

Sein Sohn ist fleißig, keine Frage, und im Grunde ein guter Kerl. *Zu* gut sogar. Diese Berliner Schnepfe hat das gleich erkannt, hat ihm den Kopf verdreht mit ihren langen, schlanken Beinen und ihrem unschuldigen Augenaufschlag – und seitdem geschieht hier nur noch, was sie will. Wie ein Fluch ist sie über den Ziegelmeier-Hof gekommen, bestimmt alles, verändert alles. Dabei versteht sie nicht einmal, worum es überhaupt geht.

Sie interessiert sich weder für die heilige Erde, die fruchtbaren Äcker, die von den Ziegelmeiers seit Generationen bearbeitet wurden, noch für diese altehrwürdigen Mauern, die ihren Bewohnern die Jahrhunderte hindurch Schutz geboten haben. Sie hat das Verhältnis zu sämtlichen Nachbarn vergiftet und den Hof, der noch vor Kurzem einer der größten und angesehensten in Falkenberg war, zum Gespött der Leute gemacht. Seinem Sohn hat sie eingeredet, sich ganz auf seinen Beruf als Schreiner zu konzentrieren, das sei das Beste für ihn und die Familie. Dabei schert sie sich nicht um ihren Mann und genauso wenig um die Kinder, solange nur alle tun, was sie sagt.

Das Einzige, was diese Frau wirklich interessiert, ist das lachhafte Herumgekleckse, das sie »Malerei« nennt. Und der einzige Mensch, der ihr etwas bedeutet, ist sie selbst.

Eine dunkle Limousine biegt in die Einfahrt ein und bleibt hinter dem Notarztwagen stehen. Die Fahrertür öffnet sich, eine sportlich gekleidete Frau mit kurzem blondem Haar steigt aus und sieht sich ein paar Sekunden lang um, bevor sie zu dem Polizisten mit dem Absperrband geht und ihm offenbar Anweisungen gibt. Der Mann nickt beflissen, bevor er in Richtung der Streifenwagen verschwindet.

Jakob Ziegelmeier senior räuspert sich zufrieden. Endlich jemand, der für Ordnung sorgt.

»›Napola‹ hieß das. Kurz für: ›Nationalpolitische Erziehungsanstalt‹.«

Dr. Julius Brenner ist ein wenig außer Atem. Ohne noch Rücksicht auf seinen feinen Anzug zu nehmen, hat er die schwere Büste durch den massiven, mit Eisenbeschlägen und einem grimmigen Löwenkopf als Türklopfer verzierten Hintereingang gehievt und schleppt sie nun die schmale Wendeltreppe hoch. Lorenz hat sich hinter der Tür der Stiefel und des Schutzanzugs entledigt, ist in seine Schuhe geschlüpft und folgt dem Internatsleiter nun in dessen Büro.

»Das waren nur drei Jahre, von 1942 bis 1945«, fährt Dr. Brenner fort. »Aber wenn man den Keller aufräumt, kann man sich anscheinend nicht aussuchen, welcher Teil der Vergangenheit zum Vorschein kommt. Wenigstens habe ich daran gedacht, die Schüler wegzuschicken, bevor die alle ihre Handys zücken konnten. Ansonsten wäre das Internet jetzt schon voller Fotos. #HitlerImSchlossFalkenberg – oder so ähnlich. Das hätte mir gerade noch gefehlt. Aber das Gerede im Dorf wird auch so jeden Moment losgehen, dafür werden die von der Feuerwehr schon sorgen. … Charlotte, jetzt nicht!«

Die beiden Männer sind im ersten Stock angelangt, wo ein etwa dreizehnjähriges Mädchen in Schuluniform auf dem Flur steht, eine kleine digitale Filmkamera vor dem Gesicht – offenbar in der Absicht, Lorenz und den Internatsleiter aufzunehmen. Letzterer zeigt sich darüber alles andere als erfreut.

»Habe ich dir nicht schon mehrmals gesagt, dass du vorher fragen musst, wenn du Leute filmen willst? Und warum bist du nicht in deiner Klasse? Der Unterricht hat bereits begonnen!«

»Schon, Herr Dr. Brenner, aber Frau Vogel ist noch nicht da«, antwortet das Mädchen, das sein brünettes Haar zu zwei kurzen Zöpfen geflochten hat, in selbstbewusstem Ton. »Ich wollte gerade nach ihr sehen.«

»So? Aha. Nun, darum werde ich mich kümmern. Du gehst jetzt jedenfalls sofort zurück ins Klassenzimmer! Und weg mit der Kamera während des Unterrichts, verstanden?«

Die Kleine trottet davon.

»Charlotte von Sternberg«, seufzt der Internatsleiter, als er und Lorenz weiter in den zweiten Stock hinaufsteigen. »Sie ist die Tochter unserer Kuratoriumsvorsitzenden. Ein aufgewecktes Mädchen, aber leider auch ein wenig seltsam.

Diese andauernde Filmerei … Ihre Mutter hofft sehr, dass sich das auswächst. Könnten Sie bitte die Tür öffnen, Herr Kastner?«

Lorenz tut, wie ihm geheißen, und die beiden Männer betreten das Vorzimmer zu Dr. Brenners Büro.

»Frau Weinhold, kommen Sie gleich mal zu mir? Danke.«

Die Sekretärin blickt erstaunt von ihrem Bildschirm auf, als ihr Chef, noch immer die Büste umklammernd, schnurstracks durch die nächste Tür und zu seinem Schreibtisch eilt, auf dem er die Bronzeskulptur mit einem erleichterten Stöhnen abstellt.

Frau Weinhold und Lorenz folgen ihm.

»Herr Dr. Brenner, ich … Oh! Ihre Krawatte! Und Ihr Jackett, da ist …« Die Sekretärin ist erschüttert ob der Schlammspuren auf den feinen Stoffen.

Der Internatsleiter winkt ab. »Könnten Sie bitte kurz bei Frau Vogel durchrufen? Die ist noch nicht in ihrer Klasse, und ich möchte wissen, was da los ist.«

»Ja … natürlich.« Frau Weinhold hat sich offenbar noch immer nicht gefasst. Sie will gerade an ihren Schreibtisch zurückkehren, als ihr noch etwas einfällt. »Ach, Herr Dr. Brenner, ich wollte Sie noch daran erinnern, dass um zehn Uhr das Gespräch mit Maximilian und seinen Eltern stattfindet. Der Junge war vorhin noch mal hier, er wollte mit Ihnen reden. Als er Sie nicht angetroffen hat, hat er sich an mich gewandt. Er schwört Stein und Bein, dass es nicht seine Pillen waren. Er behauptet, er habe sie gefunden.«

»Ich weiß. In einem von unseren Shuttlebussen. Nicht sehr überzeugend.« Dr. Brenner schüttelt den Kopf.

»Stimmt, auch in meinen Ohren klingt das etwas abenteuerlich. Aber … nun, ich wollte Ihnen nur ausrichten, was Maximilian mir gesagt hat. Außerdem sollte ich Ihnen vor dem Termin auf jeden Fall noch ein neues Jackett holen, wenn Sie mich fragen.«

»Ja, das ist eine gute Idee. Und … bringen Sie bitte auch einen Müllsack mit.«

»Aber ich kann die Sachen doch in die Reinigung geben, die muss man nicht gleich wegwerfen. Natürlich weiß ich nicht, ob die Krawatte …« Frau Weinhold macht wieder einen Schritt auf Dr. Brenner zu, als ihr Blick auf die Büste fällt. Sie erstarrt in der Bewegung, rückt sich dann ihre Brille zurecht und testet mit einer Hand den Sitz ihrer Hochsteckfrisur, bevor sie schließlich mit dem Zeigefinger auf die Skulptur deutet. »Und … das?«

»Tja, das ist unser Fund aus dem Brunnen«, stellt der Direktor seufzend fest. »Für den ich den Müllsack brauche. Oder irgendetwas anderes, das ihn verdeckt. Ich will das Ding hier nicht so offen stehen lassen. Wie sähe das denn aus?«

Frau Weinhold nickt und zieht sich geschwind zurück.

»Wie Sie gehört haben, bin ich leider etwas in Eile«, wendet sich Julius Brenner wieder an Lorenz. »Dieses Elterngespräch hatte ich tatsächlich vergessen. Unangenehme Sache.« Er legt das Jackett und die Krawatte ab und hängt beides an die Garderobe neben der Tür.

»Wir haben einen Erziehungsauftrag – da gibt es natürlich auch Krisen und Konflikte. In der Regel versuche ich in solchen Fällen, sensibel und konstruktiv zu moderieren. Kinder und Jugendliche machen manchmal schwierige Phasen durch, da ist es nicht besonders hilfreich, sie sofort fallen zu lassen. Was Drogen betrifft, verfolgen wir allerdings eine knallharte Null-Toleranz-Politik. Wenn man diesbezüglich zu weich ist, kann einem das die Reputation verhageln … Nun gut. Ich würde sagen, wir beide besprechen alles Weitere später.« Er starrt die Büste auf seinem Schreibtisch an. »Bis dahin habe ich mir hoffentlich überlegt, was wir mit dem hier machen.«

»Nein, ich habe in der Nacht nichts Ungewöhnliches gehört oder gesehen. Ich bin morgens aufgestanden und habe wie immer, wenn es das Wetter zulässt, auf dem Balkon meditiert. Dann habe ich mich umgezogen und wollte anschließend nur kurz in die Galerie, um ein Bild abzunehmen. Eine Bekannte hat es gekauft und wird es in den nächsten Tagen abholen. Und dann sehe ich Sandra da liegen … Das war so … unwirklich! Ich kann es immer noch nicht fassen.«

Friederike Ziegelmeier sitzt auf einem Barhocker in ihrer Küche. Der Schock steckt ihr merklich in den Knochen, sie ringt um jedes Wort, ist aufgewühlt und schüttelt zwischendurch immer wieder ungläubig den Kopf. Neben ihr steht, in einem blauen, mit Sägespänen übersäten Arbeitsoverall, ihr Mann Jakob. Er hat zuvor in knappen Worten berichtet, dass er in der Nacht und am Morgen nichts bemerkt habe, bis seine Frau nach ihrem grausigen Fund völlig aufgelöst zu ihm in die Werkstatt gerannt sei. Jetzt bleibt sein bärtiges Gesicht die meiste Zeit regungslos. Auch er scheint das Geschehene noch verdauen zu müssen.

Hauptkommissarin Tamara Stahl hat ihr Notizbuch und einen Kugelschreiber gezückt. Sie wirft einen Blick aus dem Fenster in den Hof, wo gerade der silbrig glänzende Transportsarg aus Kunststoff in den Leichenwagen gehievt wird. Die Verstorbene – eine etwa fünfunddreißigjährige Frau, bekleidet mit Jeans und einer leichten hellroten Bluse – lag direkt vor dem Eingang zur Galerie, mit dem Rücken an der Wand, so als hätte sie sich erschöpft an die Mauer gelehnt und wäre dann zu Boden gerutscht. Der Gerichtsmediziner schätzt, dass der Tod gestern am späten Abend eingetreten ist. Die Ursache ist noch unklar, keine Zeichen äußerer Gewalteinwirkung. Genaueres wie immer nach der Obduktion.

»Wenn ich Sie richtig verstanden habe, wissen Sie, wer die Tote ist. Waren Sie befreundet?«, fragt Tamara, während sie sich wieder der jetzt stumm vor sich hin starrenden Künstlerin zuwendet.

»Ja, ich kenne sie. Sie heißt Sandra Vogel«, antwortet Friederike Ziegelmeier. »Das habe ich Ihren Kollegen schon gesagt. Befreundet sind … waren wir nicht, aber sie hat einen der Malkurse besucht, die ich leite.«

»Ist sie aus Falkenberg?«

»Nicht ursprünglich. Aber sie hat seit ungefähr einem Jahr oben im Schloss gewohnt und gearbeitet. Sie war Lehrerin.«

»Das ist ein Internat, nicht wahr?« Tamara hat bereits von dem privaten Gymnasium gehört, und bei der heutigen Fahrt ist ihr die Schönheit des hoch über Falkenberg thronenden Schlosses nicht entgangen.

»Ja.«

»Wissen Sie, wie es um die familiären Verhältnisse von Frau Vogel bestellt ist? War sie verheiratet? Hatte sie Verwandtschaft in der Nähe?«

»Sie war auf jeden Fall nicht verheiratet, und von Verwandten hat sie nie etwas erzählt.«

»Wissen Sie, warum Frau Vogel gestern Abend zu Ihnen wollte? Vielleicht wegen des Kurses, von dem Sie gesprochen haben?«

»Eher nicht, der findet momentan gar nicht statt, wir haben Sommerpause. Ich … Nein, ich weiß es wirklich nicht. Ich hatte sie schon mehrere Wochen lang nicht gesehen.«

Tamara schreibt etwas in ihr Notizbuch.

Jakob Ziegelmeier räuspert sich. »Hean S', i dad gern no moi noch die Kinder schaun … Brauchan Sie mi no?«

»Nein, eigentlich nicht«, antwortet die Hauptkommissarin. »Ich nehme an, Sie können sich auch nicht erklären, was Frau Vogel gestern hierhergeführt hat?«

»Na, des woaß i wirklich ned. I hob die a überhaupts ned kennt. Gseng hob i s' vielleicht amoi, wenn s' zum Moin kemma is. Oba sonst … woaß i nix.«

»In Ordnung, vielen Dank.«

Die sechzehnjährige Luna und der drei Jahre jüngere Elias sind wegen des Tumults an diesem Morgen nicht zur Schule gegangen. Tamara hat den beiden vorhin ein paar Fragen gestellt und ist dabei schnell zu dem Schluss gekommen, dass sie momentan nichts zur Klärung dieser Angelegenheit beitragen können.

Als Jakob Ziegelmeier gegangen und sie mit seiner Frau allein ist, kommt sie auf die Galerie zu sprechen. Die Künstlerin erzählt, dass das Gebäude erst vor zwei Jahren fertiggestellt worden sei. Sie habe sich schon seit Langem einen Ausstellungsraum für ihre Bilder gewünscht.

»Nun kann ich die Gemälde dort dauerhaft präsentieren. Dadurch verkaufe ich mehr. Außerdem veranstalte ich in der Galerie hin und wieder kleine Konzerte oder Lesungen. Das sind immer sehr schöne Abende. Im besten Fall treten die Bilder in eine Art Dialog mit der Musik oder den Texten. Dann entsteht etwas völlig Neues, Eigenständiges, das die Ausstellungsräume ganz und gar erfüllt. Es ist … geradezu magisch.«

Je länger Friederike Ziegelmeier von ihrer Kunst spricht, desto mehr scheint sich ihre Stimmungslage zu verändern. Plötzlich redet sie energisch und voller Begeisterung, so als hätte der Gedanke an ihre Bilder alles Unangenehme verdrängt.

»Könnten wir kurz gemeinsam in die Galerie hinübergehen?«, fragt Tamara. »Schließlich sieht es so aus, als hätte die Tote dort hingewollt – und vielleicht findet sich im Inneren des Gebäudes ein Hinweis darauf, was der Grund dafür war.«

»Ja, natürlich.«

Die beiden Frauen verlassen die Wohnung und überqueren den Hof. Vor dem Eingang zur Galerie werden ihnen je zwei weiße Stoffbeutel gereicht, die sie sich über die Schuhe ziehen müssen, denn die Mitarbeiter der Spurensicherung sind hier noch immer dabei, alles akribisch abzusuchen, Proben zu nehmen sowie jedes Detail des Fundorts der Leiche fotografisch festzuhalten.

Als Tamara schließlich durch die Tür in den großen Ausstellungsraum tritt, fallen ihr sofort die kräftigen Farben der großformatigen Gemälde ins Auge, von denen je zwei oder drei an jeder Wand hängen. Eines zeigt ineinanderfließende, abstrakte Formen in strahlendem Blau, ein anderes blütenartige Gebilde in leuchtenden Gelb- und Orangetönen. Die Hauptkommissarin tritt näher heran.

»Sie malen in Öl?«, fragt sie.

»Ja.« Friederike Ziegelmeier lächelt wieder. »Ich habe vor zwölf Jahren damit angefangen, mehr aus einer Laune heraus, ohne große Pläne. An Ausstellungen habe ich zuerst überhaupt nicht gedacht. Es ist einfach meine Art, mich auszudrücken, mein Inneres an die Oberfläche zu bringen. Aber es hat sich schnell gezeigt, dass meine Kunst auch in anderen Menschen etwas auslöst. Einige meiner Bekannten haben Bilder von mir gekauft, andere wollten lernen, selbst zu malen, um ihrem eigenen Ich besser auf die Spur zu kommen. Also habe ich begonnen, Kurse zu geben. Inzwischen unterrichte ich auch Yoga und arbeite als Farbtherapeutin. Das passt gut zusammen, denn wie beim Malen geht es auch dabei darum, sich frei zu machen von dem, was uns jeden Tag von außen aufgezwungen wird, darum, dass wir endlich wir selbst sein dürfen. Dass wir gut und wertvoll sind, so wie wir sind … Oh, dieses Bild passt ausgezeichnet zu Ihnen, Frau Hauptkommissarin!«

Tamara hat inzwischen einige weitere Gemälde in Augenschein genommen, jetzt steht sie vor einem Durcheinander aus rosa-, himbeer- und purpurfarbenen Kreisen in unterschiedlichen Größen.

»Rot«, stellt Friederike Ziegelmeier entzückt fest, »ist eindeutig Ihre Farbe. Wussten Sie das schon?«

Langsam hat Tamara genug. Erst hält diese Frau einen Vortrag über Selbstfindung durch Malerei und Farben – und dann fängt sie auch noch mit dem gleichen Quatsch an, den sie sich bereits am Morgen in Seeon anhören musste.

»Ich denke, dann wär's das fürs Erste«, sagt sie, ohne auf

die an sie gerichtete Frage einzugehen. »Ihre Aussagen habe ich aufgenommen, mir einen ersten Eindruck verschafft, und nun … Moment!« Sie macht einen Schritt zu einem der hohen, schmalen Fenster, die den Blick in den Hof erlauben. »Dort oben hat sich gerade die Gardine bewegt. Wohnt da noch jemand?« Tamara dreht sich zu Friederike Ziegelmeier um und zeigt auf den noch nicht umgebauten Gebäudeteil direkt gegenüber.

»Ach so, ja …« Auf das soeben noch vor Begeisterung leuchtende Gesicht der Künstlerin legt sich wieder ein Schatten. »Mein Schwiegervater. Aber er ist alt und krank. Und manchmal auch ziemlich verwirrt. Ich glaube nicht, dass er Ihnen eine Hilfe sein kann.«

»Grüß Gott, hier ist Fichtner vom ›Rosenheimer Tagblatt‹, Anzeigenabteilung. Ich rufe an, um Sie noch einmal an unsere Sommer-Rabattaktion zu erinnern. Die läuft ja nur noch diese Woche und … – Ach so. – Nicht, aha. – Ich dachte nur, weil Ihre Firma sonst immer … – Verstehe, in Ordnung. Dann auf Wiederhören!«

Roland Fichtner knallt das Headset auf den Tisch, hievt sich aus seinem viel zu engen Bürostuhl und klopft mit seinen fleischigen Händen die Taschen seiner Jeans ab. Wo hat er bloß die Kaugummis hingetan? Ah, hier! Unter einem Stapel Papier auf seinem Schreibtisch lugt die hellgrüne Packung hervor. Er greift danach, schüttelt sie, kneift ein Auge zu und späht mit dem anderen hinein. Leer. Verdammt. Wie gern er sich jetzt einfach eine Zigarette anzünden würde.

Er lässt sich wieder in den leise ächzenden Stuhl sinken und möchte gerade auf seiner Liste mit den Namen ehemaliger Anzeigenkunden nachsehen, wen er als Nächstes anrufen muss, als er hinter sich das vertraute Klappern von Cornelia Boes' hohen Absätzen hört.

»Herr Fichtner, hätten Sie einen Moment Zeit für mich?«

Ohne eine Antwort abzuwarten oder ihn auch nur eines Blickes zu würdigen, hastet die Chefredakteurin weiter, erinnert im Vorbeigehen den Kollegen am Schreibtisch nebenan an seine Deadline – »Zwanzig Minuten!« – und betritt schließlich ihr Büro, wobei sie die Tür halb offen stehen lässt: die unausgesprochene Aufforderung an Fichtner, ihr zu folgen.

Ihn beschleicht ein ungutes Gefühl. Erfahrungsgemäß bestellt Cornelia Boes ihn nur dann zu sich, wenn sie wieder einmal etwas an ihm auszusetzen hat. Was könnte es diesmal sein? An seinen angeblich viel zu häufigen Zigarettenpausen arbeitet er ja schon. Und zwar unter Inkaufnahme höchster Qualen. Er probiert es sogar mit diesen verfluchten Nikotinkaugummis, die nicht nur fürchterlich schmecken, sondern ihm auch noch höllisches Sodbrennen bescheren.

Oder will sie wieder auf den sinkenden Zahlen herumreiten? Sie muss doch selbst wissen, dass das Anzeigengeschäft für Printmedien weltweit im Niedergang begriffen ist, und den wird Roland Fichtner auch nicht aufhalten, wenn er die Kundenkartei des »Rosenheimer Tagblatts« noch ein paar weitere Male durchforstet und jeden, der gerade keine Werbefläche gebucht hat, mit seinen Anrufen nervt.

Er seufzt und fährt sich mit allen zehn Fingern durch die fettigen, halblangen Haare. Was auch immer die Chefin will, gleich wird er es erfahren.

Als er wenig später ihr Büro betritt und die Tür hinter sich schließt, erwartet ihn Cornelia Boes an ihrem großen, stets penibel aufgeräumten Schreibtisch sitzend.

»Bitte, nehmen Sie Platz!« Sie deutet auf die beiden Stühle direkt vor ihm, er entscheidet sich für den linken.

»Wie geht es Ihnen?«

»Mir? Ähm …« Was soll das denn jetzt? Ist das eine Fangfrage? »So weit ganz gut, danke. Nur diese Nikotinkaugummis, die –«

»Schön zu hören. Ich habe nämlich etwas mit Ihnen vor.«

»Ach ja?« Warum lächelt die Chefredakteurin? Weil sie sich insgeheim über ihn lustig macht? Oder will sie tatsächlich freundlich sein? Das wäre dann allerdings nicht die Cornelia Boes, die er in den vergangenen Jahren kennengelernt hat.

»Gestern hatte ich ein informelles Treffen mit dem Verleger. Wir haben über die Lage der Zeitung gesprochen. Sie wissen, es ist alles im Umbruch – nicht nur im Journalismus. Das ›Rosenheimer Tagblatt‹ muss sich unter immer schwieriger werdenden Umständen behaupten. Sie in der Anzeigenabteilung spüren das ohnehin jeden Tag.«

Ach so, daher weht also der Wind. Jetzt wird sie gleich von »notwendigen Umstrukturierungen« anfangen. Und vom damit verbundenen unvermeidlichen Stellenabbau. Aber so einfach können die ihn doch nicht rausschmeißen, oder? Jedenfalls nicht wegen der paar Zigarettenpausen.

»Wir sind zu dem Schluss gekommen, dass wir uns in Zukunft stärker auf unsere Kernkompetenz besinnen werden. Und worin besteht die?«

»Die Kernkompetenz? Nun, ich denke –«

»In der Nähe zu unseren Lesern natürlich! Wir sind nicht irgendein anonymes, weltweit abrufbares Internet-News-Portal. Unsere Themen und Überschriften werden nicht von einem undurchsichtigen Algorithmus ausgewählt, der irgendwo im Silicon Valley programmiert wurde. Nein, wir sind *echt*. Aus Fleisch und Blut. Das ›*Rosenheimer* Tagblatt‹. *Aus* dem Landkreis Rosenheim, *für* den Landkreis Rosenheim.«

»Ja, das … sind wir.«

»Eben. Und Regionalität ist seit Jahren im Kommen. Die Menschen wollen heute Lebensmittel aus ihrer Region, sie fliegen nicht mehr weit weg, sondern entdecken stattdessen die reiche Kultur ihrer Heimat neu. Sie lesen Regionalkrimis. Und sie wollen natürlich auch regionale Nachrichten. Damit wünschen sich die Leute genau das, wovon *Sie* in diesem Haus am meisten verstehen.«

Fichtner schluckt. Das hört sich zwar ziemlich schmeichelhaft an – aber kann es der Ernst der Chefredakteurin sein, dass ausgerechnet er, der vor zwei Jahren wegen grober journalistischer Fehler in die Anzeigenabteilung versetzt wurde, nun plötzlich für irgendetwas der Hoffnungsträger ist? Ein Teil von Fichtner will möglichst schnell wieder zurück zu seinem Headset und seiner Liste. Doch Cornelia Boes macht keine Anstalten, ihn gehen zu lassen.

»Um zum Punkt zu kommen, Herr Fichtner: Wir möchten einen Relaunch des ›Inntalboten‹ als Regionalteil innerhalb des ›Rosenheimer Tagblatts‹. Natürlich nicht exakt so, wie er früher war. Es wird kein eigenes Redaktionsbüro mehr geben, wir arbeiten fürs Erste von hier aus. Und wir fangen klein an, mit einer Seite in der Wochenendausgabe. Das wird Ihr Projekt, Sie starten sofort. An dieser Stelle brauchen wir Ihre Erfahrung, und diese Oberaudorf-Geschichte, die Sie damals in den Sand gesetzt haben … Nun, das ist lange her. Ich denke, Sie haben eine neue Chance verdient.«

»Das … weiß ich sehr zu schätzen, Frau Boes.« In Fichtners Kopf herrscht heilloses Durcheinander. Ihm fehlen die Worte.

Als Cornelia Boes sich erhebt, tut er es ihr gleich.

»Gehen Sie raus«, sagt sie, »reden Sie mit den Leuten, halten Sie nach Themen Ausschau … Aber wem erzähle ich das, Sie wissen ja, wie das geht. Alles klar?«

»Alles klar.« Er schickt sich an, das Büro zu verlassen – und ist schon fast an der Tür, als sich Cornelia Boes noch einmal an ihn wendet.

»Herr Fichtner?«

»Ja?«

»Ich verlasse mich auf Sie. Vermasseln Sie's nicht wieder.«

Die hölzernen Stufen knarzen, als Tamara im Halbdunkel die steile und schmale Treppe hinaufsteigt. Friederike Ziegelmeier hat nicht darauf bestanden, sie zu begleiten – und irgendetwas gibt der Hauptkommissarin das Gefühl, dass sie deren Schwiegervater besser allein aufsuchen sollte. Sie möchte selbst beurteilen, ob der alte Mann tatsächlich zu verwirrt ist, um ihr helfen zu können.

Oben angelangt, klopft sie an die einzige Tür. Sie wartet einen Moment – kein Laut ist zu hören.

»Herr Ziegelmeier?« Sie klopft noch einmal, jetzt etwas fester. »Hier ist Hauptkommissarin Stahl von der Kriminalpolizei Rosenheim. Ich würde gern kurz mit Ihnen sprechen!«

Wieder nichts.

»Darf ich reinkommen?« Vorsichtig drückt sie die Klinke herunter und öffnet die Tür einen Spalt breit. Dahinter ist es ein wenig heller als in dem düsteren Treppenaufgang. Sie tritt ein.

Ein Holzofen, eine überschaubare Einbauküche, von der an einigen Stellen der Lack abblättert. Ein Topf und einige Teller voller angetrockneter Essensreste im Spülbecken. Davor, auf dem Linoleumboden, ein ausgefranster Flickenteppich. Links eine Eckbank und zwei Stühle, auf dem Tisch ein paar Medikamentenschachteln, eine Vase, darin ein längst verwelkter Blumenstrauß. Rechts am Fenster die riesige Rückenlehne eines dunkelgrünen Polstersessels. An der Wand lehnt ein Paar Krücken. Die schmutzigen orangefarbenen Vorhänge sind zugezogen und tauchen den Raum in warmes Licht. Schwacher Uringeruch liegt in der stickigen Luft.

Tamara geht zwei Schritte auf den Sessel zu. »Herr Ziegelmeier?«

Die Hand auf der Armlehne bewegt sich, kurz darauf ertönt ein leises Räuspern.

Die Hauptkommissarin macht einen weiteren Schritt. Ein Bein des Alten ist auf einem hölzernen Schemel ausgestreckt, darüber liegt trotz der Hitze eine dunkelbraune Wolldecke.

»Herr Ziegelmeier, mein Name ist –«

»Ich hab Sie schon ghört, Frau Hauptkommissarin.« Die

Stimme von Jakob Ziegelmeier senior ist heiser, aber nicht kraftlos. Wieder eine Handbewegung. »Gehen S' halt her, in Gotts Namen!«

Ungekämmtes weißes Haar, graue Bartstoppeln auf den eingefallenen und farblosen Wangen. Ein fleckiges, ursprünglich wohl weißes Unterhemd. Tief in den Höhlen sitzende Augen, die sie taxieren.

»Grüß Gott.« Tamara erwidert den Blick und deutet ein Lächeln an. Als nach ein paar Sekunden des Schweigens klar ist, dass ihr Gruß nicht erwidert werden wird, fährt sie fort: »Sie wissen, warum meine Kollegen und ich bei Ihnen auf dem Hof sind?«

»Die Leich.« Jakob Ziegelmeier senior hustet und stützt sich auf seine Ellenbogen, um sich ein wenig aufzurichten. »Wegen der Leich sind Sie da. Mei Sohn is vorher bei mir heroben gwesen und hat mir gsagt, was passiert ist.«

»Dann verstehen Sie sicherlich, dass ich jeden hier im Haus befragen muss, auch Sie. Es wird nicht lange dauern. Ich möchte nur wissen, ob Ihnen vergangene Nacht oder heute Morgen etwas Ungewöhnliches aufgefallen ist.«

Der Alte wendet den Kopf nach rechts, schiebt mit der Hand den Vorhang und die vergilbte Gardine dahinter ein wenig zur Seite und blickt hinaus.

»So a Durchanand! A Leich mitten aufm Hof. Ois geht vor die Hund.« Er wendet sich wieder der Hauptkommissarin zu. »Mei Frau und i, mir ham zwoa Kinder griagt. An Buam und a Madl. Des Madl hat an Pfennigfuchser aus da Bank gheirat, den Udo. Hod mit eam a Haus auf unserm Grund baut. Dann is obghaut, auf Spanien, und hod uns des Gscheithaferl ois Nachbarn daglassen ...« Wieder schüttelt ihn ein Hustenanfall, er scheint längeres Sprechen nicht mehr gewohnt zu sein. »Und der Jakob, mei Bua ... Ja, fleißig is er scho. Noch nia is der si für a Arbeit z' schod gwesen. Aber er is dumm. Weil er ned begreift, dass sei Frau ois kaputtmacht! Mit de Nachbarn gibt's nur no Streit, seit die am Hof wos zum Sogn hod. Und dann ziagt s' uns de ganzen gschlamperten Staderer her mit ihre Kurse und dene damischn Buidl. Lang geht des ned guad, des hob i am Jakob scho immer gsagt …«

»Sie sitzen oft hier am Fenster, nehme ich an?« Tamara möchte, dass der Mann zum Punkt kommt, nun, da er schon einmal zu reden begonnen hat.

»Weil i nimmer gscheit laffa ko. Meine Fiaß san hi. Mei Sohn sogt, des kimmt, weil i ned ois mach, wos der Doktor sogt. Aber mir schafft koana so leicht wos o. I dua, wos i mog, und wos i ned mog, des dua i a ned. Und die Ärzte – mei, de wissn doch a nix. I dad blind wer'n wega dem Zucker, ham s' vor zwoa Jahr gmoant. Und wos is woan? I sog Eana, i sig oiwei no ois.«

Wieder nimmt Jakob Ziegelmeier senior Vorhang und Gardine zur Seite und schaut aus dem Fenster. »Gestern auf d' Nacht bin i lang dogsessen. Genau so wia jetzt. Irgendwann bin i eigschlaffa und erst mittn in da Nacht wieder aufgwacht. Weil a Auto aufm Hof war. I hob den Motor ghead und die Scheinwerfer gsegn. A Zeit lang is dogstanden, dann is umdraht und weggfahren.«

»Wann war das genau?«

»I hob ned auf d' Uhr gschaut. Aber stockfinster war's.«

»Haben Sie erkannt, wer am Steuer saß? Oder um was für einen Wagen genau es sich gehandelt hat?«

Der alte Mann schüttelt den Kopf. »Na, des woaß i ned. Aber dunkel is des Auto gwesen und gar ned kloa. I hob ma dacht: ›Do is bestimmt oana foisch abbogen. Z' Rohrdorf is Schütznfest – und der hod vielleicht a Maß z' vui ghabt.‹« Wieder stützt er sich für einen Moment auf seine Ellenbogen, bevor er in den Sessel zurücksinkt und die Augen schließt. »Des is ois. Mehr hob i ned zum Sogn.«

Tamara ist klar, dass sie heute nicht mehr aus diesem Mann herausbekommen wird. »Vielen Dank, Herr Ziegelmeier. Auf Wiedersehen.«

Zur Antwort erhält sie nur ein kaum wahrnehmbares Grummeln. Sie sieht auf ihre Armbanduhr. Eigentlich wäre es jetzt längst an der Zeit, ins Präsidium zu fahren, um den Fall mit den dort verbliebenen Kollegen zu besprechen. Doch zuerst muss sie unbedingt noch hinauf zum Internat, in dem die Tote gearbeitet hat.

4

Während die Mittagszeit näher rückt, wird die sommerliche Hitze in Falkenberg immer drückender. Am Badesee nimmt der Parkplatzwächter seinen Sonnenhut ab und wischt sich mit einem Taschentuch den Schweiß von der Stirn. Bauer Josef Brandstätter sitzt mit hochrotem Kopf auf seinem Traktor, der den Odelwagen über den flimmernden Asphalt der Hauptstraße bis zu den Wiesen bei den Innauen zieht. Im Biergarten beim »Postwirt« am Marktplatz finden sich erste Gäste ein und sichern sich die schattigen Plätze unter dem Blätterdach der riesigen Kastanien.

Oben im Schloss werfen Schüler und Lehrer sehnsüchtige Blicke aus den Fenstern der stickigen Klassenzimmer. In der Küche des Internats herrscht derweil Hochbetrieb, das Mittagsbüfett muss vorbereitet werden. Auf dem Vorplatz verfrachtet ein junger Mann ein paar Kunststoffkisten in den schuleigenen Kleinbus, der später die Mädchen der Reitgruppe ins Tal hinunter zum Stall bringen soll. Für die von den Älteren bevorzugte Golfgruppe liegen längliche Umhängetaschen bereit, aus denen die Köpfe sorgfältig polierter Schläger ragen. Das Nachmittagsprogramm kann hoffentlich planmäßig ablaufen, nachdem der Stundenplan des Vormittags durch die unentschuldigte Abwesenheit einer Lehrkraft ein wenig durcheinandergewirbelt wurde.

»Haben Sie Frau Vogel noch immer nicht erreicht?« Dr. Brenner steht in der Tür, die sein Büro mit dem Vorzimmer verbindet. Er klingt inzwischen ein wenig besorgt.

»Nein, tut mir leid«, antwortet Frau Weinhold. »Soll ich vielleicht Herrn Kurz benachrichtigen, damit er sich auf die Suche nach ihr macht?«

»Herrn Kurz? Nein, besser nicht. Ich möchte nicht, dass die Sache zu hohe Wellen schlägt. Wahrscheinlich klärt sich bald alles ganz von selbst auf. Und Frau Vogel hat es momentan ohnehin nicht besonders leicht hier im Haus.«

»Wie Sie meinen, Herr Dr. Brenner.«

Der Internatsleiter schließt die Tür und begibt sich an seinen Schreibtisch. Die Bronzebüste hat Frau Weinhold rechtzeitig vor der heiklen Besprechung mit Maximilians Eltern eigenhändig auf eine Kommode in einer Ecke des Büros verfrachtet und sie dort mit ihrer unnachahmlichen Diskretion unter einer alten Tischdecke verborgen.

Dr. Brenner setzt sich, stützt die Ellenbogen auf die Tischplatte, klemmt seinen Kopf zwischen beide Handflächen und schließt die Augen. In dem eben stattgefundenen Gespräch ging es nicht nur um den Fund von synthetischen Drogen bei Maximilian und um die Null-Toleranz-Politik der Schule in solchen Fällen, sondern ganz nebenbei auch um die Großzügigkeit von dessen Eltern im Rahmen der letztjährigen Spendenbälle und um die finanzielle Unterstützung, die sie für die überfällige Dachsanierung des Westflügels in Aussicht gestellt haben. Was würde das Kuratorium wohl dazu sagen, wenn er vorschlüge, Maximilian trotzdem von der Schule zu verweisen?

Siebzehn Kilometer innabwärts kaut Roland Fichtner auf einem Bleistiftstummel herum, während er sich lustlos durch die Internetseiten von Trachten- und Sportvereinen sämtlicher Gemeinden des Landkreises klickt. Vorstandswahlen, Grillfeste, Jubiläen, Spendenaktionen. Alles bestenfalls Lückenfüller. Nichts davon würde mehr als einen Fünfzeiler hergeben. Aber Fichtner braucht mindestens ein Knallerthema für die erste Ausgabe.

»He, Roland, hast du schon gehört? Heute Morgen: Polizeieinsatz in Falkenberg nach Leichenfund.« Karl »Charly« Müller, der für die Gesellschaftsseiten – also für Klatsch und Tratsch aus der Rosenheimer Bussi-Bussi-Gesellschaft – zuständig ist, redet so laut, dass es das ganze Großraumbüro zwangsläufig mitbekommt. »Und zwar nicht in der Teufelsschlucht, in die jedes Jahr mindestens ein Lebensmüder springt, sondern mitten im Dorf. Das wär doch was für dich, oder? Könntest mal wieder ein Verbrechen aufklären.« Kaum verhaltenes Gekicher an den anderen Schreibtischen. »Vielleicht steckt ja die Mafia dahinter, wer weiß?« Jetzt prusten die Kollegen vor Lachen. Arschlöcher, alle miteinander.

Nein, Fichtner wird sich nicht noch einmal an einem Kriminalfall die Finger verbrennen. Aber Falkenberg – das bringt ihn auf eine Idee. Dort ist doch dieses Internat, das regelmäßig Werbeanzeigen im »Rosenheimer Tagblatt« schaltet. Es ist noch nicht lange her, da hat er deswegen mit dem Schulleiter telefoniert. Und hat der dabei nicht geplante historische Untersuchungen erwähnt? Ja, eine Expedition in den mittelalterlichen Tiefbrunnen, darum ging es.

Kurz entschlossen greift Fichtner zu seinem Headset und sucht die Nummer des Internats in der Kundenliste der Anzeigenabteilung. Wenige Sekunden später hört er eine ihm bereits bekannte Frauenstimme.

»Schule Schloss Falkenberg, Daniela Weinhold, guten Tag.«

Fichtner nennt seinen Namen und erklärt, dass er gern den Internatsleiter sprechen würde. Nein, es gehe diesmal nicht um die Werbeanzeige im »Tagblatt«, sondern um einen redaktionellen Artikel über die Schule. Kurz darauf hat er Herrn Dr. Brenner in der Leitung.

»Wir bereiten einen großen Relaunch des ›Inntalboten‹ vor«, erklärt der Journalist. »Der neu gestaltete Regionalteil wird in Zukunft eine tragende Säule für das ›Rosenheimer Tagblatt‹ sein, und für die erste Ausgabe habe ich an einen echten Knüller gedacht: ein Exklusivbericht über die Untersuchung des historischen Tiefbrunnens auf Schloss Falkenberg! Das könnte eine äußerst spannende Geschichte werden und unsere Leser interessieren. Und Sie – Sie bekämen durch so einen Artikel weit mehr Aufmerksamkeit als durch jede noch so großflächige Anzeige.«

»Vergessen Sie's.«

»Ich wusste, dass … Äh, Moment … Was haben Sie gesagt? Ich glaube, ich habe Sie nicht richtig verstanden.«

»Es wird keinen Artikel über unseren Tiefbrunnen geben. Ich möchte darüber nichts in der Presse sehen. Überhaupt – das ganze Thema hat sich längst erledigt.«

»Erledigt? Herr Dr. Brenner, das –«

»Entschuldigen Sie mich jetzt bitte, ich habe zu tun. Auf Wiederhören, Herr Fichtner.«

»Aber … Mist.« In Fichtners Kopfhörer ertönt bereits das Freizeichen, der Internatsleiter hat aufgelegt.

Lorenz dreht sich einmal um die eigene Achse und betrachtet voller Freude die ihn umgebenden, bis oben hin gefüllten Bücherregale aus dunklem Holz. Die meisten davon sind mit kunstvoll geschnitzten Figuren verziert, die, soweit er beurteilen kann, Gestalten aus der griechischen Mythologie darstellen. Einige Lesepulte stehen im Raum, außerdem ein großer, rechteckiger Tisch und ein paar bequeme Sessel. In einer Ecke führt eine Wendeltreppe unter die mit Stuckornamenten verzierte Decke auf eine Galerie mit weiteren Schränken, in deren Fächern in Leder gebundene, augenscheinlich sehr alte Ausgaben stehen. Eine wunderbare Bibliothek!

Lorenz schätzt, dass die Möbel in diesen Räumen aus dem

ausgehenden 19. Jahrhundert stammen. Das war die Zeit, in der Schloss Falkenberg vom Sprössling einer neureichen, geadelten Industriellenfamilie gekauft, instand gesetzt und nach dem Geschmack der Zeit eingerichtet wurde. Der neue Besitzer starb zwar früh, doch seine Frau kümmerte sich danach weiter um die Immobilie und wandelte sie in eine Erziehungsanstalt um – die Keimzelle des heutigen Gymnasiums.

Der Historiker lässt seinen Blick über einen Schrank mit Lehrwerken zum Fach Geografie schweifen. Alle Buchrücken sind mit Aufklebern versehen, auf denen die jeweilige Katalogsignatur vermerkt ist. Sehr vorbildlich. Wo sich wohl die Abteilung für Geschichte befindet? Lorenz will gerade das nächste Regal in Augenschein nehmen, als ihm wieder einfällt, dass er nicht zum Vergnügen hier ist.

Er hat einen Meterstab bei sich, weil ihn gestern Abend einige Zahlen auf den Plänen des ersten Stockwerks irritiert haben. Entweder sind die Mauern in diesem Bereich von einer geradezu grotesken Dicke – oder beim Vermessen der Bibliothek wurde geschlampt.

Lorenz wird es herausfinden. Er begibt sich in eine Ecke des Raums, klappt den Meterstab auseinander und legt ihn so auf den Fußboden, dass sein Ende die Wand berührt.

»He!« Die Stimme eines Mannes. Hastige Schritte, die näher kommen, dann noch einmal die Stimme: »He! Was machen Sie hier?«

Lorenz richtet sich auf und dreht sich um. Sein Gegenüber ist einen Kopf kleiner als er, etwa dreißig Jahre alt und trägt graublaue Arbeitskleidung. Strähnen seines schwarzen Haars hängen ihm in die von Schweiß glänzende Stirn, seine Oberlippe ziert ein dünner Schnurrbart. Der Mann ist sichtlich erregt.

»Sprechen Sie kein Deutsch? Ich würde gern wissen, was Sie hier zu suchen haben!«

»Grüß Gott.« Lorenz geht einen Schritt auf ihn zu. »Mein

Name ist Kastner. Ich bin Historiker und im Auftrag von Herrn Dr. Brenner hier im Schloss, um ein Gutachten zu erstellen. Dafür muss ich noch ein paar Messwerte überprüfen. Und Sie sind …?« Er streckt seine Hand aus.

Die Erwähnung des Internatsleiters scheint den Furor des Mannes zumindest ein wenig zu bändigen. Er betrachtet Lorenz für einen Moment von Kopf bis Fuß, dann ringt er sich dazu durch, die ihm gereichte Hand zu schütteln. »Kurz«, murmelt er dabei. »Peter Kurz. Ich bin hier der Hausmeister.«

»Sie wurden wohl über meine Anwesenheit nicht informiert? Das tut mir leid. Ich bin im Literatenturm untergebracht, solange ich hier arbeite. Aber mehr als ein paar Tage werden das nicht sein.«

»Aha. Wenn das so ist …« Kurz runzelt zwar noch immer etwas skeptisch die Stirn, aber Lorenz scheint ihn einigermaßen von seiner Rechtschaffenheit überzeugt zu haben. »Es kommen nämlich immer wieder Leute, die glauben, das Schloss wäre so etwas wie ein öffentliches Museum. Aber das stimmt nicht. Es ist in Privatbesitz.«

»Es gehört der Stiftung, die das Internat betreibt, richtig?«

»Genau.« Der junge Hausmeister kratzt sich am Kopf. »Sie … Sie müssen hier aber nicht auf dem Fußboden herumkriechen. Mit Verlaub: Wenn ich Sie richtig verstanden habe, dann dürfte das doch nicht gerade Ihr Spezialgebiet sein. Ich dagegen mache so etwas jeden Tag und kenne mich außerdem hier aus. Sie dürfen mich gern alles fragen. Oder Sie sagen mir einfach, was ich ausmessen soll, dann …«

»Danke, Herr Kurz. Das ist sehr freundlich von Ihnen, aber –«

Draußen vor dem Schloss heult ein Motor auf, gefolgt von einem dumpfen Knall. Eine Sekunde lang ist es still, dann gibt wieder jemand Gas. Reifen quietschen.

»Was ist denn da los?«

Lorenz geht zum Fenster und wirft einen Blick hinaus auf

den Vorplatz. Er sieht gerade noch die Rücklichter eines Wagens, der über die Burgstraße verschwindet. Sein Fiat steht noch dort, wo er ihn gestern geparkt hat. Aber auf dem Asphalt glitzern Splitter des rechten Frontscheinwerfers. »Das gibt's doch nicht!«

Er eilt am verdutzten Hausmeister vorbei aus der Bibliothek, stürzt die breite Treppe zum Haupteingang hinunter, lässt die beiden Glastüren hinter sich und steht schließlich auf dem Parkplatz vor seinem Wagen. Tatsächlich: Blinker und Scheinwerfer sind hinüber.

»Keine Sorge. Ich hab alles aufgenommen.« Ein Mädchen in Schuluniform und mit einer kleinen digitalen Filmkamera in der Hand taucht hinter einem kegelförmig zugeschnittenen Buchsbaum auf. Es ist Charlotte von Sternberg. »Das war Henrik. Einer von den Wichtigtuern aus der Elften.« Sie umkreist das Auto, bleibt vor den kaputten Lichtern stehen und seufzt. »Sieht nicht gut aus.«

Wieder ist ein Motorengeräusch zu hören, diesmal allerdings eher ein sanftes Schnurren. Als sich Lorenz umblickt, sieht er, wie eine schwarze Limousine auf den Parkplatz einbiegt und in einer Lücke zwischen zwei Kleinbussen des hauseigenen Shuttleservices für die Schüler von Schloss Falkenberg parkt. Eine plötzliche Ahnung lässt seinen Herzschlag aussetzen und seine Knie weich werden. Kann das sein? Hier? Dann öffnet sich die Fahrertür, und Tamara steigt aus.

»Was wollen Sie jetzt machen?« Charlotte hat sich neben Lorenz gestellt und sieht fragend zu ihm hoch. »Die Polizei rufen?«

»Nicht nötig«, antwortet er, ohne den Blick von Tamara abzuwenden. »Die ist bereits da.«

Während Tamara die Autotür ins Schloss fallen lässt, ärgert sie sich noch immer über den grauen Porsche Cayenne, der auf der schmalen Burgstraße beinahe mit ihr zusammengestoßen wäre.

Mit überhöhter Geschwindigkeit eine derart unübersichtliche Kurve zu schneiden – eigentlich hätte sie sofort umkehren und den Fahrer zur Rechenschaft ziehen sollen.

Die Hauptkommissarin steckt den Wagenschlüssel in ihre Hosentasche und will sich gerade auf den Weg zum Haupteingang machen, als das Smartphone in ihrer Hand klingelt.

»Stahl.«

»Grüß Gott, Frau Hauptkommissarin, hier ist Preis.«

Dr. Burkhard Preis von der Gerichtsmedizin. Hat er etwa schon Ergebnisse?

»Guten Tag, Herr Doktor.«

»Ich arbeite gerade an der Frauenleiche, die Sie mir heute Morgen geschickt haben – und ich dachte, Sie freuen sich vielleicht über eine Wasserstandsmeldung vor dem offiziellen Bericht.«

Während sie dem Arzt zuhört, inspiziert Tamara den Vorplatz des Schlosses und die erstaunliche Anzahl an Luxusautos, die hier geparkt sind. Nur da hinten steht so ein rostiger alter Fiat, wie ihn –

Ein halblautes »Nein!« entfährt ihr, als sie Lorenz erkennt, der neben einem Mädchen in dunkelblauer Schulkleidung bei seinem Wagen steht und sie überrascht anstarrt.

»Nicht?« Dr. Preis ist hörbar aus dem Konzept gebracht. »Na gut, dann –«

»Doch, natürlich! Entschuldigung, ich war nur kurz abgelenkt … Was haben Sie gefunden?«

»Zumindest einige Indizien. Soweit ich bisher sagen kann, liegt ein multiples Organversagen vor, dessen Ursache wir noch nicht kennen. Im Blut der Frau befindet sich offenbar nichts, was da nicht hingehört. Aber ich habe eine Einstichstelle am linken Oberarm entdeckt – und bei genauerem Hinsehen noch drei weitere in der näheren Umgebung.«

»Aha.«

Lorenz lächelt und winkt unsicher zu ihr herüber. Tamara

wendet sich ab. Was tut der bloß hier? Dieser Mann hat wirklich ein Talent dafür, zur falschen Zeit am falschen Ort zu sein. »Das ist wirklich interessant, Herr Doktor.«

»Ja, nicht wahr? Falls diese Einstiche mit dem Ableben der Frau zu tun haben, wurde ihr wahrscheinlich eine körpereigene Substanz gespritzt, die beim Bluttest erst mal nicht auffällt. Ich denke, es könnte sich um hohe Dosen von Insulin gehandelt haben. Nicht subkutan, sondern intramuskulär, was die Wirkung erheblich beschleunigt und verstärkt. Eine schwere Hypoglykämie – also der drastische Unterzucker, der durch solche Injektionen ausgelöst wird – kann ohne rechtzeitig ergriffene Gegenmaßnahmen durchaus zum Tod führen.«

»Na, da haben wir ja schon mal einen Anhaltspunkt.«

»Ja, aber vergessen Sie bitte nicht, dass ich noch spekuliere. Bevor ich Genaueres sagen kann, müssen wir weitere Analysen vornehmen, unter anderem von Gewebeproben rund um die Einstichstellen. Ich melde mich dann noch mal bei Ihnen. Und Sie bekommen natürlich meinen schriftlichen Bericht.«

»Danke, Herr Dr. Preis.«

»Bitte sehr. Auf Wiederhören.«

»Auf Wiederhören.« Tamara tippt mit dem Zeigefinger auf den Bildschirm des Handys. Insulin als Mordwerkzeug? Das Bild des alten Ziegelmeier-Bauern in seinem dunkelgrünen Polstersessel erscheint vor ihrem inneren Auge. Der Mann hat selbst gesagt, dass er Diabetiker sei. Das muss zwar nichts heißen, aber sie sollte auf jeden Fall in Erfahrung bringen, ob er Insulinspritzen in der Wohnung aufbewahrt – und ob davon vielleicht welche abhandengekommen sind.

»Tamara.«

Sie blickt auf. Lorenz steht jetzt nur wenige Schritte von ihr entfernt.

»Lorenz. Hallo. Das ist ja eine Überraschung. Was … führt dich hierher?«

»Ich habe dir doch von der geplanten Forschungsgruppe

zu Wehrburgen im Inntal und in Südtirol erzählt. Schloss Falkenberg muss dafür genauer untersucht werden, deshalb bin ich für ein paar Tage vor Ort. Früher war das hier eine echte Festung. Du siehst es noch am Bergfried, der …« Lorenz verstummt. Ihm ist offenbar rechtzeitig klar geworden, dass das nicht der richtige Moment für einen Vortrag zur Historie von Schloss Falkenberg ist. »Und du?«, fragt er stattdessen. »Bist du dienstlich hier?«

»So ist es. Ich muss zur Schulleitung.«

»Das ist Herr Dr. Brenner. Soll ich dich zu ihm bringen?«

Tamara zögert einen Augenblick, dann nickt sie und folgt Lorenz in Richtung Haupteingang. Charlotte von Sternberg, das Mädchen mit der Kamera, steht noch immer neben dem Fiat und sieht zu, wie die beiden Erwachsenen im Gebäude verschwinden.

»Tamara, ich …« Lorenz sucht nach den richtigen Worten, während er neben ihr die breite Treppe in den zweiten Stock hinaufsteigt. »Also, ich wollte nur sagen: Neulich im Englischen Garten, das war –«

»Sei mir nicht böse, Lorenz, aber darüber möchte ich jetzt wirklich nicht sprechen. Ich bin bei der Arbeit, verstehst du?«

»Aber ich … Na gut. Apropos Arbeit: Warum genau bist du auf Schloss Falkenberg? Hier wurde doch kein Verbrechen begangen, oder? Ich habe jedenfalls nichts dergleichen mitbekommen.«

Tamara sieht ihn kurz von der Seite an, ohne zu antworten.

»Du darfst es mir nicht sagen? Oder willst du es nicht?«

»Jedenfalls nicht, bevor ich mit dem Internatsleiter gesprochen habe. Aber du kannst dir wahrscheinlich denken, dass ich keine guten Nachrichten bringe.«

»Sag bloß, hier ist jemand … Nein, natürlich nicht, das wäre ja –«

»Herr Kastner, möchten Sie zu mir?« Dr. Brenner ist gerade

vom anderen Ende des Flurs auf dem Weg zu seinem Büro und hat den Historiker bereits von Weitem erkannt. »Und Sie sind …?«, fragt er Tamara, sobald er etwas näher gekommen ist.

Als die Hauptkommissarin sich kurz vorstellt, zieht der Internatsleiter beim Wort »Kriminalpolizei« erstaunt die Augenbrauen hoch.

»Können wir einen Moment unter vier Augen sprechen?«

»Ja, natürlich. Kommen Sie.«

Dr. Brenner öffnet die Tür zu seinem Vorzimmer, in dem seine Sekretärin an ihrem Arbeitsplatz sitzt.

»Ich habe Frau Vogel noch immer nicht erreicht, Herr Direktor«, sagt sie, sobald ihr Chef, gefolgt von Tamara und Lorenz, eingetreten ist.

»Das ist wirklich seltsam. Gehen Sie doch bitte noch mal rüber in den Wohntrakt und sehen Sie nach, ob sie inzwischen dort aufgetaucht ist.«

Hinter dem Internatsleiter räuspert sich Tamara deutlich hörbar. »Herr Dr. Brenner, ich denke, das wird nicht nötig sein.«

»Wieso? Wissen Sie denn etwas über unsere Kollegin?«

»Deswegen bin ich hier. Heute Morgen wurde unten im Dorf eine Leiche entdeckt. Die Dame, die sie gefunden hat, konnte die Tote identifizieren – als Sandra Vogel, Lehrerin an Ihrer Schule.«

»Oh mein Gott!« Dr. Brenner hält sich eine Hand vor den Mund und stützt sich mit der anderen auf den Schreibtisch seiner Sekretärin. »Oh mein Gott«, wiederholt er immer wieder.

»Sie ist –« Auch die Sekretärin ist sichtlich schockiert, ihr Gesicht hat jegliche Farbe verloren. Sie wendet sich an die Hauptkommissarin. »Wo, sagen Sie, hat man sie gefunden?«

Tamara schweigt. Sie möchte sich dazu anscheinend nicht genauer äußern – nicht hier im Vorzimmer, wo neben der

Sekretärin auch noch Lorenz zuhört. Sie deutet auf die halb offen stehende Tür zu Dr. Brenners Arbeitszimmer. »Können wir ...?«, fragt sie den Internatsleiter, der noch immer um Fassung ringt.

»Ja.« Dr. Brenner schickt sich an voranzugehen, dreht sich dann aber noch einmal um. »Frau Weinhold, Herr Kastner: Bewahren Sie bitte erst mal Stillschweigen.« Er wirkt apathisch, spricht leise, beinahe tonlos. »Ich rede jetzt mit Frau Stahl, und danach sehen wir weiter, wie und wann wir die Schüler und das Kollegium informieren. In Ordnung?«

Als Roland Fichtner das Ortsschild von Rosenheim passiert, drückt er das Gaspedal durch, der Wagen beschleunigt und rast an Maisfeldern, Bauernhöfen, verwitterten Marterln und in der Sommerhitze verdunstenden Fischteichen vorbei Richtung Süden. Hier und da ragt ein Kirchturm mit Zwiebelhaube zwischen den Hügeln auf, am Horizont erheben sich die ersten majestätischen Alpengipfel: Kranzhorn, Brünnstein, Wendelstein.

Der Journalist betätigt einen Knopf an der Fahrertür, und sofort strömt lauwarme Luft durch das sich öffnende Fenster. Er nimmt noch einen letzten tiefen Zug von seiner Zigarette, bevor er den Stummel in hohem Bogen hinauswirft. Wie gut es tut, dieses verfluchte Büro hinter sich zu lassen!

Als er noch die Ein-Mann-Redaktion des »Inntalboten« in Oberaudorf leitete, war die Schreibtischarbeit kein Problem für ihn. Damals war er allein und konnte tun und lassen, was er wollte. Aber dieses Großraumbüro in Rosenheim, in dem ihm Cornelia Boes und die Kollegen ständig auf die Finger schauen – und in dem das Rauchen streng verboten ist, obwohl es nichts Besseres gibt, um ihn zu inspirieren und seine grauen Zellen in Schwung zu bringen –, das setzt ihm wirklich zu.

Doch nun hat die Chefredakteurin ihm ja sogar befohlen:

»Gehen Sie raus!« Also tut Fichtner genau das. Er fährt nach Falkenberg, trotz der seltsamen Reaktion des Internatsleiters bei seinem Anruf. Am Telefon lässt er sich vielleicht abwimmeln, wenn er irgendwelche Anzeigen verkaufen soll, aber nicht, wenn es um seine Journalistenehre geht.

Die Idee einer Story über die Brunnenerforschung ist großartig. Sein Artikel wird Regionalgeschichte mit einer Prise Abenteuer und dem noblen Flair verbinden, das da oben auf dem Schlossberg herrscht. Und alle werden dabei das bekommen, was sie wollen: Die Leser freuen sich über eine spannende Geschichte, Frau Boes auch – und das Internat steht in bestem Licht da. Das wird dieser Julius Brenner auch noch verstehen. Fichtner muss nur ein bisschen Zeit bekommen, um ihm sein Vorhaben noch einmal ausführlicher zu erklären.

In Falkenberg folgt der Journalist zunächst der Hauptstraße, die ihn nach wenigen hundert Metern an einem teilweise umgebauten alten Dreikanthof vorbeiführt, in dessen Einfahrt mehrere uniformierte Polizisten und ein Streifenwagen stehen. Sieht ganz so aus, als wäre das der Ort des Leichenfunds, von dem in der Redaktion die Rede war. Für einen Moment keimt Neugierde in ihm auf, doch Fichtner erinnert sich sofort daran, dass er Wichtigeres zu tun hat, als hier den Paparazzo zu spielen.

Kurz darauf biegt er in die Burgstraße ab, steuert seinen Wagen die steilen Serpentinen hoch, kommt an den drei Fahnenmasten vorbei und findet sich schließlich auf dem Vorplatz wieder, wo glücklicherweise noch ein Parkplatz frei ist. Er stellt den Motor ab, betrachtet sich prüfend im Rückspiegel und kämmt sich mit den Fingern die Haare. Hätte er vielleicht noch schnell zu Hause vorbeifahren und sich umziehen sollen? Nein, nicht nötig. Mit Jeans ist man immer gut gekleidet, auch wenn seine vielleicht schon ein bisschen ausgebeult sind. Noch dazu hat er heute Morgen – vielleicht war das eine Art Eingebung – ohnehin ein frisches Hemd angezogen. Und die riesigen Schweißflecken unter seinen Achseln? Nun, die sind bei der Hitze eben nicht zu vermeiden.

Er steigt aus und kneift kurz die Augen zusammen, so sehr blendet ihn die in der Sonne leuchtende Fassade des Schlosses. Dann lässt er die Wagentür geräuschvoll zufallen und macht sich auf den Weg zum Eingang. Als er die beiden Glastüren passiert hat, sieht Fichtner sich vergeblich nach einer Informationstafel um, die ihm den Weg zum Büro des Internatsleiters weisen könnte. Da aus dem großen Saal nebenan Geräusche zu hören sind, wendet er sich in diese Richtung. Dort wird ihm sicher jemand Auskunft geben können.

Er tritt durch die geöffnete Doppeltür und lässt den Anblick auf sich wirken. Die Sonne scheint durch die hohen Fenster auf den blank polierten Parkettboden und auf die runden Tische mit jeweils etwa zehn Gedecken. In einer entfernten Ecke des Raums sind zwei weiß gekleidete Damen damit beschäftigt, Salatschüsseln, Wurst- und Käseplatten anzurichten. Der verführerische Duft frischer Backwaren steigt Fichtner in die Nase. Er kommt vom appetitlich angerichteten Nachspeisenbüfett zu seiner Linken. Sein Magen erinnert ihn knurrend daran, dass er seit heute Morgen nichts mehr gegessen hat.

Der Journalist greift nach einem Muffin und beißt hinein. Schmeckt köstlich, ist aber etwas trocken und vielleicht ein wenig klein geraten. Er nimmt sich schon einen zweiten, während er sich den Rest des ersten noch in den Mund schiebt. Die Dinger werden ja wohl nicht abgezählt sein.

»Entschuldigung, kann ich Ihnen helfen?«, fragt eine Stimme vom anderen Ende des Saals. Eine der Frauen, die dort arbeiten, hat Fichtner bemerkt. Wegen seines vollen Mundes hat er beim Antworten etwas Mühe.

»Ich … suche das Büro der Schulleitung.«

Die Frau kommt näher. Ihr Gesichtsausdruck lässt darauf schließen, dass ihr irgendetwas an Fichtners Auftritt missfällt, doch sie kommentiert das nicht weiter, sondern weist ihm stattdessen mit knappen Worten den Weg in den zweiten Stock. Der Journalist verlässt den Saal und schlendert in Richtung der breiten Treppe. Als er genüsslich in den zweiten Muffin beißen will, sieht er jemanden die Stufen herunterkommen.

Ein Mann um die dreißig, mittelgroß, braunes Haar, ziemlich schlank, ein wenig blass um die Nase. Er kennt ihn – aber woher? Natürlich! Jetzt fällt es Fichtner wieder ein: Das ist dieser Historiker, der vor zwei Jahren in Oberaudorf war, als dort zwei Morde für Aufsehen sorgten. Was tut der denn hier? Ist er wegen des Brunnens gekommen? Nun, dann wäre das Ganze wohl erst recht eine Geschichte wert.

Mit einem flinken Manöver, das ihm mit seinem Gewicht niemand zugetraut hätte, verschwindet Fichtner in einer Nische unter der Treppe. Zwar hat man ihn in den letzten Jahren in die Anzeigenabteilung abgeschoben – aber er ist noch immer ein erfahrener Journalist. Und als solcher sagt ihm sein Instinkt, dass er dem Historiker nicht offen in die Arme laufen sollte.

5

»Frau Vogel war heute Morgen nicht im großen Saal, aber das hat niemanden beunruhigt. Sie hat fast nie mit uns gefrühstückt. Das ist ganz normal, viele Kollegen halten es so. Nicht jeder kann schon vor Unterrichtsbeginn einen Haufen Leute um sich herum ertragen, verstehen Sie? Aber als sie dann zur ersten Stunde nicht in ihrer Klasse erschienen ist …«

Dr. Julius Brenner sitzt an seinem Schreibtisch und spricht mechanisch, so als wäre der empfindsame Teil von ihm gar nicht anwesend. Zwar sieht er Tamara Stahl, die in der Mitte des Büros steht und ihr Notizbuch gezückt hat, zwischendurch immer wieder an, doch sein Blick scheint sie nicht wirklich zu erfassen, sondern durch sie hindurch auf etwas anderes, nur für ihn Sichtbares gerichtet zu sein.

Die Hauptkommissarin hat Dr. Brenner bereits genauer erläutert, wo Sandra Vogels Leiche gefunden wurde. Außerdem hat sie ihn darüber informiert, dass die Todesursache noch nicht endgültig geklärt ist, sie und ihre Kollegen einen Unfall oder einen natürlichen Tod jedoch nicht für sehr wahrscheinlich halten. Der Internatsleiter hat auf diese Nachricht besonders schockiert reagiert: »Ist es etwa so, dass sie sich selbst …?«

Nachdem Tamara ihm erklärt hat, dass es für Spekulationen jeglicher Art viel zu früh sei, möchte sie nun wissen, wie die Lehrerin auf Schloss Falkenberg gelebt hat und ob sie in letzter Zeit in irgendwelche außergewöhnlichen Vorgänge verstrickt war.

»Sie war erst seit diesem Schuljahr hier, nicht wahr?«

»Ja, sie hat im letzten Herbst bei uns angefangen. Vorher war sie an einer staatlichen Schule.« Julius Brenner seufzt. »Ich glaube, die Umstellung ist Frau Vogel am Anfang nicht leichtgefallen. Es macht nämlich durchaus einen Unterschied, ob man nach dem Unterricht nach Hause fahren kann oder – wie hier – mit seinen Schülern und Kollegen zusammenlebt. Unsere Lehrer übernehmen nicht nur die Unterrichtsstunden, sondern auch die Nachmittags- und Abendbetreuung verschiedener Lerngruppen. Manche bringen sich mit einem Hobby oder einer Sportart in unser Freizeitprogramm ein. Man … muss bei uns eben auch ein bisschen ›Mädchen für alles‹ sein. Stellen Sie sich vor, bis vor einigen Jahren haben die Lehrer sogar die Shuttlebusse gefahren, mit denen wir die Schüler zu außerschulischen Aktivitäten und – an den Heimfahrwochenenden – nach Hause oder zumindest zum Bahnhof oder Flughafen bringen. Inzwischen hat Herr Kurz, unser Hausmeister, glücklicherweise ein paar zuverlässige externe Fahrer organisieren können. Aber Sie sehen: Hier zu arbeiten ist eine tagesfüllende Angelegenheit. Dazu kommt noch, dass die Eltern unserer Schüler in der Regel anspruchsvoll sind. Sie bezahlen einen nicht unbedeutenden Betrag, um ihre Kinder ausbilden zu lassen. Wenn dann etwas nicht läuft – wenn die Noten nicht stimmen oder sonstige Probleme auftreten –, sind wir ihnen natürlich auf andere Weise Rechenschaft schuldig als eine staatliche Schule.«

»Und damit kam Frau Vogel nicht zurecht?« Tamara ist zum Panoramafenster gegangen und blickt nun auf die direkt darunter liegende großflächige Terrasse. In einiger Entfernung erkennt sie einen Brunnenschacht, der gerade von zwei Arbeitern mit Holzbrettern abgedeckt wird.

»So würde ich es nicht formulieren«, antwortet Dr. Brenner. »Sie war eine gute Lehrerin, die allerdings auch von den Schülern einen gewissen Einsatz erwartete. Und wenn sie den Eindruck hatte, dass der ausblieb ...« Er starrt nachdenklich auf seinen Schreibtisch. Nach einer kurzen Pause fährt er fort: »Sie war da nicht so kompromissbereit wie andere. Das hat manchmal zu Kontroversen mit Kollegen geführt – aber vor allem zu Spannungen mit bestimmten Schülern und deren Eltern.«

»Können Sie mir dazu Konkreteres sagen? Den einen oder anderen Namen zum Beispiel?« Tamara hat sich wieder vom Fenster abgewandt und sieht ihren Gesprächspartner direkt an.

»Also, Frau Stahl, ich kann mir wirklich nicht vorstellen, dass –«

»Keine Sorge, wir gehen bei unseren Ermittlungen so diskret wie möglich vor. Aber wenn Frau Vogel in jüngster Zeit in Konflikte verwickelt war, dann muss ich das wissen und die Beteiligten befragen. Das verstehen Sie doch?«

»Ja, natürlich.« Dr. Brenner steht auf, macht einen Schritt zum Panoramafenster, stellt sich neben die Hauptkommissarin und blickt hinaus. »Ich hatte heute Vormittag ein ziemlich unangenehmes Elterngespräch. Dabei ging es um Maximilian Tauber, einen Schüler der elften Klasse, der uns in den vergangenen Monaten immer wieder Kopfschmerzen bereitet hat. Meiner Meinung nach macht er gerade eine rebellische Phase durch und testet aus, wie weit er dabei gehen kann. Jedenfalls ist er im Unterricht oft mit Frau Vogel aneinandergeraten. Er hat sie provoziert, schnippische Antworten gegeben und den Rest der Klasse gegen sie aufgewiegelt. Zweimal musste ich ihn schon hierherbestellen«, der Internatsleiter deutet auf den Besucherstuhl gegenüber seinem Schreibtisch, »um ihm klarzumachen, dass es so nicht weitergehen kann. Ich habe wirklich gehofft, dass meine eindringlichen Ermahnungen Wirkung zeigen würden, doch leider wurde ich enttäuscht. Am Montag letzter Woche hat Frau Vogel Maximilian während des Unterrichts ein kleines Päckchen abgenommen, das er unter dem Tisch an einen Mitschüler weiterreichen wollte. Wie sich herausstellte, waren darin Tabletten.« Ein lang gezogener Seufzer, kurz darauf fügt Dr. Brenner murmelnd hinzu: »Amphetamine.«

Die Hauptkommissarin notiert etwas in ihr Büchlein, dann sieht sie ihr Gegenüber wieder an. »Das bedeutet, dass der Junge jetzt erst recht Probleme bekommen wird?«

»So ist es. Drogenbesitz zieht bei uns zwingend einen sofortigen Schulverweis nach sich. Darüber habe ich heute auch mit Maximilians Eltern gesprochen.«

»Er fliegt also?«

Dr. Brenner zögert und setzt sich wieder in seinen Bürostuhl. »Wahrscheinlich«, sagt er dann. »Aber endgültig ist das noch nicht entschieden. Der Junge behauptet, dass er das Päckchen am selben Morgen im Bus gefunden und überhaupt nicht gewusst habe, was genau darin gewesen sei. Sehr unglaubwürdig, wenn Sie mich fragen – aber einfach ignorieren können wir diese Aussage natürlich nicht. Und Herr und Frau Tauber … Sie haben sich in der Vergangenheit um das Internat verdient gemacht und versuchen jetzt alles, um einen Schulverweis doch noch abzuwenden. Die endgültige Entscheidung werde ich gemeinsam mit unserem Kuratorium fällen müssen.«

Tamara fragt nach den Namen und der Adresse der Eltern und notiert sich die Angaben des Internatsleiters.

»Ich muss jetzt die Privaträume von Frau Vogel in Augenschein nehmen. Und gibt es hier auch so etwas wie ein Lehrerzimmer?«

»Ja, natürlich. Es befindet sich in diesem Stockwerk, nur ein wenig den Gang runter.«

»Könnten Sie mich bitte dorthin begleiten?«

Dr. Brenner nickt, öffnet eine Schreibtischschublade, nimmt einen Schlüssel heraus und fordert Tamara auf, ihm zu folgen.

Glücklicherweise hat es noch nicht zur Mittagspause geläutet. Weil der Unterricht noch läuft, ist der Aufenthaltsraum der Lehrkräfte von Schloss Falkenberg momentan verwaist. Zielsicher begibt sich Tamara zu dem mit Namensschildern versehenen Regal an der Wand neben der Eingangstür und sucht nach dem Fach von Sandra Vogel. Als sie es gefunden hat, nimmt sie den Inhalt heraus, setzt sich und geht alles Stück für Stück durch, während Julius Brenner nervös neben ihr auf und ab läuft.

Einige Rundschreiben der Internatsleitung, eine Schachtel mit Kugelschreibern, ein paar englischsprachige Zeitschriften, drei alte Lehrbücher, die die Lehrerin allem Anschein nach zur Vorbereitung ihres Unterrichts verwendet hat. Tamara überlegt noch, ob irgendetwas davon für ihre Ermittlungen von Belang sein könnte, als sie draußen auf dem Flur Schritte hört. Jemand nähert sich.

Mit einem Satz ist der Internatsleiter zur Stelle und stellt sich vor die Tür. »Einen Moment bitte, Herr Friedrich, hier drin findet gerade eine vertrauliche Besprechung statt.«

Während er seinen Kollegen etwas umständlich in ein Gespräch verwickelt, wendet Tamara sich aufs Neue den Gegenständen aus Sandra Vogels Fach zu. Sie ist gerade im Begriff, alles wieder zurückzulegen, als ihr die Ecke eines gelblichen Zettels ins Auge springt, der offenbar zwischen die Zeitschriften gerutscht ist. Sie zieht ihn mit den Fingerspitzen heraus. Er ist quadratisch, mit einer Seitenlänge von etwa fünf Zentimetern, auf ihm ist in Maschinenschrift eine Kombination aus Zahlen und Buchstaben vermerkt.

51K89322.

Was kann das bedeuten? Die Hauptkommissarin sieht sich nach dem Internatsleiter um, doch der steht noch immer auf dem Flur. Schließlich steckt sie das Stück Papier in ihr Notizbuch, steht auf, legt die restlichen Dinge zurück ins Fach und tritt ebenfalls vor die Tür.

»Können wir jetzt in den Wohntrakt gehen?«, fragt sie Dr. Brenner. Dem ihm gegenüberstehenden, etwa vierzigjährigen Lehrer nickt sie zum Gruß nur kurz zu.

»Ja, sicher«, antwortet der Internatsdirektor – sichtlich dankbar für die Gelegenheit, das erzwungene spontane Geplauder beenden zu können.

»Ich glaube, ich habe Herrn Friedrich ein wenig durcheinandergebracht«, raunt er der Hauptkommissarin zu, als sie kurz darauf die Treppe in den ersten Stock hinuntergehen. »Aber ich möchte auf jeden Fall das gesamte Kollegium zur gleichen Zeit von dem … schrecklichen Unglück unterrichten. Das Schlimmste wäre, wenn jetzt diesbezüglich Gerüchte und Halbwahrheiten die Runde machten.«

Tamara hört Dr. Brenner nur mit einem Ohr zu, denn am unteren Treppenabsatz hat jemand ihre Aufmerksamkeit auf sich gezogen. Ein dicker Mann mittleren Alters mit halblangen, nicht besonders gepflegten Haaren. Er trägt ausgeblichene Jeans und ein zeltartiges hellblaues Hemd. Unter seinen Achseln haben sich riesige Schweißflecken ausgebreitet. Irgendwie kommt er ihr bekannt vor.

Jetzt dreht er sich um, und sein Blick begegnet ihrem. Eine

Sekunde lang starrt er die Hauptkommissarin unverhohlen an, auch in seinen Augen blitzt eine Art Erkennen auf – dann wendet er sich hastig ab und begibt sich in Richtung Ausgang. Wer ist das? Tamara grübelt, während sie mit dem Internatsleiter in den Korridor abbiegt, der das Hauptgebäude mit dem Wohntrakt verbindet.

In dem Moment, in dem der Gong die Mittagspause einläutet, fällt es ihr wieder ein: Das war Roland Fichtner – der Journalist, der ihr vor zwei Jahren bei dem Fall in Oberaudorf andauernd in die Quere gekommen ist. Was tut der denn hier? Weiß die Presse etwa schon über die Identität der heute Morgen in Falkenberg aufgefundenen Leiche Bescheid? Die Hauptkommissarin hofft inständig, dass seine Anwesenheit nur ein Zufall ist.

Die Wohnung von Sandra Vogel auf Schloss Falkenberg besteht aus einem geräumigen Zimmer, das durch einen Schrank in Wohn- und Schlafbereich getrennt wird. Daneben gibt es ein winziges Bad und eine kaum größere Küchenzeile. Nachdem er die Tür aufgeschlossen hat, bittet Tamara Julius Brenner, auf dem Gang zu warten, während sie sich vorsichtig, ohne etwas anzufassen, umsieht. Auf den ersten Blick erscheint ihr hier nichts auffällig: Die Lehrerin hat die zweckmäßigen Regale mit ein paar Habseligkeiten wie Büchern, Ordnern und ein wenig Nippes gefüllt. Auf einem kleinen Schreibtisch liegen ein Laptop und ein paar Bände über Literaturwissenschaft. Der Mülleimer ist leer. Im Bad stehen nur die üblichen Schmink- und Hygieneartikel.

»Bitte sperren Sie wieder ab und sorgen Sie dafür, dass niemand die Wohnung betritt«, trägt Tamara dem Internatsleiter auf, als sie in den Korridor zurückgekehrt ist. Sie ärgert sich darüber, dass sie keine Versiegelungsmarken dabeihat, weil sie direkt vom Seminar in Seeon nach Falkenberg gefahren ist. »Ich werde gleich die Spurensicherung herschicken. Die

Kollegen untersuchen dann alles genau und nehmen mit, was im Präsidium ausgewertet werden muss. Den Laptop zum Beispiel.«

»In Ordnung. Und ich … ich glaube, ich sollte dann mal das Kollegium informieren.« Dr. Brenner wirkt noch immer fahrig und unsicher, die ganze Situation geht ihm sichtlich nahe.

»Tun Sie das. Ich werde derweil im Präsidium alles Weitere in die Wege leiten. Hier ist meine Telefonnummer.« Sie reicht ihm ein Kärtchen. »Melden Sie sich bitte sofort, falls Ihnen noch etwas einfällt oder es Neuigkeiten gibt, die wichtig sein könnten oder Ihnen seltsam vorkommen. Im Übrigen werde ich in den nächsten Tagen bestimmt noch öfter hier sein. Auf Wiedersehen, Herr Dr. Brenner. Und vielen Dank für Ihre Hilfe.«

»Nichts zu danken, Frau Hauptkommissarin. Ich hoffe, dass sich alles schnell aufklärt und wir bald Gewissheit darüber haben werden, was mit Frau Vogel passiert ist. Ich … Ich kann es noch immer nicht glauben.«

Tamara nickt und reicht dem Internatsleiter die Hand. Sie will schon gehen, da bittet er sie noch, in Pressemitteilungen zum Tod von Sandra Vogel das Schloss möglichst außen vor zu lassen. »Das zu verarbeiten wird für alle hier auch ohne neugierige Journalisten schwer genug werden«, meint er. »Ich bin mir bewusst, dass man so etwas im Zeitalter des Internets nicht mehr komplett unter der Decke halten kann, aber wenn wir nicht gleich morgen in allen Zeitungen stünden, wäre uns immerhin etwas geholfen.«

Tamara verspricht ihm, das zu berücksichtigen. Doch weil vor ihrem inneren Auge wieder das Bild des Journalisten Roland Fichtner erscheint, der sich durch den Haupteingang davonstiehlt, betont sie, dass sie leider für nichts garantieren könne. Für die Presse sei der Arbeitsplatz der Toten nur allzu leicht herauszubekommen.

Als Tamara gegangen ist und sich Dr. Brenner mit seinem Generalschlüssel der Tür des Apartments der Toten zuwendet, hält er mitten in der Bewegung inne und vergewissert sich mit einem Blick über die Schulter, dass die Beamtin bereits außer Sicht ist. Dann drückt er die Klinke hinunter, huscht in die Wohnung und schließt die Tür leise hinter sich.

Während die Schüler zum Mittagessen strömen und der Lärmpegel im Speisesaal stetig ansteigt, sitzt Lorenz konsterniert auf seinem Platz und balanciert eine Gabel zwischen Daumen und Zeigefinger. Er hat keinen Hunger. Er ist nur gekommen, weil er dachte, dass Dr. Brenner bei dieser Gelegenheit vielleicht verkünden würde, was er von Tamara erfahren hat. Lorenz legt die Gabel wieder auf die zu einem Dreieck gefaltete Serviette. Herr Friedrich, der die Schweinemedaillons auf seinem Teller großzügig nachgewürzt hat, hält ihm den Salzstreuer hin. Lorenz ringt sich zu einem Lächeln durch und schüttelt kaum merklich den Kopf. Der Stuhl zu seiner Linken wird wie heute Morgen leer bleiben, und in diesem Raum voller Menschen wissen nur er und die ebenfalls auffällig schweigsame Frau Weinhold um den furchtbaren Grund dafür.

Es fällt ihm schwer, sich klarzumachen, dass die Lehrerin, mit der er sich gestern beim Abendessen noch so angeregt unterhalten hat, heute nicht mehr leben soll. Und wenn Tamara solch eine Nachricht überbringt, kann das eigentlich nur eins heißen: dass Sandra Vogel ermordet wurde – oder zumindest ein derartiger Verdacht besteht. Immer wieder geht Lorenz deshalb im Geiste das gestrige Gespräch durch, findet aber keinen Anhaltspunkt dafür, dass die Frau sich bedroht gefühlt hätte. Im Gegenteil: Trotz ihrer recht ambivalenten Schilderung des Internatslebens auf Schloss Falkenberg wirkte sie auf ihn entspannt und selbstsicher.

Durch eines der großen Fenster kann Lorenz beobachten,

wie Tamara vom Haupteingang über den Vorplatz in Richtung ihres Dienstwagens geht. Offenbar ist die Besprechung mit dem Internatsleiter beendet. Ihr Anblick versetzt ihm aufs Neue einen Stich. Sollte er hinauseilen und sie noch einmal auf die Sache neulich im Englischen Garten ansprechen? Nein, das ist wohl keine gute Idee, so wie sie ihn vorhin hat abblitzen lassen. Es muss Gründe dafür geben, dass die zahlreichen SMS, die er ihr geschrieben hat, ohne Antwort geblieben sind.

»Hallo.«

Lorenz blickt auf und sieht Charlotte von Sternberg – die Schülerin, die so gern filmt. Sie hält einen Teller mit einem Tomaten-Käse-Sandwich in der Hand.

»Sie sehen traurig aus. So schlimm, dass Henrik Ihren Scheinwerfer kaputt gemacht hat?«

Lorenz versucht sich erneut an einem nicht besonders überzeugenden Lächeln und zuckt mit den Schultern. »Nein. Also … ärgerlich ist das einerseits natürlich schon. Andererseits ist es nur ein Auto. Das kann man wieder reparieren. Aber mit diesem Henrik werde ich trotzdem mal ein Wörtchen reden müssen.«

»So wie ich den kenne, wird er sich irgendwie rauszuwinden versuchen. Dumm für ihn, dass ich alles gefilmt habe. Wollen Sie's mal sehen?«

»Hast du denn deine Kamera sogar beim Essen dabei?«

»Nein. Darf ich nicht. Aber ich zeige Ihnen das Video nachher, wenn Sie möchten.«

»Gern.«

Charlotte zögert ein wenig, bevor sie die nächste Frage stellt. »Sagen Sie, diese Frau da vorhin auf dem Parkplatz … War das wirklich eine Polizistin?«

Nun ist es Lorenz, der nicht sofort weiß, was er sagen soll. »Ja«, antwortet er schließlich. »Sie ist Polizistin. Und eine Freundin von mir«, fügt er hastig hinzu – in der Hoffnung, damit von Tamaras Beruf abzulenken. Dr. Brenners Ermahnung, nicht über das zu sprechen, was er vorhin zufällig mitgehört hat, klingt ihm noch im Ohr.

Doch im nächsten Moment wird das Gespräch der beiden ohnehin unterbrochen: Ein kurzes Signal ertönt über die Lautsprecheranlage des Schlosses, und gleich darauf ist die Stimme des Internatsleiters zu vernehmen: »Achtung, eine Durchsage! Alle Lehrkräfte und Erzieher finden sich bitte nach dem Mittagessen im Lehrerzimmer zu einer Besprechung ein. Ich wiederhole: Alle Lehrkräfte und Erzieher nach dem Mittagessen bitte sofort ins Lehrerzimmer. Danke.«

»Das hört sich aber wichtig an«, stellt Charlotte fest, als der die Durchsage abschließende Signalton verklungen ist. »Was die wohl so Dringendes zu besprechen haben?«

»Ich würde später wirklich sehr gern das Video sehen, auf dem du festgehalten hast, wie dieser Henrik mein Auto demoliert«, wechselt Lorenz vorsichtshalber das Thema. »Sollen wir uns in der Eingangshalle treffen? Vielleicht gegen vier?«

»Ja. Aber besser um halb fünf. Heute Nachmittag muss ich nämlich mit der Reitgruppe zum Stall.«

»Ihr könnt hier auch reiten? Das ist ja toll.«

»Find ich nicht, ich steh eigentlich nicht so auf Pferde. Ich mache da nur mit, weil meine Mutter es will. Ein Film-Workshop wäre mir viel lieber. Ich weiß übrigens noch gar nicht, wie Sie heißen.«

»Entschuldigung, Charlotte, ich habe mich tatsächlich noch nicht vorgestellt. Ich heiße Lorenz Kastner. Aber sag einfach Lorenz zu mir.«

»Gut. Dann bis später, Lorenz!«

»Bis später.«

Der Historiker sieht dem Mädchen nach, während es sich auf den Weg zu seinen Mitschülern macht. Dr. Brenner hat also entschieden, zuerst nur die Lehrer und Erzieher zu informieren – und die sollen die Neuigkeiten dann wahrscheinlich möglichst behutsam an ihre Schützlinge weitergeben. Falls

Sandra Vogel wirklich einem Verbrechen zum Opfer gefallen ist, wird die Polizei sicherlich noch einmal wiederkommen, um Befragungen durchzuführen. Es könnte durchaus sein, dass Charlotte Glück hat und die Reitgruppe heute ausfällt.

»Auf jeden Fall soll die Kriminaltechnik die Wohnung von Sandra Vogel untersuchen. Außerdem möchte ich, dass mindestens vier Kollegen heute Nachmittag nach Falkenberg fahren, um das gesamte Personal des Internats und die Schüler zu befragen. Wir müssen wissen, wer von ihnen das Opfer wann zuletzt lebend gesehen hat.«

Im Dienstwagen ist es angenehm kühl, die Klimaanlage läuft auf Hochtouren. Tamara fährt auf der Hauptstraße in Richtung Rosenheim, während sie mit Frau Beifuß telefoniert. Die nächsten Ermittlungsschritte müssen eingeleitet werden, auch wenn das endgültige Ergebnis der gerichtsmedizinischen Untersuchung noch auf sich warten lässt. Die offenbar gute Gesundheit von Frau Vogel spricht Tamaras Ansicht nach ebenso gegen einen natürlichen Tod wie der seltsame Fundort der Leiche und die verdächtigen Einstiche, die Dr. Preis in ihrem Oberarm entdeckt hat.

Eine der wichtigsten Regeln bei der Aufklärung eines Verbrechens lautet: Niemals unnötig Zeit verlieren. Statistisch gesehen sinkt die Erfolgsquote der Polizei mit jedem Tag, der nach der Tat vergeht. Da ihr Chef noch in Seeon ist, beschließt Tamara eigenmächtig, die Verantwortung dafür zu übernehmen, dass einige Kollegen heute Überstunden machen werden und im Internat noch lange keine Ruhe einkehrt.

Als sie alle Instruktionen an Frau Beifuß weitergegeben hat, verabschiedet sich die Hauptkommissarin von ihr und schaltet die Freisprechanlage aus. Sie versucht, ihre Gedanken zu ordnen, doch die Informationen, die an diesem Vormittag auf sie eingeprasselt sind, sind zu vielfältig, als dass sie sich zu einem Bild zusammenfügen ließen.

Da sind diese seltsame Künstlerin mit ihrer Galerie und ihr zuckerkranker Schwiegervater. Dann die Schule, offenbar eine Welt für sich. Der Internatsleiter, der während ihres Gesprächs sichtlich aufgewühlt wirkte. Wegen des völlig unerwarteten Todes einer Kollegin? Gut möglich. Oder wegen der Sorge um den Ruf seiner sogenannten Eliteschule? Mindestens genauso wahrscheinlich. Oder ist er nervös, weil er mehr weiß, als er zugibt, und ihr etwas verschweigt? Auch das ist nicht auszuschließen.

Und dann ist da noch das mutmaßliche Opfer: eine engagierte, alleinstehende Lehrerin, die Konflikte mit Schülern oder Eltern nicht gescheut und in ihrer Freizeit unten im Dorf an einem Malkurs teilgenommen hat. Tamara muss unbedingt herausfinden, warum sie gestern Nacht auf dem Ziegelmeier-Hof war. Und sich über die Sache mit diesem Maximilian Tauber informieren, der wahrscheinlich wegen Drogenbesitzes von der Schule fliegen wird. Sie sollte seine Eltern befragen. Die Adresse, die ihr Dr. Brenner diktiert hat, befindet sich am Tegernsee.

Beim Gedanken an den Tegernsee wird Tamara plötzlich flau im Magen. Es sind anscheinend nicht nur die Fakten rund um den neuen Fall, die sie verwirren, sondern auch die unerwarteten Begegnungen der letzten Stunden. Erst Tobi, mit dem sie gestern in Seeon einen entspannten Abend verbracht hat – und dann Lorenz. Ausgerechnet Lorenz.

Tamara stellt die Klimaanlage eine Stufe niedriger, langsam wird ihr doch ein wenig zu kühl im Auto. Sie seufzt. Wenn sie demnächst ohnehin wegen der Taubers an den Tegernsee fährt, könnte sie die Gelegenheit doch nutzen und sich mit Tobi treffen. Immerhin hat er sie heute Morgen nach Rottach-Egern eingeladen, und ein Teil von ihr freut sich sogar darauf, wieder mit ihm dort zu sein. Wie oft im Leben bekommt man die Chance auf eine Reise in die Vergangenheit? Und muss es denn unbedingt falsch sein, sich zu fragen, was aus ihnen beiden geworden wäre, wenn Tamara nicht …?

Aber was ist mit Lorenz? Sicher, es war ihr unangenehm, ihm heute völlig unerwartet gegenüberzustehen. Sie wusste nicht, was sie sagen oder tun sollte. Doch war es richtig, ihn so brüsk abblitzen zu lassen, als er über ihre letzte Begegnung sprechen wollte? Sie ist verärgert, weil er sich danach nicht mehr bei ihr gemeldet hat, aber ist das wirklich alles?

Plötzlich taucht von rechts ein Traktor auf. Die Hauptkommissarin tritt reflexartig auf die Bremse, die Reifen des Dienstwagens quietschen, bevor er nur wenige Meter hinter dem Traktor zum Stehen kommt. Der ältere Herr auf dem Fahrersitz ist mindestens so geschockt wie Tamara. Mit einer unmissverständlichen Scheibenwischer-Geste deutet er an, was er von ihrem Fahrstil hält.

Die Hauptkommissarin sieht sich um. Links eine Obstwiese, dahinter ein paar Wohnhäuser, auf der anderen Seite ein Dorfladen und die Hofeinfahrt, aus der der Traktor gekommen ist. Sie atmet tief durch und schüttelt den Kopf. Mindestens achtzig in einer geschlossenen Ortschaft. Das hätte ins Auge gehen können.

6

Die Leiche ist längst abtransportiert, auch Notarzt, Polizei und Spurensicherung sind vor Kurzem verschwunden. Geblieben sind das Absperrband, ein paar Kreidezeichnungen an den Wänden und auf den Bodenplatten vor der Galerie – und eine bedrückende Aura des Todes, die sich über den ganzen Hof gelegt hat. Dunkle, zerstörerische Energie, die, ausgehend von der Nische am Eingang zum Ausstellungsgebäude, alles durchdringt. Friederike Ziegelmeier spürt sie, egal, ob sie die Augen öffnet oder schließt, ob sie sich abzulenken versucht, indem sie den Boden wischt und den Geschirrspüler ausräumt, oder ob sie einfach nur regungslos aus dem Küchenfenster starrt.

Was ist eigentlich geschehen? Und warum? Welche Aufgabe stellt ihr das Universum, indem es sie so unvermittelt mit einer derart schrecklichen Situation konfrontiert?

Unerwartete Hindernisse sind in Wahrheit Chancen zur persönlichen Weiterentwicklung. Wenn du ihnen ausweichst, werden sie früher oder später erneut vor dir auftauchen. Deshalb solltest du dich ihnen lieber bereitwillig stellen – ja, du darfst sogar dankbar für die Lektionen sein, die du durch sie lernst.

Normalerweise empfiehlt Friederike ihren Klienten, sich im Ernstfall auf diese Sätze zu besinnen, aber jetzt hat sie selbst Schwierigkeiten, sie zu beherzigen. Immerhin sieht es so aus, als handelte es sich um Mord.

Sie weiß, dass Udo, dessen Ehefrau sich vor ein paar Jahren frustriert nach Spanien abgesetzt hat, Sandra Vogel mehrfach abgepasst hat, wenn sie zum Kurs kam oder danach wieder ging. Immer hat sie ihn eiskalt abblitzen lassen. Ist das ein Motiv? Wäre er tatsächlich zu so etwas fähig? Friederike will es zumindest nicht ausschließen – bei diesen verklemmten Erbsenzählern weiß man nie. Der Gedanke lässt sie erschaudern. Und je länger sie grübelt, desto plausibler erscheint ihr noch eine weitere, nicht weniger beunruhigende Möglichkeit: Sandra Vogel könnte vielleicht nur zufällig zum Opfer geworden sein.

Was, wenn der Täter es eigentlich auf *sie* abgesehen hatte? Einige Menschen hier in Falkenberg hassen sie, diesbezüglich gibt sich Friederike längst keinen Illusionen mehr hin. Wer weiß, wohin solcher Hass sich am Ende verirrt? Ist Sandra Vogel aus irgendeinem trivialen Grund nachts hierhergekommen und wurde in der Dunkelheit mit ihr verwechselt? Friederikes Hände zittern. Die bedrückende Aura, die sich über den Hof gelegt hat, erscheint ihr plötzlich noch bedrohlicher.

Nahe dem Zaun hinter der Galerie bewegt sich etwas. Friederike sieht genauer hin und erkennt Udo in seinem Garten. Er gestikuliert, zeigt immer wieder auf ihren Hof. Mit wem spricht er?

Sie geht in den Flur, schlüpft in ihre Sandalen, öffnet vorsichtig die Haustür und huscht an der Wand entlang in Richtung Galerie. Zwei gedämpfte Stimmen sind vom Nachbargrundstück zu hören. Eine gehört Udo. Und die andere? Ist das nicht Josef Brandstätter von gegenüber?

Jetzt kann sie einige Gesprächsfetzen verstehen.

»... gedacht, dass es Friederike erwischt hat ...«

»... zu schön, um wahr zu sein ... Haha! ...«

Diese Mistkerle. Friederike versucht einige Sekunden lang, durch bewusstes Atmen ihre seelische Balance wiederherzustellen. Vergeblich.

Mit ein paar schnellen Schritten erreicht sie den Zaun. »Was fällt euch eigentlich ein?« Wut hat sie übermannt, sie kann sich nicht mehr zügeln. »Hier ist ein Mensch gestorben! Ihr seid ja noch widerlicher, als ich dachte.«

Die beiden Nachbarn sind sichtlich verblüfft von Friederikes plötzlichem Auftauchen. Udo fängt sich als Erster und will etwas sagen, doch sie lässt ihm keine Gelegenheit dazu.

»Ich sollte die Polizei zurückholen! Wenn ich denen vorhin alles erzählt hätte, was ihr euch in den letzten Jahren geleistet habt, dann wärt ihr wahrscheinlich gleich mitgenommen worden. Und recht würde es euch geschehen! Ich sage euch, wenn ihr irgendetwas mit dieser fürchterlichen Sache zu tun habt, dann ...«

Im Augenwinkel nimmt Friederike eine Bewegung wahr. Sie unterbricht sich, dreht sich um in Richtung der Einfahrt und sieht einen ziemlich dicken, mit einem hellblauen Hemd und einer abgetragenen Jeans bekleideten Mann, der durch die schmalen Fenster ins Innere der Galerie späht. Friederike lässt ihre Nachbarn stehen und läuft auf ihn zu.

»He, Sie! Was tun Sie hier?«

Der Mann zuckt zusammen und wendet sich ihr zu. »Hallo, äh …«, stammelt er. »Ich … Ich bin nur gekommen wegen …« Er verstummt und kratzt sich am Kopf. Dann fällt ihm der Grund seines Erscheinens offenbar wieder ein: »Wegen der Bilder!« Er deutet auf das Fenster der Galerie. »Ich interessiere mich sehr für Malerei. Sind Sie die Künstlerin?«

»Ja.« Friederike kann auf einmal wieder lächeln. »Das bin ich. Friederike Ziegelmeier.«

»Dürfte ich die Gemälde denn mal aus der Nähe betrachten? Ich denke darüber nach, mir etwas für mein Wohnzimmer zu kaufen. Außerdem würde ich gern mehr über Ihre Technik erfahren und über dieses«, er zeigt hinter sich, »wundervolle Gebäude.«

»Oh, natürlich. Aber leider … Wissen Sie, heute geht es hier wirklich drunter und drüber. Könnten Sie vielleicht an einem anderen Tag wiederkommen?«

Der Mann wirkt ein wenig enttäuscht, fügt sich dann aber doch. »In Ordnung – wenn Sie mich nicht zu lange warten lassen. Ginge es denn morgen Vormittag?«

»Morgen schon?« Friederike seufzt. »Na gut. Klingeln Sie einfach drüben an der Haustür, wenn Sie da sind, Herr …?«

»Fich … Schuster. Mein Name ist Raimund Schuster.«

»Gut. Dann bis morgen, Herr Schuster.«

»Bis morgen!«

Dr. Julius Brenner versucht, sich möglichst kurzzufassen. Er ist der Meinung, dass das dem Anlass der spontan einberufenen Versammlung am ehesten gerecht wird. Die bestürzende Wirkung, die seine Mitteilung auf die Lehrer und Erzieher des Internats haben wird, könnte er auch durch noch so viele Worte nicht abmildern.

Vor Beginn seiner Ansprache ist die Atmosphäre in dem bis auf den letzten Quadratmeter gefüllten Raum ziemlich gelöst gewesen – wenn auch mit Spannung aufgeladen, da niemand sich den Grund dieser Zusammenkunft erklären konnte. Doch nur wenige Minuten später stehen sämtliche Anwesenden unter Schock. Sie können nicht glauben, dass Sandra Vogel – die Kollegin, die sie gestern noch gesehen und mit der sie wie an jedem anderen Tag gesprochen haben – tot sein soll.

Dr. Brenner erklärt, dass die Polizei im Laufe des Nachmittags sämtliche Lehrer und Erzieher vernehmen wird. Es gehe darum, fügt er mit belegter Stimme hinzu, möglichst viel über die letzten Stunden im Leben von Frau Vogel in Erfahrung zu bringen. Ein Verbrechen sei nicht ausgeschlossen, sondern sogar wahrscheinlich, deshalb möge jede und jeder in sich gehen und sich fragen, ob ihr oder ihm gestern Abend oder in den vergangenen Tagen und Wochen etwas Ungewöhnliches aufgefallen sei.

»Doch Ihre erste und wichtigste Aufgabe ist es nun, die Schüler zu informieren«, fährt er nach einer kurzen Pause fort. »Ich schlage vor, dass die Klassenleiter das übernehmen, unterstützt von den Erziehern. Ich muss Sie wohl nicht darum bitten, dabei sehr behutsam vorzugehen. Die Polizei ist übrigens auch für Hinweise aus den Reihen der Schüler dankbar. Wenn jemand etwas bemerkt hat – und wenn es auch noch so nebensächlich erscheint –, dann soll der- oder diejenige das den Beamten auf jeden Fall mitteilen.«

Dann weist der Direktor darauf hin, dass die Möglichkeit der psychologischen Betreuung durch von der Polizei vermittelte Notfallseelsorger bestehe – nicht nur für die Kinder und Jugendlichen, sondern für jeden im Schloss. »Ich denke, wir alle haben Sandra Vogel als engagierte Kollegin sehr geschätzt und …« Dr. Brenners Stimme droht zu versagen. Er schluckt, atmet tief durch und blickt reihum in die verstörten Gesichter seiner Zuhörer, bevor er sich dann doch dazu aufrafft weiterzureden. »Das ist eine sehr schwierige Situation, für Sie wie für mich. Jeder von uns wird Zeit brauchen, um das irgendwie zu verarbeiten. Aber zunächst müssen wir uns um die Kinder und Jugendlichen kümmern, die sich in unserer Obhut befinden. Ich möchte, dass alle möglichst schnell und zur gleichen Zeit informiert werden. Das Schlimmste wäre, wenn sich diese furchtbare Nachricht unter den Schülern in Form von Gerüchten verbreitet.« Er seufzt. »Deshalb werde ich jetzt per Durchsage bekannt geben, dass die geplanten Nachmittagsveranstaltungen entfallen, und alle Klassen auffordern, sich sofort in die Unterrichtsräume zu begeben. Gibt es von Ihrer Seite noch Fragen?«

Die Glocke im Turm der St.-Nikolaus-Kirche schlägt vierzehn Uhr. Roland Fichtner beißt in seine Bratwurstsemmel und kaut genüsslich, während er dem nachmittäglichen Treiben auf dem Rosenheimer Max-Josefs-Platz zusieht. Am Stand der Metzgerei Kupfermüller hat der Journalist genau das bekommen, was er jetzt braucht. Die Muffins vorhin im Schloss haben ihn gerade mal so vor einer akuten Unterzuckerung bewahrt. Aber sein Gehirn arbeitet auf Hochtouren, seit er Falkenberg verlassen hat – und deshalb muss ein Energieschub her, bevor er wieder an seine Arbeit geht.

Fichtner spürt eine innere Unruhe, wie sie ihn schon lange nicht mehr umgetrieben hat. Sein journalistischer Jagdinstinkt ist erwacht. Sicher, nach dem Ende des »Inntalboten« hat er sich geschworen, bei der Arbeit kein Risiko mehr einzugehen, was ihm Cornelia Boes mit der Versetzung in die Anzeigenabteilung ziemlich leicht gemacht hat. Aber ist nun nicht alles anders?

Die Mordkommission auf Schloss Falkenberg – ein deutlicheres Zeichen dafür, dass dort oben etwas nicht stimmt, kann es nicht geben. Was kann er schon dafür, dass ausgerechnet ihm diese Sache vor die Füße fällt? Und ist es nicht geradezu seine Pflicht, der Angelegenheit nachzugehen?

Natürlich hätte er eigentlich zuerst mit Frau Boes darüber reden müssen. Aber das Ergebnis eines solchen Gesprächs war ihm sofort klar: Sie würde einen Kollegen aus der Redaktion auf die Ermittlungen der Polizei in Falkenberg ansetzen, während er weiter nach einem harmlosen Aufhänger für den Relaunch des »Inntalboten« suchen dürfte. Damit hätte er seine Chance verspielt.

Also hat er sofort auf eigene Faust zu recherchieren begonnen. Die brennendsten Fragen lauten: Was suchen der Historiker und diese Kommissarin im Schloss? Und hängt die seltsame Reaktion des Internatsleiters auf Fichtners Angebot, die Brunnenerkundung journalistisch zu begleiten, mit der Anwesenheit der beiden zusammen?

Dann ist da noch die Leiche, die heute Morgen in Falkenberg gefunden wurde. Sobald er das Schloss verlassen hatte und wieder in seinem Auto saß, hat er in der Redaktion angerufen und gefragt, ob es dazu bereits Neuigkeiten gebe. Doch die Kollegen wussten noch nichts über die Identität des oder der Toten und ebenso wenig über die Todesursache oder einen möglichen Zusammenhang mit dem Schloss. Der Einsatz habe unten im Dorf stattgefunden, mehr sei von Polizeiseite noch nicht bekannt gegeben worden.

Gott sei Dank war Fichtner der exakte Ort des Polizeieinsatzes bereits auf der Fahrt zum Schloss aufgefallen, weshalb er sofort auf den Gedanken kam, sich auf dem Ziegelmeier-Hof umzusehen. Vielleicht würde er dort sogar jemanden finden, den er zum Leichenfund befragen könnte.

Was sich ihm dann bot, hatte er allerdings nicht zu hoffen gewagt: Als er sich dem Gebäude näherte, konnte er eindeutig hören, wie diese Friederike Ziegelmeier ihren beiden Nachbarn mit der Polizei drohte. Hat sie den Ermittlern etwas verschwiegen? Fichtner wird es herausfinden. Er grinst bei dem Gedanken. Das würde ihm einen Vorsprung vor der Polizei verschaffen. Und der wäre die Grundlage für einen journalistischen Coup, mit dem er seine Reputation endgültig wiederherstellen könnte.

Glücklicherweise ist ihm rechtzeitig der Gedanke gekommen, seine wahre Identität zu verheimlichen. Hätte er offen zugegeben, dass er von der Presse ist, wäre Frau Ziegelmeier wahrscheinlich nicht so arglos geblieben. Nun ist er für sie eben Raimund Schuster, der sich ein Kunstwerk für die Wohnzimmerwand kaufen möchte, und als solcher wird er morgen Vormittag dem Hof einen erneuten Besuch abstatten. Bei der Gelegenheit werden all sein Spürsinn und sein schauspielerisches Talent gefragt sein.

Schon lange war er nicht mehr so glücklich darüber, keiner von den graugesichtigen Anzugträgern aus den umliegenden Bankfilialen, Immobilien- und Versicherungsbüros zu sein, die hier am Stand neben ihm stehen und trübsinnig ihr Mittagessen in sich reinstopfen. Welch eine Freude es doch ist, einen Beruf zu haben, der Eigeninitiative verlangt und bei dem trotz aller Routine das Abenteuer stets hinter der nächsten Ecke lauern kann!

Fichtner hat den letzten Bissen seiner Bratwurstsemmel verschlungen, wischt sich mit einer Papierserviette den Mund ab und wirft sie in den Mülleimer neben sich, bevor er eine zerknitterte Schachtel aus der Brusttasche seines Hemdes zieht. Noch eine Verdauungszigarette, dann ist er bereit für die Rückkehr in die Redaktion – und in die Welt des investigativen Journalismus.

Nachdem die Lehrer und Erzieher die Nachricht von Sandra Vogels Tod an die Schüler weitergegeben haben, befindet sich Schloss Falkenberg in einem merkwürdigen Zwischenzustand.

Einerseits ist die Atmosphäre in den Gruppen- und Aufenthaltsräumen sowie in den Zimmern im Wohntrakt geprägt von Bestürzung, Sprachlosigkeit und einer bleiernen Schwere. Die Reit- und die Golfgruppe werden heute entfallen, alle Vorbereitungen für das übliche Nachmittagsprogramm wurden abgebrochen. Wo um diese Zeit normalerweise rege Betriebsamkeit herrscht, ist plötzlich Stillstand eingekehrt.

Andererseits haben sich an verschiedenen Stellen im Gebäude sofort neue Inseln der Unruhe und der Geschäftigkeit gebildet. Im Wohntrakt hat die Spurensicherung der Kriminalpolizei Rosenheim ihre Arbeit aufgenommen, die systematischen Befragungen durch Tamaras Kollegen finden im Lehrerzimmer und im Unterrichtsraum der elften Klasse statt, und die Notfallseelsorge hat sich währenddessen in einem der mit bequemen Sofas ausgestatteten Gruppenräume eingerichtet.

Im Vorzimmer der Internatsleitung steht das Telefon nicht mehr still. Besorgte Eltern, die die furchtbare Neuigkeit von ihren Kindern erfahren haben, rufen ebenso an wie Mitglieder des Kuratoriums, unter denen sich die Nachricht bereits verbreitet hat. Frau Weinhold tut ihr Bestes, alle Anrufer zu beruhigen. Jemanden von ihnen mit Dr. Brenner zu verbinden, ist ihr allerdings kaum möglich, da auch dessen Leitung ständig belegt ist.

Lorenz schlendert über die ansonsten menschenleere Terrasse. Er braucht ein wenig Zeit, um zu verarbeiten, was ihm dieser Tag bisher beschert hat: erst die Brunnenerkundung und der unerwartete Fund auf dem Boden des Schachts, später der kaputte Scheinwerfer an seinem Auto und die völlig überraschende Begegnung mit Tamara. Und schließlich die Nachricht vom Tod der Lehrerin Sandra Vogel. Vor allem Letzteres hat ihn zu sehr aufgewühlt, um sich nun einfach wieder seiner Arbeit widmen zu können. Er hofft, dass ihm etwas Bewegung und der Ausblick von der Terrasse über die Dächer des Dorfes und die dahinter liegenden Felder bis zu den Bergen helfen werden, etwas Abstand zu gewinnen und seine Gedanken wieder zu ordnen.

Entlang der Balustrade spaziert er in Richtung des massiven Bergfrieds, hinter dem der Schlossgarten beginnt. Die Sonne brennt noch immer vom Himmel, doch dort spenden einige hochgewachsene alte Buchen angenehmen Schatten.

»Herr Kastner!«

Lorenz blickt auf und sieht den Hausmeister Peter Kurz auf einer Bank hinter einigen gepflegten Blumenrabatten sitzen, der ihn zu sich winkt.

»Was für ein Tag.« Als Lorenz näher gekommen ist, beugt sich Kurz nach vorn und zieht einen leise klimpernden Sechserpack Bierflaschen unter der Bank hervor. »Setzen Sie sich ruhig!«

Lorenz fände es unhöflich, dieser freundlichen Einladung nicht Folge zu leisten, also nimmt er Platz.

Peter Kurz hat inzwischen eine der Bierflaschen routiniert mit Hilfe eines Feuerzeugs geöffnet und hält sie ihm hin. »Bitte!«

»Danke«, erwidert Lorenz und nimmt die Flasche. Er trinkt selten Bier und eigentlich nie am Nachmittag. Doch heute ist sowieso alles anders, da macht das auch keinen Unterschied mehr. Ein dumpfes »Plopp!« ertönt, als der Hausmeister den zweiten Kronkorken von der Flasche hebelt.

»Prost!«

»Prost.« Lorenz fühlt sich durch den leicht bitteren Geschmack sofort erfrischt, auch wenn das Bier nicht wirklich kühl ist.

»Das hätten Sie nicht gedacht, dass Sie hier in so einem verrückten Laden landen, oder?«, fragt Peter Kurz, nachdem er einen großen Schluck getrunken und sich danach mit dem Handrücken den Mund abgewischt hat. Auch diesmal lässt er Lorenz keine Zeit für eine Antwort, sondern proklamiert in gespielt feierlichem Ton: »Die Eliteschule Schloss Falkenberg!« Er lacht kurz auf, wird aber sofort wieder ernst. »Da denkt doch jeder zuerst an Glanz und Gloria. Tja, und dann …

Sie sind nicht der Erste, der sich darin getäuscht hat, Herr Kastner.«

Für einen Moment sitzen die beiden schweigend nebeneinander, trinken und haben ihren Blick starr auf das Bergpanorama gerichtet.

»Schönes Plätzchen hier, oder?«, ergreift dann der Hausmeister wieder das Wort. »Ich setz mich oft her, wenn ich mal Pause hab. Ohne Bier natürlich. Aber heute glaub ich nicht, dass jemand nach uns Ausschau halten wird, da kann man sich das mal erlauben. Die sind alle beschäftigt. Und irgendwie muss man das ja selbst auch erst mal verdauen.« Er nimmt noch einen Schluck. »Wer hier wohnt und arbeitet, muss seine Freiräume schützen, das sag ich Ihnen. Die Schule frisst einen sonst mit Haut und Haaren. Man ist ja immer verfügbar, verstehen Sie? Und das wird natürlich ausgenutzt. Ohne die, die sich ausnützen lassen, würde es gar nicht funktionieren. Die Lehrer zum Beispiel, die den ganz Minderbemittelten unter den Schülern spätabends noch außerplanmäßig Nachhilfe geben, damit sie irgendwie einen guten Notenschnitt schaffen. Denn das muss natürlich sein – koste es, was es wolle! Wer zahlt, kommt durch. Nehmen Sie nur Daniela Weinhold im Sekretariat. Die kennt keine Freizeit. Ist immer da. Bügelt dem Brenner sogar die Hemden, wenn's denn sein muss. Als hätte er ihr keinen Arbeitsvertrag gegeben, sondern einen Ehering.« Peter Kurz hält sich die Hand vor den Mund, als ihm ein leiser Rülpser entfährt. »Spricht nicht gerade für die Ehe, wenn man das so betrachtet, was?«

Lorenz schüttelt lächelnd den Kopf.

»Aber außer 'ner bettlägerigen Tante in Kiefersfelden, für die sie manchmal einkaufen geht, hat Frau Weinhold keine Familie, soweit ich weiß. Vielleicht spielt das auch mit rein.« Peter Kurz klingt jetzt erstaunlich nachdenklich. »Die Sandra Vogel, die war jedenfalls nicht so. Hat sich zu nichts drängen und sich von niemandem auf der Nase rumtanzen lassen.

Zum Beispiel musste sie die abendliche Supervision nicht lange übernehmen.«

»Supervision?«

»Die Schüler, die was auf dem Kerbholz haben – also, die oft den Unterricht stören oder so –, müssen nach dem Abendessen unter Aufsicht gemeinsam in einem der Klassenzimmer lernen und ihre Hausaufgaben machen. Kann man sich ja vorstellen, dass da weder die Schüler Lust drauf haben noch die Lehrer. Deswegen lässt der Brenner das meistens die Neuen übernehmen, die sich noch nicht auskennen und dann von den verzogenen Knirpsen nach allen Regeln der Kunst fertiggemacht werden. Aber Sandra Vogel hat sich das nicht bieten lassen. Die hat den Rabauken ordentlich Paroli geboten – und war den Job nach ein paar Wochen los. Das hat vor ihr noch niemand geschafft. Ich glaube, Herr Friedrich hat dann wieder übernommen. Ob er seiner neuen hübschen Kollegin einen Gefallen tun wollte oder Dr. Brenner ihn dazu verdonnert hat, wer weiß das schon? Jedenfalls war Sandra Vogel eine starke Frau.« Peter Kurz setzt wieder die Bierflasche an und trinkt sie in einem langen Zug aus. »Ja, wirklich«, fügt er mit gepresster Stimme hinzu, während er sich nach vorn beugt und wieder nach dem Sixpack greift. »Eine sehr starke Frau!«

Lorenz seufzt. Wenn er »starke Frau« hört, muss er unwillkürlich an Tamara denken. Die heutige Begegnung war Freude und Schrecken zugleich – und hat ihm aufs Neue klargemacht, wie viel Tamara ihm bedeutet. Er kann das alles nicht einfach so auf sich beruhen lassen. Er muss etwas tun. Aber was?

Ein Vogelschwarm erhebt sich laut flatternd aus einer der Buchen in den Sommerhimmel und dreht im Formationsflug ein paar Runden, bevor er aus dem Sichtfeld der beiden Männer verschwindet.

»Auch noch eins?«, fragt Peter Kurz den Historiker, wobei er auf die Flasche in seiner Hand deutet.

Lorenz schaut auf seine Armbanduhr. »Danke, aber ich

muss wieder los.« Es ist sechzehn Uhr fünfzehn, gleich hat er noch eine Verabredung.

7

Der Automat gibt ein sonores Brummen von sich, während er den Plastikbecher mit heißer, tiefschwarzer, aber erfahrungsgemäß leider ziemlich geschmackloser Flüssigkeit füllt. Ein Vorteil der längst überfälligen Modernisierung des Polizeipräsidiums in Rosenheim wäre, dass man danach wahrscheinlich auch besseren Kaffee aus einer zeitgemäßeren Maschine bekäme. Dafür würde Tamara vielleicht sogar Glastüren oder ein Großraumbüro in Kauf nehmen.

»Guten Tag, Frau Stahl! Ich wollte gerade zu Ihnen.« Dr. Burkhard Preis kommt, eine dünne Mappe unter den Arm geklemmt, aus Richtung des Treppenhauses auf die Hauptkommissarin zu.

Tamara ist überrascht, ihn zu sehen. Wenn sich Dr. Preis persönlich aus den Tiefen der gerichtsmedizinischen Abteilung an die Erdoberfläche wagt, kann das nur daran liegen, dass er etwas Ungewöhnliches entdeckt hat.

»Ich habe die ersten belastbaren Ergebnisse«, erklärt der Arzt feierlich, nachdem Tamara ihn begrüßt hat. »Und ich glaube, ich kann Ihnen sagen, wie der Mord abgelaufen ist. Denn dass es Mord war – daran besteht nun kein Zweifel mehr.«

Die Hauptkommissarin nimmt vorsichtig den Becher aus dem Automaten, pustet kurz hinein, trinkt einen kleinen Schluck und runzelt die Stirn. Sie würde wirklich ein Großraumbüro in Kauf nehmen – vielleicht sogar ein gemeinsames Arbeitszimmer mit Heinrich Schmitterer.

»Wir wissen jetzt mit absoluter Sicherheit, dass eine hohe

Dosis Insulin die Todesursache gewesen ist. Und die Tote war keine Diabetikerin.« Dr. Preis ist sichtlich enttäuscht darüber, dass die Hauptkommissarin ihm bisher noch keine Frage gestellt, sondern sich stattdessen mit ihrem Kaffee beschäftigt hat. Aber ihr einfach nur den Bericht auszuhändigen – dazu kann er sich dann doch nicht durchringen. Zumal er noch ein Ass im Ärmel hat. »Allerdings konnte ich nicht nur Insulinspuren rund um die Einstichstellen im Oberarm nachweisen.« Er macht eine Kunstpause – und siehe da, Tamara Stahl blickt von ihrem Plastikbecher auf und ist jetzt ganz Ohr.

»Eine Urinprobe gehört zur Routine bei jeder Autopsie«, fährt der Mediziner fort. »Und bei Sandra Vogel hatte ich gleich so ein seltsames Gefühl. Ich habe mich gefragt, wie es gelungen ist, ihr ohne jegliche Gegenwehr mehrere Spritzen zu verabreichen. Solange der Mörder nicht ihr Hausarzt ist, ist das eigentlich nicht vorstellbar, oder? Jedenfalls habe ich bei der Probe zusätzlich ein optisches Testverfahren angewendet, mit dem sich Spuren von Trichlormethan nachweisen lassen. Und wissen Sie was? Treffer – ich hatte recht!«

»Trichlor…?« Tamara kann die Euphorie von Dr. Preis nicht teilen – sie weiß schlicht nicht, wovon er redet.

»Tri-chlor-me-than«, wiederholt er langsam und jede Silbe betonend. »Besser bekannt als Chloroform. Einfach ausgedrückt: Die Dame wurde betäubt, bevor man ihr das Insulin verabreicht hat.«

Wenig später läuft die Hauptkommissarin mit dem Kaffeebecher in der einen und dem Bericht des Gerichtsmediziners in der anderen Hand den Korridor entlang zu ihrem Büro. Die Neuigkeiten von Dr. Preis haben Bewegung in ihre Gedanken gebracht. Der Ablauf des Verbrechens scheint nun klar: Jemand hat Sandra Vogel aufgelauert, sie betäubt und ihr dann hochwirksames Insulin gespritzt.

Allerdings hat ihr Preis noch ein paar Details mit auf den Weg gegeben, die neue Fragen aufwerfen. Erstens: Chloroform wirkt nicht lange, wenn es nicht fortlaufend eingeatmet wird. Zweitens kann es dauern, bis eine Insulinvergiftung zum Tod führt – und es ist nicht gesagt, dass das Opfer so lange bewusstlos bleibt. Hat der Täter also riskiert, dass Sandra Vogel aufwacht, es irgendwie schafft, Alarm zu schlagen, und in der Folge gerettet wird? Oder wusste er einfach nicht genau über die Wirkung des Mittels Bescheid? Letzteres hält Tamara kaum für möglich, da der Ablauf der Tat doch ziemlich durchdacht scheint.

Dazu stellt sich noch immer die Frage, wie und warum das Opfer zur Galerie gekommen ist. Was ist mit dem Auto, das der alte Ziegelmeier-Bauer nachts gesehen hat? Ist der Täter darin gemeinsam mit Sandra Vogel gekommen – und dann ohne sie wieder weggefahren?

Die Hauptkommissarin ist bei ihrem Büro angelangt. Sie tritt ein, schließt die Tür hinter sich und stellt den halb geleerten Kaffeebecher auf den Schreibtisch. Dabei fällt ihr eine Mappe auf, die vorhin dort noch nicht lag. Ein weiterer Bericht, diesmal von der Kriminaltechnik. Tamara blättert ihn noch im Stehen durch. Er behandelt nur die Leiche und den Fundort. Was die Untersuchung der Wohnung von Frau Vogel ergibt, wird sich erst noch zeigen. Sie trinkt den inzwischen kalten Kaffeerest und wirft den Becher in den Mülleimer.

Vor einigen Tagen hat sie im Fernsehen eine Dokumentation über Plastikmüll gesehen. Von winzigen Partikeln, die ihren Weg in die Nahrungskette finden, war dabei die Rede. Und von einem ganzen Kontinent aus Kunststoffabfällen mitten im Pazifik. Tamara schätzt, dass die Einwegbecher aus dem Kaffeeautomaten des Polizeipräsidiums Rosenheim innerhalb dieses Kontinents aus Müll etwa die Fläche der Schweiz ausmachen dürften. Natürlich nur theoretisch. In Wirklichkeit landen sie nicht in den Weltmeeren, sondern in der Müllverbrennungsanlage mitten in der Stadt. Ein Grund mehr, sich endlich eine eigene Kaffeemaschine ins Büro zu stellen.

Sie setzt sich an den Schreibtisch und beginnt mit der zweiten, genaueren Lektüre des Berichts der Kriminaltechnik. Mehrere Seiten, auf denen in endlosen Schachtelsätzen und unter exzessiver Verwendung von Fachbegriffen verschiedene Spuren und Partikel auf der Kleidung und der Haut der Toten sowie die genaue Beschaffenheit des Fundorts und der näheren Umgebung beschrieben werden. Die Kollegen haben jedes Detail, das auch nur im Entferntesten mit der Tat in Zusammenhang stehen könnte, notiert und fotografisch dokumentiert: abgesplitterten Nagellack am linken kleinen Finger, einen winzigen Riss in Sandra Vogels Bluse und einen fehlenden Knopf. Eine dünne weiße Staubschicht an der Naht ihrer Jeans.

Die Schlüsse, die Tamara aus dem Bericht ziehen kann, bleiben in vielen Punkten sehr vage. Doch einen Satz, den die Kollegen in ihrem Bericht unterstrichen haben, markiert sie selbst mit einem Ausrufezeichen.

Der Fundort der Leiche ist mit großer Wahrscheinlichkeit nicht der Tatort.

Die weißen Partikel an der Hose des Opfers haben sich in kleineren Mengen auch an dessen Bluse und im Haar nachweisen lassen. Bei den Rückständen handelt es sich um eine Art von Putz oder Mörtel, die nicht auf dem Hof der Ziegelmeiers zu finden ist, was bedeutet, dass Sandra Vogel wenige Stunden vor dem Leichenfund woanders mit diesen Partikeln in Berührung gekommen sein muss.

Die Hauptkommissarin seufzt. Der Fundort ist wahrscheinlich nicht der Tatort – womit viele der Fragen, über die sie sich gerade noch den Kopf zerbrochen hat, hinfällig sind. Doch sofort werden sie durch neue, nicht weniger schwer zu beantwortende ersetzt: Wo wurde die Tat begangen? Und warum wurde die Leiche danach zur Galerie gebracht und vor deren Eingangstür abgelegt? Sollte sie dort gefunden werden, um einen falschen Verdacht zu erregen? Aber wenn das der Fall wäre – hätte der Täter dann nicht eindeutigere Spuren gelegt?

So wie die Sache im Moment aussieht, wird das Rätsel um die Tote nur schwer zu lösen sein.

Tamara überlegt. Wahrscheinlich wird sie nur weiterkommen, wenn sie den Fall von einer anderen Seite aufrollt. Wo liegt überhaupt ein mögliches Motiv für die Tat? Sandra Vogel war nicht konfliktscheu, das hat die Befragung des Internatsleiters zweifelsfrei ergeben.

Als Tamara durch ihr Notizbuch blättert, stößt sie auf den Namen Maximilian Tauber und die Adresse seiner Eltern am Tegernsee. Ein junger Mann, der von der Schule zu fliegen droht, und Eltern, die viel in seine Ausbildung investiert haben. Kann so eine Gemengelage mit dem gewaltsamen Tod einer Lehrerin enden? Die Hauptkommissarin beschließt, einen Gesprächstermin mit den Taubers zu vereinbaren.

Als sie wenige Minuten später den Telefonhörer auflegt, ist klar, dass sie morgen zum Tegernsee fahren wird. Die Taubers wären auch bereit gewesen, ins Präsidium nach Rosenheim zu kommen, doch Tamara verschafft sich gern persönlich einen Eindruck von den Lebensumständen der Zeugen oder Verdächtigen. Außerdem … Sie starrt eine Minute lang gedankenverloren auf ihr geschlossenes Notizbuch. Dann nimmt sie ihr Smartphone zur Hand und wischt ein paarmal über den Bildschirm.

»Hallo?«, sagt sie, nachdem sie eine Weile dem Freizeichen gelauscht hat. »Ja, ich bin's. Störe ich?« Ein Lächeln huscht über ihr Gesicht. »Was macht ihr denn gerade? – Ach so. – Ja, kann ich mir vorstellen. – Der Fall? Ist knifflig, wir stehen noch ziemlich am Anfang. – Du, ich wollte dich nur fragen … Also, du hast doch gesagt, dass du gleich nach dem Seminar für ein paar Tage nach Rottach-Egern fährst und wir uns dort treffen könnten. Na ja, jetzt hat es sich tatsächlich ergeben, dass ich morgen um die Mittagszeit einen Termin am Tegernsee habe. Falls dein Angebot also noch steht …«

Lorenz sitzt in seinem Zimmer im Literatenturm und blickt durch eines der beiden Fenster in die nächtliche Dunkelheit, die schon vor einer Stunde über Falkenberg hereingebrochen ist. Vor ihm auf dem Schreibtisch liegt ein Buch über Festungsanlagen in Südtirol, in dem er noch keine Zeile gelesen hat. Immer wenn er sich auf die Lektüre konzentrieren will, kehren seine Gedanken zu dem mutmaßlichen Verbrechen an Sandra Vogel und zu seiner unerwarteten Begegnung mit Tamara zurück.

Als er sich am späten Nachmittag wie verabredet in der Eingangshalle mit Charlotte getroffen hat, wirkte die Schülerin bedrückt. Sie mochte die Lehrerin offenbar sehr. Lorenz sah sich mit ihr das Video von dem Unfall auf dem kleinen Display ihrer Kamera an. Tatsächlich war gut zu erkennen, wie ein grauer Porsche Cayenne beim schwungvollen Zurücksetzen Lorenz' Fiat rammt. Sogar das Kennzeichen des Wagens konnte er entziffern. Er wird diesen Henrik bei nächster Gelegenheit zur Rede stellen – doch heute ist sicherlich nicht der richtige Tag dafür.

Später, beim Abendessen im großen Saal, war die Stimmung mit der von gestern nicht zu vergleichen. Die meisten der anwesenden Schüler, Lehrer und Erzieher schwiegen oder tauschten kurze, traurige Bekundungen ihrer Betroffenheit aus, sodass Lorenz beschloss, gleich danach auf sein Zimmer zu gehen.

Dort sitzt er nun schon seit Stunden auf dem Schreibtischstuhl und versucht, sich irgendwie auf andere Gedanken zu bringen. Sonst, das weiß er, wird er in dieser Nacht keinen Schlaf finden. Vielleicht sollte er es doch mit Arbeit versuchen? Seine Messergebnisse sichten und die fehlerhaften Angaben in den Plänen korrigieren? Er steht auf und sieht sich nach den Plänen und seinen Aufzeichnungen um. Wo hat er die Sachen vorhin eigentlich abgelegt? Wann hatte er sie überhaupt zuletzt in der Hand? Natürlich: in der Bibliothek! Als er zum Parkplatz hinuntergerannt ist, weil sein Auto angefahren worden war, hat er alles stehen und liegen lassen. Lorenz hofft inständig, dass die Unterlagen noch immer dort sind – schließlich hat sie ihm der Internatsleiter in vollem Vertrauen auf seinen sorgfältigen Umgang mit ihnen überlassen.

Wenig später läuft Lorenz in seinen Hauspantoffeln durch das nächtliche Zwielicht der Korridore in Richtung Bibliothek. In diesem Trakt des Schlosses, in dem außer ihm um diese späte Uhrzeit keine Seele mehr umherstreifen dürfte, herrscht vollkommene Stille.

Unterwegs fällt ihm ein, dass der Hausmeister abends vielleicht bestimmte Türen im Gebäude abschließt. Falls er das tut, wird es ihm wahrscheinlich jetzt unmöglich sein, in die Bibliothek zu gelangen. Als er sich seinem Ziel nähert, erkennt Lorenz jedoch bereits von Weitem, dass die Türflügel noch offen stehen. Vielleicht ist das immer so – oder der Hausmeister hat im Laufe des Nachmittags die restlichen vier Bier getrunken und darüber seine abendlichen Pflichten vergessen. Wie auch immer, Lorenz kommt es jedenfalls gelegen.

In der Bibliothek ist es wegen der bis unter die Decke reichenden Regale dunkler als in den weiß gestrichenen Fluren mit den großen Fenstern. Im Eingangsbereich sucht Lorenz vergeblich nach einem Lichtschalter und beschließt dann, sich auf gut Glück bis in den letzten Raum und dort zu dem Tisch vorzutasten, auf dem die Pläne und seine Aufzeichnungen liegen müssten.

Erschrocken fährt er zusammen, als nach wenigen Schritten der alte Parkettboden unter seinen Füßen knarzt. Hoffentlich ruft niemand die Polizei, weil er mitten in der Nacht hier herumschleicht. Möglich wäre es – auch weil wegen des mutmaßlichen Mordes an Sandra Vogel jeder im Schloss beunruhigt sein dürfte. Als Lorenz dieser Gedanke kommt, fällt ihm auf, dass seine Hände schweißnass sind und sein Herz ziemlich schnell schlägt. Weil er Angst hat, überrascht zu werden? Oder wegen der vielen dunklen Ecken in der Bibliothek und eines Mörders, der vielleicht noch auf Schloss Falkenberg frei herumläuft?

Unsinn. Er darf sich jetzt nicht in etwas hineinsteigern, das nicht bewiesen ist. Schließlich geht es nur darum, ein paar Sachen zu holen, die er vorhin vergessen hat.

Im letzten Zimmer der Bibliothek ist es wegen der Fenster, durch die man hinaus auf den Parkplatz sehen kann und durch die jetzt ein wenig Mondlicht fällt, etwas heller. Lorenz findet das Pult, auf das er die Pläne gelegt hat. Sie sind anscheinend alle noch da. Und seine Notizen? Er schaltet eine Leselampe an. Sie wirft einen grellen Lichtkegel auf den dazugehörigen Arbeitsplatz, hilft ihm aber, sich im Rest des Raums umzusehen. Wo liegen sein Notizblock und sein Meterstab? Ah, dort drüben, auf einem der größeren Tische.

Lorenz hat gerade alles auf einen Stapel gepackt, als ihm ein von zwei dekorativen Schnitzfiguren flankiertes Schild mit der Aufschrift »Geschichte« ins Auge fällt. Das Regal, nach dem er heute Vormittag Ausschau gehalten hat! Er lässt die Pläne und Aufzeichnungen liegen, schaltet eine weitere Leselampe ein, richtet sie auf den entsprechenden Schrank und macht sich daran, die Bücher zu inspizieren.

Auf Augenhöhe findet Lorenz nichts Besonderes, hauptsächlich Lehrbücher für verschiedene Jahrgangsstufen und ein paar Standardwerke über die Antike, das Zeitalter des Absolutismus und die neueste Geschichte. Nichts zum Mittelalter? Er tritt einen Schritt zurück, um besser auf die oberen Regalbretter sehen zu können. Dort stehen noch weitere Lehrbücher, einige mehrbändige Lexika und … Nein, das kann nicht sein – nicht hier, in einer Schulbibliothek, die wegen des papierlosen Unterrichts eigentlich nur noch zu Dekorationszwecken existiert. Oder doch? Ist das da oben wirklich der »Atlas der Wehrburgen und Festungen im süddeutschen Raum« von Herbert M. Knörz? Es sieht so aus. Dem Buchrücken nach zu urteilen, handelt es sich sogar um die zweite, erweiterte Auflage aus dem Jahr 1905 mit einer Reihe von äußerst interessanten Detailzeichnungen im Anhang, von der nur noch sehr wenige Exemplare erhalten sind.

Lorenz stellt sich auf die Zehenspitzen und streckt sich – doch auch so wird er niemals das oberste Regalbrett erreichen. Gibt es hier denn keine Leiter? Nun, ein Stuhl wird es auch tun. Er schiebt den nächstbesten vor den Bücherschrank, steigt hinauf und zieht das großformatige Buch vorsichtig zwischen zwei dicken Lexika hervor. Tatsächlich: Es ist der Knörz!

Lorenz schlägt den Atlas sofort auf, um sich zu vergewissern, was die Auflage betrifft. Der Staub, der sich in Jahrzehnten der sträflichen Nichtbeachtung auf dem Buch angesammelt hat, wirbelt auf und kribbelt in seiner Nase. Da er auf keinen Fall unnötigen Lärm verursachen will, kämpft er dagegen an – doch einige Sekunden später wird er von einer heftigen Niesattacke durchgeschüttelt, und der Stuhl, auf dem er steht, gerät gefährlich ins Wanken. Der Historiker verliert das Gleichgewicht. Als er fällt, greift er mit der linken Hand reflexartig an das Regal, um sich festzuhalten, bekommt eine der geschnitzten Figuren am Arm zu fassen und schöpft für einen Augenblick Hoffnung – doch der Arm gibt nach, und Lorenz poltert mitsamt dem Stuhl auf den Parkettboden.

Er bleibt liegen und horcht. Ist im Schloss jemand wegen des Lärms wach geworden? Als er nach einer Minute noch immer nichts hört, vergewissert er sich kurz, dass weder er noch der Knörz bei dem Sturz verletzt wurde, und rappelt sich wieder auf. Hoffentlich hat er nichts kaputt gemacht. Was ist mit der Schnitzfigur? Er betrachtet sie von allen Seiten, sie sieht völlig normal aus. Und doch hat Lorenz vorhin deutlich gespürt, dass sich ihr Arm bewegt hat! Er stellt sich wieder auf die Zehenspitzen, tastet die Figur vorsichtig ab, um sicherzugehen, dass nichts abgebrochen ist – und erschrickt, als der Arm erneut einige Zentimeter nachgibt, beim Loslassen aber sofort in seine Ausgangsposition zurückschnellt. Gleichzeitig ertönt ein paar Meter entfernt ein leises Klicken.

Lorenz dreht sich in die Richtung, aus der das Geräusch gekommen ist. Im Licht der beiden eingeschalteten Leselampen kann er erkennen, dass eines der Bücherregale nicht mehr ganz gerade steht. Der Historiker schluckt und hält den Atem an. Was hat er da entdeckt?

Er legt den Knörz auf einem der Lesepulte ab und nähert sich vorsichtig dem Regal. Es sieht so aus, als wäre das Möbelstück auf der einen Seite etwa zehn Zentimeter von der Wand weggerückt worden, sodass es nun leicht schräg in den Raum hineinragt. Ein Verdacht keimt in Lorenz auf. Er streckt die Hand aus, greift nach dem Regal – und in der Tat: Wenn er daran zieht, lässt es sich öffnen wie eine Tür. Bei seinem Sturz hat er offenbar zufällig an der Schnitzfigur einen versteckten Mechanismus aktiviert.

Ein kühler Lufthauch und ein etwas modriger Geruch deuten darauf hin, dass sich hinter dem Möbelstück ein größerer Hohlraum befindet. Lorenz zieht das Regal noch etwas weiter heraus, um besser sehen zu können. Ja, da ist eine Art Durchgang. Er müsste sich nicht einmal bücken, um ihn zu betreten. Das Licht, das aus der Bibliothek nur etwas weiter als einen Meter in den Gang vordringt, fällt auf glatte, unverputzte Steinblöcke an den Wänden wie am Boden. Dahinter nichts als Dunkelheit. Wie lang mag dieser Korridor sein? Jedenfalls ist nun klar, woher die scheinbar fehlerhaften Angaben auf den Plänen kommen. Der gesamte Bereich hinter dieser Geheimtür ist in ihnen nicht verzeichnet.

Lorenz blickt sich um und horcht wieder auf Schritte oder Stimmen – doch noch immer herrscht Stille in der Bibliothek. Er atmet tief durch, fasst sich ein Herz und betritt den Korridor. In seinem Kopf rasen die Gedanken. Wie lange war die Geheimtür verschlossen? Wer hat sie einbauen lassen? Wann hat zuletzt ein Mensch seinen Fuß auf diese Steine gesetzt?

Als er etwa zwei Meter weit gegangen ist, hält er inne. Der Gang scheint nun im rechten Winkel nach links abzubiegen, doch Lorenz kann kaum noch etwas sehen, seine Augen müssen sich erst an die Dunkelheit gewöhnen. Wie ärgerlich, dass er keine Taschenlampe bei sich trägt. Noch einmal fährt er mit den Fingerspitzen über die wenigen Unebenheiten des sorgfältig bearbeiteten Steins.

Plötzlich spürt er an seinen Unterarmen und im Nacken einen starken Luftzug, und einen Augenblick später fällt hinter ihm die Tür mit einem dumpfen Knall ins Schloss. Lorenz ist, vor Schreck erstarrt, in absoluter Finsternis gefangen.

Zweiter Teil

1

Sandra Vogel ist tot. Was von ihr geblieben ist – das, was Priester oder Bestatter als »sterbliche Hülle« bezeichnen –, liegt im Keller des Polizeipräsidiums Rosenheim. Doch in dieser Nacht kehrt sie zurück nach Falkenberg, in die Träume und Erinnerungen derer, die nur quälend langsam in den Schlaf gefunden haben. Dabei ist sie nie ein und dieselbe, denn jeder ruhelose Geist zeichnet im Schlaf sein eigenes Bild von ihr.

Sie ist die Zärtlichkeit. Sie kommt so nah, dass der sanfte Hauch ihres Atems ebenso spürbar ist wie die Wärme ihres Körpers. Einem ins Ohr geflüsterten Geheimnis folgt ein leises, kristallklares Kichern, eine liebevolle Berührung, ein zarter, flüchtiger Kuss. Dann stößt sie sich ab wie eine Schwimmerin vom Beckenrand, winkt, lächelt, strahlt voller Freude und Zuversicht. Und so verschwindet sie im Nebel. Kein Flehen, kein Bitten vermag sie zu halten, niemand kann ihr folgen. Niemals wird sie zurückkehren.

Sie ist der Teufel. Hinter ihrer hübschen, freundlichen Fassade lauern Lug und Trug, Boshaftigkeit und Sünde. Sie nimmt sich ohne Rücksicht, was sie will, und sie genießt es, die Ehrlichen, Sanften und Treuen leiden zu sehen. Sie täuscht und manipuliert die Menschen, sie hasst und zerstört, was schön und gut ist. Doch in ihrer Hybris geht sie zu weit, hält sich für unverwundbar. Bis sie vor Schreck erstarrt und ihre Knie weich und ihre Augen trüb werden. Welch ein Triumph es ist, sie fallen zu sehen.

Sie liegt reglos da. Augen und Mund sind weit geöffnet, sie atmet nicht. Ihr leerer Blick gleicht einer Anklage. Hier kann sie auf keinen Fall bleiben. Sie muss weg, so schnell wie möglich. Aber wohin? Wie mühsam es ist, einen schlaffen, leblosen Körper zu bewegen. Die Hintertreppe, das Auto. Die Fahrt den Berg hinab, die toten Augen im Kofferraum sehen alles, wissen alles. Und dann, im Licht der Scheinwerfer, eine Uniform. Polizei. Nicht hier, nicht jetzt! Schweißgebadetes Erwachen, das Herz rast. Dunkelheit, Stille. Es ist Nacht, Falkenberg schläft. Sandra Vogel ist tot.

Lorenz tastet sich vorsichtig an der Wand entlang zurück in Richtung der Geheimtür. Er kann nichts sehen, sosehr er sich auch anstrengt. Welch eine Ironie des Schicksals: Hat er die Brunnenerkundung nur unversehrt überstanden, um jetzt in diesem finsteren Korridor zwischen massiven Steinwänden und einem schweren Bücherregal gefangen zu sein?

Es dauert nicht lange, bis er mit den Händen die Rückwand des Regals berührt. Vielleicht lässt sich die Geheimtür von innen wieder aufschieben? Er drückt dagegen, doch sie bewegt sich nicht. Lorenz versucht es noch einmal, presst diesmal sein ganzes Körpergewicht gegen die hölzerne Wand. Wieder nichts.

Er widersteht der Versuchung, mit den Fäusten gegen das Regal zu hämmern und um Hilfe zu rufen. Mitten in der Nacht wird ihn niemand hören, egal, wie viel Lärm er macht. Da ist es sinnvoller, seine Energie zu sparen und auszuharren, bis am Morgen jemand die Bibliothek betritt. Wie viele Stunden das wohl noch dauern wird?

Und ist er hier drin wirklich allein? Spinnen, Asseln und Schaben könnten in der Dunkelheit lauern. Oder sogar Ratten? Ein Schauer läuft ihm über den Rücken, und plötzlich glaubt er, an unterschiedlichen Körperstellen ein unangenehmes Kribbeln zu verspüren. Nein, keinesfalls will er hier stundenlang untätig auf Hilfe warten.

Noch einmal versucht Lorenz, die Geheimtür mit all seiner Kraft aufzudrücken. Wie zuvor rührt sie sich nicht von der

Stelle. Er tastet ihren Rand ab in der Hoffnung, einen Spalt zwischen Mauer und Regal zu finden, den er nützen könnte, um die Tür irgendwie aufzuhebeln. Vergeblich. Und am Boden? Er kniet sich hin, versucht sein Glück an der linken Seite der Schwelle und arbeitet sich nach rechts vor.

Auch hier scheint kein Blatt zwischen Stein und Holz zu passen. Doch plötzlich spürt er etwas Loses und Hartes zwischen seinen Fingerkuppen. Wenn er sich nicht irrt, handelt es sich um ein kleines, rundes und flaches Stück Plastik. Was ist das – und wie kommt es hierher? Leider wird es ihm kaum dabei helfen, sich aus seiner misslichen Lage zu befreien.

Kurzerhand schiebt Lorenz den Fund in seine Hosentasche und tastet weiter den Boden ab. Als er ganz rechts angekommen ist, seufzt er resigniert und schickt sich an, wieder aufzustehen. Dabei berührt er etwas mit dem Ellenbogen und fährt im ersten Moment erschrocken zusammen. Dann streckt er die Hand nach dem mysteriösen Objekt aus. Es ist eine Art Griff oder Hebel aus sehr glattem Stein, der auf Hüfthöhe nur etwa eine Handbreit hinter dem Eingang aus der Wand ragt.

Der Historiker beißt sich auf die Unterlippe und schickt ein Stoßgebet zum Himmel. Bitte, lass es den Türöffner sein! Er hält den Atem an, versucht, den Hebel nach unten zu drücken, doch es tut sich nichts. Muss man ihn stattdessen vielleicht nach oben ziehen? Er probiert es. Tatsächlich! Das Ding bewegt sich, das Klicken, das Lorenz vorhin schon gehört hat, ertönt – und plötzlich fällt durch einen schmalen Spalt etwas Licht in den Korridor.

Nichts wie raus hier! Lorenz schiebt das Regal, das sich nun wieder ohne viel Mühe bewegen lässt, nach vorn, betritt erleichtert die Bibliothek und schließt die Geheimtür hinter sich. Dann greift er nach seinem Meterstab und dem Stapel mit den Plänen und Aufzeichnungen, löscht die Lichter und macht sich schleunigst auf den Rückweg zum Literatenturm.

Für heute reicht es ihm mit Abenteuern, er will jetzt nur noch ins Bett.

2

Der nächste Morgen kündigt mit makellos blauem Himmel und strahlendem Sonnenschein einen weiteren ungetrübten Sommertag an. In Rosenheim staut sich der Berufsverkehr, während am Max-Josefs-Platz die ersten Geschäfte öffnen. Die Turmuhr von St. Nikolaus schlägt acht.

Im Polizeipräsidium hat sich Tamara Stahl gerade an den Schreibtisch gesetzt, als ihr Telefon klingelt. Sie nimmt den Hörer ab und meldet sich.

»Guten Morgen, Frau Stahl. Zeller hier.«

Die Hauptkommissarin seufzt leise. Sie hat gehofft, noch bis mindestens heute Mittag – also so lange, wie das Seminar in Seeon dauern wird – Ruhe vor ihrem Chef zu haben. »Guten Morgen«, antwortet sie.

»Bevor es hier wieder losgeht, wollte ich mich nach dem Stand der Dinge erkundigen. Sie wissen schon, die Leiche in Falkenberg.«

»Wie es aussieht, haben wir einen Mordfall. Die Todesursache ist eine Überdosis Insulin, gespritzt in den Oberarm des Opfers, das zuvor mit Chloroform betäubt wurde.«

»Aha.« Zeller klingt unzufrieden. Ärgert er sich nun etwa selbst darüber, in Seeon festzusitzen? »Und wie sieht es mit Verdächtigen aus?«

Die Hauptkommissarin informiert ihn in wenigen Sätzen über den Stand der Ermittlungen. Sie berichtet von den ersten Ergebnissen der Gerichtsmedizin und der Kriminaltechnik, von ihren Befragungen auf dem Ziegelmeier-Hof und dem Schloss, vom Konflikt zwischen Sandra Vogel und dem Schüler Maximilian Tauber und von ihrem Plan, heute noch dessen Eltern zu befragen. »Familie hatte Sandra Vogel übrigens keine«, schließt sie ihre Ausführungen. »Jedenfalls nicht hier. Ihre Eltern sind bereits verstorben, und die Schwester lebt seit Jahren in Frankreich. In Deutschland gibt es noch eine Tante, die in der Nähe von Stuttgart wohnt. Sie und die Schwester wurden bereits benachrichtigt.«

»In Ordnung. Was diesen Schüler angeht ... Es ist richtig, dass Sie der Sache nachgehen, aber ich glaube nicht, dass sie tatsächlich der Schlüssel zur Lösung des Falls ist. Meiner Meinung nach sollten Sie sich jetzt vor allem darauf konzentrieren, den Tatort ausfindig zu machen. Meistens führt von dort aus eine Spur zum Täter.«

Tamara seufzt noch einmal. Die Lehrbuchweisheiten ihres Chefs helfen ihr momentan wirklich nicht weiter. Natürlich ist ihr klar, dass der Tatort ein entscheidender Faktor bei den Ermittlungen ist – aber wenn sie das nun gegenüber Zeller andeutet, wird sie hinterher wegen seines stets bewunderungsbedürftigen Egos nur noch mehr Schwierigkeiten bekommen. Also antwortet sie pflichtgemäß und um das Gespräch möglichst schnell und schmerzlos beenden zu können: »Damit haben Sie natürlich recht.«

In diesem Moment klopft jemand an die Bürotür. Einen Augenblick später tritt Frau Beifuß ein. Als sie sieht, dass die Hauptkommissarin telefoniert, legt sie mit einer entschuldigenden Geste ein paar Mappen auf ihren Schreibtisch und zieht sich danach sogleich wieder zurück. Tamara erkennt sofort, dass es sich um weitere Ergebnisse der kriminaltechnischen Untersuchungen handelt.

»Hier ist gerade noch was reingekommen«, erklärt sie dem Kommissionsleiter, während sie die oberste Mappe vom Stapel nimmt und sie flüchtig durchblättert. »Die Kollegen haben den Laptop und die Proben aus der Wohnung der Toten ausgewertet.« Sie blättert weiter, während Zeller schweigend lauscht. »Anscheinend nichts Auffälliges auf der Festplatte.« Zeile für Zeile überfliegt sie den Bericht, hält plötzlich inne und runzelt die Stirn. Sie liest den letzten Satz noch einmal, um sicherzugehen, dass sie ihn auch richtig verstanden hat.

»Frau Stahl?«, meldet sich der Kommissionsleiter wieder. »Gibt es noch was? Ich muss dann nämlich los, das Seminar beginnt gleich.«

»Wie bitte? … Nein, Herr Zeller, das wär's eigentlich.«

»Dann auf Wiederhören.«

»Bis später.« Erleichtert atmet sie auf. Den ist sie wenigstens fürs Erste los.

Nachdem sie den Hörer aufgelegt hat, lehnt sich Tamara in ihrem Bürostuhl zurück, schließt die Augen und versucht, das, was sie gerade erfahren hat, mit ihrem bisherigen Bild von Sandra Vogel in Einklang zu bringen.

Bei der routinemäßig vorgenommenen Analyse des Inhalts einer geöffneten Wasserflasche aus der Wohnung der Lehrerin wurden erhebliche Spuren eines Amphetamins festgestellt.

Was hat das zu bedeuten? Hat sie das Zeug, das sie Maximilian Tauber im Unterricht abgenommen hat, etwa selbst ausprobiert? Aber hätte dann Burkhard Preis im Rahmen der Autopsie nicht Spuren des Amphetamins in ihrem Körper finden müssen? Der Bericht gibt nur wenige Antworten – und wirft stattdessen eine Menge neuer Fragen auf.

»Grün ist die Farbe des Lebens.« Andächtig betrachtet Friederike Ziegelmeier das großformatige Bild, dessen hellgrünes Zentrum fließend in den dunkelgrünen Randbereich übergeht. »Und der Erneuerung. Wenn Sie dieses Bild anzieht, Herr Schuster, dann könnte es sein, dass Sie sich an einem Wendepunkt in Ihrem Leben befinden.«

Roland Fichtner nickt. Er hat wahllos auf irgendein Gemälde gezeigt, als ihn Friederike Ziegelmeier fragte, welches der Kunstwerke in der Galerie ihn spontan anspreche. Doch das mit dem Wendepunkt könnte sogar passen. Gut, es klingt vielleicht ein wenig hoch gegriffen, aber es sieht ganz so aus, als wäre er auf dem Weg vom schnöden Anzeigenvertrieb zurück zum echten, investigativen Journalismus. Ist das etwa kein Wendepunkt?

»Wichtig ist in diesem Bild das Zentrum«, erklärt die Künstlerin weiter. »Die Mitte, von der alles ausgeht. Die bis an die Ränder leuchtet.« Sie schweigt für einen Moment, wendet sich dann vom Gemälde ab und direkt ihrem Besucher zu. »Ich bin überzeugt, dass es eine unserer wichtigsten Aufgaben ist, unsere Mitte zu finden.«

Fichtner nickt wieder. Das ist ja alles schön und gut, aber langsam wird es Zeit für einen Themenwechsel. Schließlich ist er hier, um mehr über den mutmaßlichen Mord in Erfahrung zu bringen. Zur Identität der Toten hat die Pressestelle der Polizei gestern noch eine knappe Mitteilung veröffentlicht: Sandra V., fünfunddreißig Jahre alt, Lehrerin, wohnhaft in Falkenberg. Außerdem wurde nur noch bekannt gegeben, dass die Ermittlungen zur Todesursache noch nicht abgeschlossen seien, man aber ein Tötungsdelikt nicht ausschließen könne.

Es war für Fichtner ein Leichtes, den vollen Namen des Opfers herauszufinden – zumal er sofort wusste, an welcher Schule die Frau als Lehrerin gearbeitet hat. Die Frage, warum die Mordkommission auf Schloss Falkenberg ermittelt, stellt sich nun nicht mehr. Aber gefunden wurde die Tote nun einmal hier auf dem Hof, direkt vor der Galerie. Das muss etwas zu bedeuten haben. Wo Fichtner gestern doch auch noch klar und deutlich hören konnte, dass Friederike Ziegelmeier ihren beiden Nachbarn mit der Polizei gedroht hat.

Er muss versuchen, das Gespräch unauffällig auf die Geschehnisse vom Vortag zu lenken. Oder auf Friederike Ziegelmeiers Verhältnis zu ihren Nachbarn. Doch das ist leichter gesagt als getan. Die Künstlerin redet noch immer voller Enthusiasmus über die Mitte.

»… kann ich endlich sein, wie ich wirklich bin. Nicht so, wie andere mich haben wollen. Das provoziert natürlich. Wenn ich ganz in meinem Element bin, bin ich einerseits glücklich, produktiv und erfolgreich, aber funktioniere andererseits nicht so, wie es mein Umfeld von mir erwartet. Ich stelle nicht mehr deren Bedürfnisse an erste Stelle, sondern achte vor allem darauf, mich selbst nicht zu verlieren. Klar, dass man damit aneckt – gerade wenn die Leute das von einem nicht gewohnt sind.«

Ja, das kennt auch Roland Fichtner aus der Redaktion des »Rosenheimer Tagblatts«. Solange er spurt, gibt es keinen Ärger – aber auch keinerlei Anerkennung für seine Arbeit. Nun, da er darüber nachdenkt, kann er schon wieder Frau Boes' Stimme hören: »Herr Fichtner, Sie müssen noch dies fertig machen! … Herr Fichtner, warum haben Sie das noch nicht erledigt? … Herr Fichtner, wir stellen den ›Inntalboten‹ ein, Sie kümmern sich ab sofort um die Anzeigenabteilung! … Herr Fichtner, es gibt einen Relaunch des ›Inntalboten‹. Worauf warten Sie? An die Arbeit, husch, husch!« Und jedes Mal, wenn er es bisher wagte, seiner eigenen Intuition zu folgen, wurde er zurechtgestutzt. Es ist eindeutig: Man möchte ihn kleinhalten.

Von Anfang an in seinem Leben ist das so gewesen. Beim Schreibwettbewerb in der dritten Klasse hat Lissi Angerer ihm nicht etwa deshalb den ersten Platz weggeschnappt, weil sie besser war als er, sondern nur, weil sie, das unschuldige Mädchen mit den Kulleraugen, sich schamlos bei der alten Frau Bömmelsrieder einschleimte. Außerdem handelte ihre Geschichte von einem süßen kleinen Pony, was natürlich weitaus weniger kontrovers war als sein Aufsatz über die Invasion der mutierten Rieseninsekten.

Auch Fichtners Eltern sind ihm keine Hilfe gewesen. Nie war er so in Ordnung, wie er war. Andauernd hieß es: »Du musst abnehmen, du isst zu viele Süßigkeiten!« Oder: »Es ist so schönes Wetter. Willst du nicht rausgehen und mit den anderen Kindern Fußball spielen? Du musst dich mehr bewegen!« Er und Fußball. Als ob ihn je jemand freiwillig in seiner Mannschaft hätte haben wollen.

Ein paar Jahre später ging es dann mit dem Thema los, das sich bei Fichtners Eltern bis jetzt ungebrochener Beliebtheit erfreut: »Ist ja klar, dass du keine Frau findest, wenn du nicht zwischendurch mal zum Frisör gehst und dir ein neues Hemd kaufst.« Beim zweiten Teil des Satzes sind sie flexibel. Er kann auch lauten: »… wenn du immer so nach Zigaretten stinkst!« Oder: »… wenn du dir nicht mal einen Neuwagen leisten kannst.«

Roland Fichtner sieht sich das Bild genauer an. Nun scheint es ihm, als würde das leuchtende Hellgrün aus dem Zentrum des Gemäldes heraus direkt in ihn hineinfließen und wie ein wohltuender Balsam den Schmerz aller alten und neuen seelischen Wunden lindern.

»… zweitausendfünfhundert Euro. Es ist ja ein ziemlich großes Format. Würde es denn an Ihre Wohnzimmerwand passen, Herr Schuster?«

Friederike Ziegelmeiers Frage reißt Roland Fichtner aus seinem tranceartigen Zustand.

»Ich weiß nicht«, stammelt er. »Da muss ich tatsächlich noch mal nachmessen.« Hat sie wirklich »zweitausendfünfhundert« gesagt? Nun, es ist ohnehin nie seine Absicht gewesen, hier etwas zu kaufen.

»Ich finde Ihre Bilder wirklich faszinierend«, fährt er fort, weil er jetzt endgültig die Kurve kriegen muss. »Sie haben so eine besondere … Tiefe. Die Umgebung und Ihre Stimmung spielen wahrscheinlich eine große Rolle bei der Entstehung Ihrer Kunstwerke?«

»Damit liegen Sie vollkommen richtig.«

»Sie malen hier auf dem Hof?«

»Ja. Mein Atelier ist drüben im Erdgeschoss des alten Bauernhauses.«

»Ah, wie idyllisch. Das ist sicher inspirierend. Wobei es hier ja auch mal drunter und drüber gehen kann – jedenfalls haben Sie das gestern selbst gesagt. Und dann so etwas …« Er zögert, aber er muss jetzt einfach auf das Thema zu sprechen kommen, das ihn hergeführt hat. »Heute Morgen habe ich im Radio gehört, dass es gestern in Falkenberg einen Polizeieinsatz gab, weil eine tote Frau gefunden wurde. Na ja, und vor der Galerie, da habe ich gestern das Absperrband gesehen. Ich möchte nicht indiskret sein, aber …«

Friederike Ziegelmeier seufzt. »Das war hier, das haben Sie schon richtig beobachtet. Seien Sie mir nicht böse, aber ich möchte mich damit jetzt eigentlich nicht befassen. Schon gestern hatten wir keine Ruhe, fast den ganzen Tag war die Polizei da und hat rumgeschnüffelt – nur um dann Knall auf Fall zu verschwinden und mich völlig ratlos und ziemlich beunruhigt zurückzulassen. Ich … Ich weiß ja selbst nicht, was geschehen ist. Ich kannte die Tote zwar, aber nicht besonders gut. Sie hat einen Malkurs bei mir besucht. Bisher weiß niemand, was sie in der Nacht hier wollte und warum sie ermordet wurde.« Die Künstlerin schüttelt resigniert den Kopf. »Je länger ich darüber nachdenke, desto beängstigender erscheint mir, was da geschehen sein muss. Heute haben sich sogar schon Journalisten bei mir gemeldet – aber mit denen spreche ich nicht. Das würde mich zu sehr aufwühlen, deshalb versuche ich, mich abzulenken.«

»Es tut mir leid«, wirft Roland Fichtner in verständnisvollem Ton ein. »Ich wollte Sie nicht durcheinanderbringen, und es geht mich auch gar nichts an. Ich bin ja wegen Ihrer Kunst hier.«

Friederike Ziegelmeier nickt und lächelt dankbar.

»Vielen Dank für Ihre Rücksicht, das ist sehr nett von Ihnen. Eigentlich bin ich gar nicht so empfindlich. Sonst könnte ich in Falkenberg auch gar nicht leben.« Sie seufzt wieder. »Was ich vorhin über das Provozieren gesagt habe, gilt nämlich in einem Dorf wie diesem ganz besonders. Nicht nur, weil ich aus Berlin stamme, sondern vor allem wegen meiner Arbeit und meiner Lebenseinstellung bin ich hier eine totale Exotin. Wissen Sie, was für die Leute hier das Schlimmste ist? Dass ich mich nicht zurückhalte. Ich verstecke mich nicht. Einige von ihnen sind der Meinung, dass sich der Ziegelmeier-Hof in den letzten Jahren in ein Schandmal für Falkenberg verwandelt hat, und geizen nicht mit Schikanen und Verleumdungen, das kann ich Ihnen sagen. Und dann ist da noch Udo, der Schwager meines Mannes, der direkt nebenan wohnt und uns andauernd verklagt, wenn er nicht gerade damit beschäftigt ist, meinen Schülerinnen nachzustellen und –« Sie unterbricht sich und hält kurz inne, um dann etwas entspannter fortzufahren: »Aber jetzt reden wir schon wieder über Nebensächlichkeiten. Sie möchten doch sicher noch ein paar Bilder sehen, oder?«

3

Die weißen Tischdecken sind ausgebreitet, Häppchen und Getränke stehen bereit. Um zehn Minuten nach elf Uhr schlägt der Gong zur großen Pause. Lorenz, der bereits seit einigen Minuten vor dem Unterrichtsraum der elften Klasse gewartet hat, taxiert die sich an ihm vorbeidrängenden Teenager. Wo ist dieser Henrik? Als niemand mehr aus dem Klassenzimmer kommt, fürchtet der Historiker schon, den Jungen übersehen zu haben. Doch dann erkennt er, dass vor dem Lehrerpult noch zwei Schüler stehen, anscheinend in eine intensive Diskussion vertieft.

Lorenz stellt sich in den Türrahmen, räuspert sich und spricht die beiden an: »Henrik?«

Die Jungen unterbrechen ihr Gespräch und drehen sich zu ihm um. Derjenige, in dem Lorenz den Fahrer des grauen

Porsche Cayenne wiederzuerkennen glaubt, wirkt nervös. Seine Augen wandern unruhig im Raum umher, als suchten sie nach einem Fluchtweg.

»Du bist Henrik, nicht wahr?«, hakt Lorenz nach.

Der Junge nickt. Er ist lang und dünn, hat kurze dunkle Haare und trägt die übliche »Sommeruniform« der höheren Jahrgänge mit einem rosafarbenen Hemd anstelle des Poloshirts.

»Mein Name ist Lorenz Kastner. Ich muss kurz mit dir reden.« Als er ein paar Schritte auf Henrik zugeht, nutzt der andere Schüler die Gelegenheit und macht sich eilig aus dem Staub, ohne sich zu verabschieden.

»Es geht um mein Auto.« Kaum hat Lorenz das gesagt, bemerkt er eine Veränderung in Henriks Haltung. Seine Anspannung scheint sich ein wenig zu lösen, er sieht beinahe erleichtert aus.

»Ihr … Auto?«

»Ja. Gestern wurde mein Fiat Panda unten auf dem Parkplatz angefahren. Ein Scheinwerfer und ein Blinker sind kaputt.«

»Oh, das ist ärgerlich.« Henrik versucht sich an einem mitfühlenden Lächeln, doch das Ergebnis ist wenig überzeugend.

»Richtig.« Lorenz räuspert sich noch einmal. »Ich möchte nicht lange drum herumreden. Ich weiß, dass du es warst. Mit dem grauen Porsche Cayenne.«

»Wie? Nein, ich … Aber das kann nicht sein … Ich würde mich doch erinnern, wenn ich –«

»Hör mal, Henrik. Ich mache dir keine Probleme, wenn du bereit bist, für den Schaden geradezustehen. Wenn du aber alles abstreiten möchtest, kann ich der Polizei eindeutig beweisen, dass du den Unfall verursacht hast. Dann wird das Ganze komplizierter und am Ende wahrscheinlich auch unangenehmer für dich. Du hast die Wahl.«

Henrik seufzt. Dann schweigt er für ein paar lange Momente und scheint währenddessen seine Möglichkeiten abzuwägen. Schließlich sieht er Lorenz an und sagt: »Gut. Sie haben recht. Gestern … hatte ich es eilig, und … es kann sein, dass ich beim Ausparken Ihren Wagen touchiert habe.«

Touchiert? Lorenz kann sich ein spöttisches Lächeln nicht verkneifen, hat aber keine Lust, sich mit diesem Jungen über Details zu streiten.

»Du verstehst sicher, dass ich den Schaden ersetzt haben möchte«, erklärt er ihm stattdessen. »Das können wir bestimmt über die Versicherung regeln.«

»Ja, aber … Der Porsche gehört meinem Vater.« Henrik kratzt sich am Kopf. Die Sache ist ihm zwar unangenehm, aber er wirkt jetzt bei Weitem nicht mehr so nervös wie zu Beginn des Gesprächs. »Und der ist gerade in seinem Haus an der Côte.«

»Wo?«

Henrik zieht genervt die Augenbrauen hoch, als hätte er soeben einen untrüglichen Beweis dafür erhalten, dass sein Gegenüber ziemlich schwer von Begriff ist. »Côte d'Azur? Frankreich?«

»Ach so. Und dort kann man deinen Vater nicht anrufen?«

»Nein. Also … der ist schwer zu erreichen und hat außerdem 'ne Menge zu tun.«

»Und deine Mutter?«, fragt Lorenz irritiert.

»Die lebt in New York«, antwortet Henrik, als wären mit dieser Auskunft alle Fragen beantwortet. »Hören Sie, ich werde meinen Vater bald treffen. In den Ferien sind wir zusammen in unserem Sommerhaus auf Sylt, dann bespreche ich das mit ihm. Keine Sorge, Herr Kastner, Sie kriegen Ihr Geld schon. Versprochen. Und jetzt entschuldigen Sie mich, ich habe noch was zu erledigen, und die Pause ist bald zu Ende.«

»Aber … Moment!« Lorenz hebt den Zeigefinger, doch Henrik hat ihm schon den Rücken zugekehrt und verschwindet durch die Tür.

Der Historiker ärgert sich, weil ihn der Bengel mit seiner arroganten Art völlig überrumpelt hat. Am Anfang machte Henrik auf ihn einen so verunsicherten Eindruck, dass er ihm fast leidtat. Und dann? Kaum hatten sie ein paar Worte gewechselt, änderte sich Henriks Stimmung merklich. Er schien beinahe froh darüber, dass es bei Lorenz' Anliegen nur um seine Fahrerflucht ging. Und ein paar Augenblicke später behandelte er ihn nur mehr wie einen lästigen Bittsteller.

Wie auch immer, Lorenz wird nicht zulassen, dass der Schüler die Angelegenheit auf die lange Bank schiebt. Im Notfall muss er sich eben an Dr. Brenner wenden, damit der den Kontakt zu Henriks Vater herstellt.

Eine halbe Stunde später ist die Pause längst beendet, und die Schüler sind wieder in ihren Klassenzimmern. Lorenz sitzt an seinem Schreibtisch im Literatenturm und versucht, sich auf die Pläne des Schlosses zu konzentrieren. Mit dünnen Bleistiftstrichen hat er die ungefähre Lage der Geheimtür und des durch sie zugänglichen Korridors eingezeichnet – und plötzlich ergeben alle Messwerte einen Sinn. Außerdem zeigt sich, dass Lorenz in der Nacht offenbar nur einen kleinen Teil des verborgenen Hohlraums betreten hat.

Das Ganze muss beim Einbau der Bibliothek konstruiert worden sein, also im ausgehenden 19. Jahrhundert – offenbar als Spielerei für den exzentrischen Käufer, der das Schloss restaurieren ließ. Da die Tür nicht in die Pläne eingezeichnet wurde, wäre Lorenz normalerweise davon ausgegangen, dass sie später komplett in Vergessenheit geraten ist. Aber das, was er letzte Nacht in dem Gang gefunden hat, spricht eindeutig dagegen.

Lorenz nimmt den Knopf aus rotem Kunststoff aus seiner Hosentasche und hält ihn ins Licht, um ihn noch einmal genau zu betrachten. Er ist kaum größer als ein Fünf-Cent-Stück. Das Material und sein Zustand deuten darauf hin, dass er nicht schon jahrzehntelang in dem geheimen Korridor gelegen hat. Was wiederum bedeutet, dass vor relativ kurzer Zeit jemand dort drin gewesen sein muss. Soll er mit dem Internatsleiter darüber sprechen? Oder wäre es angesichts der jüngsten Ereignisse besser, nur die Polizei – also Tamara – über seine Entdeckung zu informieren? Vorgestern Abend im Speisesaal trug Sandra Vogel eine rote Bluse …

Klaviermusik reißt Lorenz aus seinen Gedanken. Er greift nach seinem Handy und wirft einen Blick auf das Display. Es ist sein Chef, bei dem er sich längst hätte melden sollen.

»Grüß Gott, Herr Professor Beckstein«, begrüßt Lorenz ihn in gespannter Erwartung.

»Guten Tag, Herr Kastner.« Die Stimme klingt eisig und taut auch während der nächsten Sätze nicht auf. »Schön, dass ich Sie erreiche. Auf meine Nachrichten antworten Sie ja nicht.«

»Nachrichten? Entschuldigen Sie, Herr Professor, ich –«

»Ich habe Ihre Mailbox gestern und auch heute Morgen schon mehrmals bemüht, das wird Ihnen wohl nicht entgangen sein. Ich hoffe, Sie arbeiten so intensiv, dass Sie keine Zeit finden, mich zurückzurufen.«

Die Mailbox? Lorenz hat gar nicht gewusst, dass er so etwas besitzt. Aber es hat wenig Sinn, darüber jetzt mit seinem Chef zu diskutieren.

»Ich habe tatsächlich schon einige interessante Ergebnisse zusammengetragen«, versucht er, Professor Beckstein zu besänftigen. »Ich bin viel im Schloss unterwegs, da ich noch Messungen vornehmen musste. Es gibt zwar Pläne, aber die entsprechen nicht ganz den tatsächlichen Gegebenheiten. Sie liegen also richtig, wenn Sie annehmen, dass ich sehr beschäftigt bin. Außerdem gab es hier in Falkenberg gestern einen bedauerlichen Vorfall – ich weiß nicht, ob Sie bereits davon gehört haben: Unten im Dorf wurde die Leiche einer Frau gefunden, und dann hat sich herausgestellt, dass sie hier im Internat –«

»Oh nein, Herr Kastner, ich möchte nicht, dass Sie schon wieder in einen Kriminalfall verwickelt werden. Sie wissen selbst, dass Sie beim letzten Mal nur knapp mit dem Leben davongekommen sind. Lassen Sie die Polizei ihre Arbeit machen und konzentrieren Sie sich diesmal einfach auf Ihre Aufgaben, in Ordnung? Ich habe gestern noch einmal mit Berlin telefoniert, dort wartet man nur noch auf Ihren Bericht. Je schneller, desto besser.«

»Alles klar. Und keine Angst, Herr Professor, ich lasse mich durch nichts ablenken.«

»Sehr schön. Außerdem wäre ich Ihnen dankbar, wenn ich Ihnen in Zukunft nicht stunden- beziehungsweise tagelang hinterhertelefonieren müsste.«

»Ja. Ich … Das wird nicht wieder vorkommen.«

»Gut, dann auf Wiederhören. Und weiterhin viel Erfolg.«

»Auf Wiederhören.«

Lorenz tippt auf das Display, legt sein Handy auf den Schreibtisch, steht auf, geht zu einem der Fenster und starrt auf die Berggipfel, die sich messerscharf vom blauen Himmel abheben. Er wird sich mehr auf seine Arbeit konzentrieren müssen. So interessant diese Geheimtür auch ist – sie stammt nicht aus dem Mittelalter und hat deshalb für seine Forschung keinerlei Relevanz.

Außerdem muss Lorenz unbedingt herausfinden, wie er seine Mailbox abhören kann. Die Betriebsanleitung für sein neues Smartphone wird ihm nicht weiterhelfen, sie ist für ihn ein Buch mit mindestens acht Siegeln. Aber er befindet sich hier an einer Schule, inmitten von Teenagern, die diese ganze moderne Technik mit der Muttermilch aufgesogen haben. Da wird er doch jemanden fragen können, oder?

»Die Nachricht von Frau Vogels Tod war natürlich ein Schock für uns.«

Bettina Tauber hat wie Tamara Stahl auf einem der hellgrauen Designerstühle Platz genommen, die um einen niedrigen ovalen Glastisch gruppiert sind. Sie trägt unauffälliges Make-up und ein schlichtes, luftiges Sommerkleid, ihr brünettes Haar ist von feinen hellen Strähnen durchzogen. Nichts an dieser Frau erscheint zufällig, sowohl ihr Aussehen als auch ihr Verhalten wirken auf Tamara wie sorgfältig arrangiert. Ein Paar riesiger, funkelnder Ohrringe und ein breiter Armreif, der ihr linkes Handgelenk lose umschließt, verleihen dem Auftritt von Maximilians Mutter einen Hauch von Extravaganz. Wahrscheinlich handelt es sich um selbst entworfene Einzelstücke. Bettina Tauber ist Schmuckdesignerin, wie Tamara seit ihrer kurzen Internetrecherche vor der Abfahrt aus Rosenheim weiß. »Ich kann mir allerdings, ehrlich gesagt, noch immer nicht erklären, warum Sie es für nötig gehalten haben, extra zu uns zu kommen.«

»Frau Vogel wurde wahrscheinlich ermordet«, erklärt Tamara, während sie ihr Notizbuch aufschlägt. »In solchen Fällen gehören Befragungen wie diese zur Ermittlungsroutine. Sie beide und Ihr Sohn hatten Kontakt zum Opfer. Und es gab, soweit ich informiert bin, einen Konflikt zwischen Ihnen.«

»Konflikt! Das ist ja lächerlich. Das mit dieser Frau war doch kein Konflikt.« Jens Tauber sitzt nicht, er hat sich an die Rückseite der riesigen schwarzen Ledercouch gelehnt, die den Raum dominiert. Maximilians Vater trägt ein weißes Hemd mit hochgekrempelten Ärmeln und eine rote Stoffhose. Sein dünnes blondes Haar ist akkurat gescheitelt, seine glatt rasierten Wangen glänzen rosig. Seit Tamaras Ankunft vor wenigen Minuten strahlt er nervöse Unruhe aus. Offenbar hält der Architekt die Befragung, für die er extra einen Termin verschieben musste, für sinnlos. Oder hat seine Ungeduld noch einen anderen Grund?

»Maximilian befindet sich in einer schwierigen Phase, wie das bei jungen Männern eben manchmal so ist. Deshalb ist er häufiger mit Frau Vogel aneinandergeraten«, fährt er fort.

»Und letzte Woche hat sie ihn mit Drogen erwischt –«

»Moment mal, Frau Hauptkommissarin! Diese Sache mit den Pillen wirkt auf uns doch sehr undurchsichtig. Maximilian sagt, er habe sie im Bus gefunden, als er am Montag ins Internat zurückfuhr, und ich sehe keinen Grund, warum man ihm nicht glauben sollte. Unserem Sohn aus dieser Angelegenheit einen Strick zu drehen, wäre vollkommen überzogen. Das haben wir gestern auch Herrn Dr. Brenner mitgeteilt. Werden wir deswegen nun von Ihnen des Mordes verdächtigt? Glauben Sie tatsächlich, ich habe mit meiner Zeit nichts Besseres anzufangen, als eine übereifrige Lehrerin umzubringen?«

Herr Tauber löst sich von der Couch und geht zum Fenster, das beinahe die gesamte Südwand des Wohnzimmers einnimmt und den Blick auf einen weitläufigen, sorgfältig gepflegten Garten freigibt. Hinter dem Zaun folgt eine Reihe hoher Nadelbäume, durch deren dichtes Geäst das Blau des Tegernsees funkelt. Tamara nimmt an, dass Maximilians Vater dieses Haus – einen Quader aus Glas und Beton – selbst entworfen hat. Jedenfalls finden sich auf der Website seiner Firma viele ähnliche, ebenfalls sehr moderne Bauten als Referenzobjekte.

»Ich glaube gar nichts, Herr Tauber«, antwortet sie ruhig. »Ich möchte Ihnen nur einige Fragen stellen, um mir ein besseres Bild von Sandra Vogel und ihren letzten Tagen machen zu können.«

»Gut.« Jens Tauber breitet theatralisch die Hände aus. »Bitte – was möchten Sie wissen?«

»Zunächst einmal: Wie haben Sie Frau Vogel als Lehrerin erlebt?«

»Sie war sehr engagiert«, beeilt sich Bettina Tauber zu versichern. »Auf ihre Weise.«

»Was meinen Sie damit?«, hakt die Hauptkommissarin nach.

»Nun … Sehen Sie, es ist doch so: Unser Sohn ist seit der fünften Klasse auf Schloss Falkenberg. Mein Mann und ich arbeiten sehr viel, und wir haben für Maximilian ganz bewusst ein Internat gewählt, das ihm Stabilität bietet und in dem seine Mitschüler einen ähnlichen ... Hintergrund haben wie er. Im Grunde haben wir bisher mit Falkenberg sehr gute Erfahrungen gemacht. Dort herrschen optimale Bedingungen, die Lehrkräfte und Erzieher leisten exzellente Arbeit. Das muss man allerdings auch erwarten dürfen, wenn man monatlich einen stattlichen Betrag in die Ausbildung seines Kindes investiert.« Frau Tauber hält kurz inne, lächelt und sieht zuerst Tamara und dann ihrem Mann in die Augen, bevor sie fortfährt: »Frau Vogel teilte unsere Vorstellungen, was das Ziel einer bestmöglichen Schulbildung betrifft. Allerdings ... war sie weniger bereit, sich diesbezüglich auf ihre eigene Verantwortung zu konzentrieren.«

»Sie kam vor einem Jahr nach Falkenberg«, fährt Jens Tauber fort. »Und seit diesem Zeitpunkt wurde uns regelmäßig erklärt, dass Maximilians Verhalten angeblich problematisch sei. Was den anderen Lehrkräften vorher offenbar nie aufgefallen ist.« Sein Ton ist jetzt unüberhörbar ironisch. »Auch sein Notenschnitt verschlechterte sich im vergangenen Jahr stetig. Es sieht so aus, als hätte unser Sohn schlagartig an Auffassungsgabe verloren. Denn dass Frau Vogel ihrer Aufgabe schlicht nicht gewachsen war – das ist natürlich völlig undenkbar.«

»Jens, bitte ...« Bettina Tauber wirft ihrem Mann einen tadelnden Blick zu, bevor sie sich wieder an Tamara wendet. »Wissen Sie, wir engagieren uns sehr für das Internat. Soweit ich weiß, zählten wir in den vergangenen Jahren immer zu den großzügigsten Unterstützern der Schule, egal, ob es um die Förderung spezieller Projekte ging oder um den jährlichen Spendenball. Vor diesem Hintergrund waren die Komplikationen mit Frau Vogel, das Auftauchen dieser Pillen und die Vorwürfe gegen unseren Sohn natürlich besonders ... ärgerlich.«

»Verstehe«, murmelt Tamara, während sie sich Notizen macht. Sie ist erstaunt über die Selbstverständlichkeit, mit der Bettina Tauber ihre Spendenbereitschaft mit der Erwartung verknüpft, dass die Schule sie nicht mit unangenehmen Nachrichten über ihren Sohn behelligt. Andererseits: Wenn sie Maximilian wirklich für vollkommen unschuldig hält und annimmt, dass er ausgerechnet im Bus dieser teuren Eliteschule zufällig über illegale Drogen gestolpert ist, ist ihr Ärger durchaus verständlich.

»Wann haben Sie Frau Vogel denn zuletzt gesehen oder mit ihr gesprochen?«, fragt sie nun und blickt dabei abwechselnd sowohl Jens Tauber als auch seine Frau an. Beide überlegen kurz.

»Das ist auf jeden Fall schon einige Wochen her«, antwortet schließlich Maximilians Mutter. »Ich glaube, es war im Rahmen des Charity-Laufs, nicht wahr, Jens?« Als Herr Tauber nickt, redet seine Frau weiter: »Das war eine Spenden-Sammelaktion, zu der auch die Eltern eingeladen waren. Am Rande der Veranstaltung sprach uns Frau Vogel an und beklagte sich noch einmal über Maximilians Verhalten in ihrem Unterricht. Sie sagte in etwa das Gleiche, was sie meinem Mann schon im Winter berichtet hatte, damals bei einer Unterredung, bei der auch Herr Dr. Brenner anwesend war.«

»Über die neueste Geschichte – also, die Amphetamine – haben Sie mit ihr persönlich gar nicht geredet?«

»Nein. Maximilian selbst hat uns letzte Woche erzählt, was passiert ist. Nämlich, dass er ein Päckchen mit mehreren kleinen Tüten voller Pillen unter einem Sitz im Shuttlebus gefunden hat, der ihn immer montagmorgens von hier zum Internat bringt. Frau Vogel habe ihm eine Tüte abgenommen, als er diese während des Unterrichts einem Mitschüler zeigen wollte. Daraufhin habe sie ihn bei Herrn Dr. Brenner bezichtigt, in der Schule Drogen zu verteilen. Gestern hatten wir einen Termin bei ihm und haben die Sache besprochen. Wenn ich richtig informiert bin, war Sandra Vogel zu diesem Zeitpunkt bereits tot.«

Die Hauptkommissarin bestätigt das und fragt die beiden anschließend, wie sie den vergangenen Montagabend verbracht haben. Bettina Tauber erklärt, sie sei nachmittags bei einer Freundin gewesen, für die sie regelmäßig Schmuckstücke entwerfe, und um etwa neunzehn Uhr nach Hause gekommen. Ihr Mann sei erst gegen zweiundzwanzig Uhr von der Arbeit zurückgekehrt, was regelmäßig vorkomme. Jens Tauber gibt daraufhin an, während des ganzen Tages und Abends verschiedene Geschäftstermine in München wahrgenommen zu haben. Nachdem Tamara sich die Namen und Kontaktdaten von Bettina Taubers Freundin sowie von den Geschäftspartnern ihres Mannes notiert hat, klappt sie ihr Notizbuch zu und steht auf.

»Vielen Dank, dass Sie sich gleich heute Zeit für mich genommen haben«, sagt sie, während sie den beiden die Hände schüttelt. »Ihre Aussagen werden uns hoffentlich helfen, diesen Fall schnell aufzuklären.«

Wenig später läuft sie die sehr lange, bogenförmige Auffahrt hinab, die an makellosem Rasen und akkurat zugeschnittenen Büschen vorbeiführt, bis sie schließlich vor einem breiten Eisentor steht.

Während sich das Tor öffnet, fragt sie sich, ob ihr das Gespräch mit Maximilians Eltern wirklich weitergeholfen hat. Nun, immerhin hat sie sich einen Eindruck vom familiären Hintergrund des Schülers verschaffen können. Und zumindest Jens Tauber war sichtlich angespannt. Für den späteren Montagabend haben er und seine Frau kein Alibi, aber sind sie wirklich verdächtig? Was bringt ihnen der Tod von Sandra Vogel, das sie sich nicht auch durch eine weitere großzügige Spende völlig risikofrei hätten erkaufen können?

Inzwischen ist Tamara bei ihrem Dienstwagen angelangt. Mit einem Druck auf den Sender an ihrem Schlüsselbund entriegelt sie die Türen. Als die Hauptkommissarin eingestiegen ist und den Motor anlassen will, brummt der Vibrationsalarm ihres Handys. Sie zieht es aus der Hosentasche. Eine Kurzmitteilung.

Hey tamara, sitze schon auf dem steg an der uferpromenade in der sonne. hoffe, du kommst bald. freu mich auf dich! tobi

»Charlotte!«

Lorenz winkt und eilt über die Terrasse zum Burgfried, vor dem das Mädchen ein Stativ aufgebaut hat. Gerade hat Charlotte noch konzentriert durch den Sucher der darauf montierten und auf das Bergpanorama ausgerichteten Kamera geblickt, doch nun richtet sie sich seufzend auf und wendet sich dem Historiker zu.

»Gut, dass ich dich hier finde«, sagt er, als er schließlich neben ihr steht und sein Handy aus der Hosentasche zieht. »Ich brauche deine Hilfe.« Dann erst fällt sein Blick auf das Stativ. »Oh, ich hoffe, ich störe dich nicht!«

»Nein, nein, schon in Ordnung«, antwortet Charlotte. »Wo brennt's denn?«

»Weil du doch so viel filmst, dachte ich, du kennst dich bestimmt auch mit anderen technischen Dingen aus. Zum Beispiel mit so einem Smartphone.«

Die Schülerin zuckt mit den Schultern. »Sicher. Mit welcher Funktion kommst du denn nicht klar?«

»Ähm … Also, ich weiß, wie ich einen Anruf annehme und …«

»Okay, schon verstanden. Du bist ein totaler Noob.«

»Ein … was? Na ja, momentan ist jedenfalls mein Problem, dass mir jemand Nachrichten auf der Mailbox hinterlassen hat – von der ich nicht mal wusste, dass ich sie habe. Geschweige denn, wo sie zu finden ist.«

Charlotte legt die Stirn in Falten und streckt die Hand aus. »Gib mal her.« Lorenz reicht ihr das Mobiltelefon, und sie tippt auf dem Bildschirm herum. »Aha, ein LG. Hast du das letzte Update runtergeladen?«

»Ein Update?« Lorenz kratzt sich am Kinn. »Könnte sein. Oder auch nicht.«

Das Mädchen schüttelt den Kopf, tippt wieder, wischt dann ein paarmal nach links und rechts. »Okay, das Update steht noch aus. Das machen wir als Erstes.«

»Ja, natürlich.«

Fasziniert sieht Lorenz zu, wie die Schülerin dem Gerät den Befehl erteilt, neue Programmdateien aus dem Internet zu ziehen. Schließlich taucht ein transparenter Balken auf dem Bildschirm auf und beginnt, sich langsam mit grüner Farbe zu füllen.

»Wird ein paar Minuten dauern«, erklärt Charlotte.

»Mhm«, macht Lorenz, und ihm fällt ein, dass er sie noch nach etwas anderem fragen wollte. »Ich habe übrigens mit diesem Henrik gesprochen. Das ist ein etwas spezieller Typ, oder? Mir gegenüber war er jedenfalls ziemlich arrogant.«

»Das wundert mich nicht.« Charlotte überlegt kurz, bevor sie fortfährt: »Er ist nicht besonders beliebt. Hat außer Max nicht viele Freunde. Obwohl man sagen muss, dass Henrik die Arroganz hier im Schloss nicht exklusiv für sich gepachtet hat.«

»Max wie Maximilian Tauber?«

»Genau. Die beiden hängen ziemlich viel zusammen rum. Aber in letzter Zeit ist Henrik auch oft allein unterwegs. Er fährt weg, und niemand hat eine Ahnung, wohin. Macht anscheinend ein großes Geheimnis daraus.«

»Dafür, dass er schon in der Elften ist, weißt du aber ziemlich gut über ihn Bescheid.«

»Hier gibt es nur gut hundertfünfzig Schüler und noch weniger, die im Schloss wohnen. Da kennt jeder jeden. Und wenn sich die in der Elften über jemanden das Maul zerreißen, weiß es bald die ganze Schule. Ist einfach so.«

Lorenz nickt.

»So.« Charlotte wendet sich wieder seinem Mobiltelefon zu. »Der Download ist fertig. Jetzt installiere ich das Update, und dann hören wir deine Mailbox ab.«

Während der folgenden Minuten bemüht sich Lorenz vergeblich, mit seinem Blick Charlottes flinken Fingern zu folgen, während sie sich durch die Menüs tippt und wischt. Plötzlich hört man die blechern verzerrte Stimme von Professor Beckstein, der um Rückruf bittet. Nachdem drei beinahe wortgleiche Nachrichten abgespielt sind, stellt Charlotte lapidar fest: »Das war alles. Hast du gesehen, wie ich's gemacht habe?«

»Gesehen?« Lorenz lächelt etwas verschämt. »Schon, aber ... Du müsstest mir vielleicht noch einmal erklären, wie ...«

»Sag mal, speicherst du deine SMS eigentlich nur, oder verschickst du die auch?« Charlotte ist schon in einem anderen Menü unterwegs.

»Wieso sollte ich sie speichern?«

»Hier, schau mal.« Die Schülerin hält ihm das Smartphone direkt vor die Nase. »Im Ordner für Entwürfe sind mehrere Nachrichten gespeichert, aber unter ›Gesendet‹ finde ich keine einzige. Komisch, oder?«

»Ja.« Langsam dämmert Lorenz, was Charlotte meint.

»Die sind alle für einen Kontakt namens ›Tamara‹ gedacht. Sag mal, heißt so nicht die Polizistin, die du gestern auf dem Parkplatz angesprochen hast?«

»Das«, mit einer schnellen Bewegung nimmt Lorenz der Schülerin das Telefon aus der Hand, »ist privat!« Hektisch tippt er auf der Liste mit den nie verschickten Nachrichten herum. »Wie kann man denn hier ...? Warum geht das nicht? Hoppla.« Er erstarrt. »Was ist denn jetzt passiert?«

Charlotte stellt sich auf die Zehenspitzen, um aufs Display sehen zu können, in dessen Mitte ein Symbol rotiert, das wie ein Briefumschlag aussieht. Dann stößt das Handy ein leises

Piepen aus, das Symbol verschwindet, und an dessen Stelle erscheint die Mitteilung: *7 Nachrichten erfolgreich gesendet!*

»Erinnerst du dich an den Morgen, als wir bei Sonnenaufgang schwimmen waren?«

»Natürlich.«

Tamara erinnert sich nur zu gut. In dem Sommer waren Tobi und sie ein Paar geworden, sie war zum ersten Mal mit ihm am Tegernsee. Er stellte sie seiner Familie vor und führte sie danach in ein schickes Restaurant zum Abendessen aus. Später gingen sie in Rottach-Egern in ein kleines, gemütliches Kino und dann in einen fast ausschließlich von jungen Münchnern besuchten Club, in dem sie Cocktails tranken und stundenlang ausgelassen tanzten. Als sie schließlich auf dem Heimweg waren, wurde der Himmel über den Bergen im Osten bereits wieder hell. Tobi holte aus seinem Elternhaus zwei Handtücher, während Tamara am Seeufer wartete, dann zogen sie sich bis auf die Unterwäsche aus und stürzten sich übermütig ins Wasser. Als sie herauskamen, legten sie sich müde und glücklich auf ihre Handtücher, küssten sich und spürten die Wärme der ersten Sonnenstrahlen des neuen Tages auf ihrer Haut.

Auch an diesem Nachmittag scheint wieder die Sonne, die Hitze ist drückend. Tamara hat Schuhe und Socken ausgezogen, die Hose hochgekrempelt und lässt ihre Füße vom Steg ins kühle Wasser baumeln.

»Ich erinnere mich gut«, bekräftigt sie, nachdem sie beide für eine Minute geschwiegen haben. »Ist ziemlich lange her.«

»Findest du?« Tobi lächelt. Die Art, wie er sie verschmitzt von der Seite ansieht, hat sich kein bisschen verändert. Er rückt ein wenig näher. »Wenn ich hier so neben dir sitze, kommt es mir vor, als wäre es erst gestern gewesen.«

»Sagt dir eigentlich der Name ›Jens Tauber‹ etwas?« Tamara hält es für besser, das Gespräch auf ein unverfänglicheres Thema zu lenken.

»Jens Tauber? Der Architekt? Natürlich.« Tobi lässt sich keine Enttäuschung anmerken. »Seit er sich in Ringsee die Villa hingestellt hat, kennt ihn hier jeder. Ist wohl ziemlich gut im Geschäft. Warum fragst du?«

»Du weißt doch, dass ich dienstlich am Tegernsee bin. Das hier ist so etwas wie meine verspätete Mittagspause.«

»Soso, dann warst du also bei Jens Tauber? Hat er mit deinem neuen Fall zu tun?« Tobi wartet einen Moment, und als Tamara nicht antwortet, fragt er: »Wie findest du sein Haus? Beeindruckend, oder?«

»Ja. Wenn man Glas und Beton mag.«

»Es gefällt dir nicht? Zu ungemütlich? Tja, ich wusste schon immer, dass dieses Kühle und Abgeklärte bei dir nur Fassade ist – wenn auch eine ziemlich attraktive. Dahinter verbirgt sich die echte Tamara, und die ist eine gefühlvolle Romantikerin. Stimmt's?«

Sie seufzt. »Was erzählt man sich denn hier so über den Architekten?« Sie will sich nicht anmerken lassen, dass Tobi auf dem besten Weg ist, sie vollkommen aus dem Konzept zu bringen. Wohin bewegt sich dieses Gespräch? Möchte sie wirklich mehr über den Vater von Maximilian erfahren, oder spielt sie Tobis Spiel mit, indem sie sich nur scheinbar ziert, weil sie sich eigentlich geschmeichelt fühlt und seine Avancen genießt? Ja, Tamara genießt, wie unkompliziert ihr Ex-Freund ist. Seine Präsenz fühlt sich an wie ein warmer, vertrauter Pullover an einem kalten Wintertag.

Um Gottes willen – hat sie das gerade wirklich gedacht? So viel zur gefühlvollen Romantikerin hinter der kühlen Fassade.

»Erst hat Jens Tauber seinen Partner – einen ehemaligen Studienfreund – mit zweifelhaften Mitteln aus der gemeinsamen Firma gemobbt, die gerade die gröbsten Startschwierigkeiten überwunden hatte und profitabel wurde«, beantwortet Tobi nach kurzem Überlegen ihre Frage. »Damals war er schon dabei, sich ein Beziehungsnetzwerk in einflussreichen Kreisen aufzubauen. Das hilft ihm bis heute, an Aufträge zu kommen und Projekte zu realisieren, die zwar viel Geld bringen, aber nicht unbedingt populär und manchmal auch rechtlich fragwürdig sind. Ein gutes – wenn auch vergleichsweise kleines – Beispiel ist sein eigenes Haus. Hast du die Nachbaranwesen gesehen? Das sind umgebaute Bauernhöfe oder neue Häuser, die aber so aussehen, als wären sie einem Heimatfilm aus den fünfziger Jahren entsprungen. Mit holzverkleideten Fassaden, hölzernen Türen, kleinen Fenstern und so weiter. So sind die Bauvorschriften direkt am See. Aber unser Freund darf sich einfach so diesen Kasten da hinstellen, der, wie du selbst schon festgestellt hast, von all dem rein gar nichts aufweist. Sein Haus wurde offiziell genehmigt. Viele Einheimische sind sehr unglücklich darüber, aber niemand kann etwas dagegen tun. Weil der Mann offenbar die richtigen Leute in der Tasche hat. Kurz gesagt: Nach allem, was man so hört und sieht, ist Jens Tauber ein Arschloch. Aber weil er ein *erfolgreiches* Arschloch ist, macht ihm niemand Probleme.«

Tamara nickt stumm und starrt in das Wasser des Tegernsees. Es ist so ungetrübt, dass sie ein paar kleine Fische und darunter den felsigen Grund sehen kann. Plötzlich spürt sie eine unbändige Sehnsucht nach Klarheit – auch, was den Fall betrifft, aber vor allem in Bezug auf ihre eigene Gefühlswelt. Keine Selbstzerfleischung mehr, kein Zweifeln, kein Warten, kein Hoffen. Nicht mehr in sich hineinhorchen. Nicht fragen, warum Lorenz sich nach ihrem Treffen im Englischen Garten nicht mehr gemeldet hat.

»Ich würde sagen, dass das bis jetzt auf jeden Fall ein rein dienstlicher Diskurs war«, unterbricht Tobi erneut das Schweigen. »Weshalb genau in *diesem* Moment deine Pause beginnt und wir ein bisschen Zeit haben. Was möchtest du machen? Essen gehen? Oder lieber schwimmen? Ich könnte uns wieder Handtücher holen, genau wie damals …«

Tamara lacht. Ist das nicht, wonach sie sich sehnt? Leichtigkeit, Geborgenheit, Vertrauen. Sie legt eine Hand auf Tobis Schulter. Er zuckt nicht zurück, sondern sieht ihr geradewegs in die Augen. Tamaras Handy, das neben ihr auf dem Steg liegt, summt. Eine Kurznachricht. Doch das ist im Moment nicht wichtig. Wichtig sind Tobis Fingerspitzen, die sie auf ihrem Handrücken spürt, das Kribbeln in ihrem Bauch und die Tatsache, dass der Rest der Welt plötzlich hinter einer unsichtbaren Wand zu verschwinden scheint.

Das Handy summt noch einmal. Und gleich darauf wieder.

Tobi zieht schmunzelnd seine Hand zurück. »Da ist aber jemand ganz schön hartnäckig.«

Tamara seufzt und lächelt peinlich berührt. Wer schickt ihr so viele SMS hintereinander? Gäbe es dringende Neuigkeiten im Präsidium, würden Herr Zeller oder Frau Beifuß sie doch einfach anrufen, oder? Das Handy meldet weitere neue Nachrichten. Frustriert schüttelt Tamara den Kopf, greift zum Telefon und wischt den Bildschirm ins Leben. Sieben Mitteilungen von – Lorenz! Was will der denn? Und warum ausgerechnet jetzt? Sie hält den Atem an, als sie die erste SMS überfliegt. Sie öffnet die nächste, dann die übernächste. Ihr wird schwindlig.

»Alles in Ordnung?« Tobi klingt ehrlich besorgt.

Tamara schluckt, die Farbe ist aus ihrem Gesicht gewichen. »Jaja. Aber … jetzt muss ich leider los.« Sie schickt sich an aufzustehen.

»Schade. Ist was in der Arbeit passiert?« Auch Tobi erhebt sich.

Sie zögert einen Moment und nickt dann. »Es gibt Neuigkeiten, die … alles ziemlich durcheinanderbringen. Darum sollte ich mich sofort kümmern.«

Sie verabschiedet sich mit einer kurzen Umarmung und läuft dann mit schnellen Schritten, ohne sich noch einmal umzusehen, über den Steg bis zur Uferstraße, an der sie den Dienstwagen abgestellt hat.

Tobi bleibt auf den aufgeheizten Holzbrettern stehen, unter

denen das Wasser leise gluckst. Sein Blick folgt Tamara, bis sie ins Auto gestiegen ist und losfährt. Dann dreht er sich um und starrt nachdenklich auf den in der strahlenden Nachmittagssonne glitzernden See.

4

»Was gibt es eigentlich Neues zu der Toten in Falkenberg?«

Roland Fichtner, der seit zwei Stunden an seinem Schreibtisch sitzt, den blinkenden Cursor auf seinem Bildschirm anstarrt und dabei unablässig Nikotinkaugummis kaut, horcht auf. Cornelia Boes spricht mit Kollegen, die ein paar Schreibtische von ihm entfernt arbeiten. Sie drucksen auf ihre Frage hin ziemlich herum, da sie offensichtlich nichts Relevantes herausgefunden haben, das über die Polizeiberichte und ein paar Spekulationen in sozialen Netzwerken hinausgeht. Zwar weiß man inzwischen, dass Sandra Vogel an einer Vergiftung gestorben ist und im Internat Schloss Falkenberg gearbeitet hat – doch niemand von der Schule will mit Journalisten sprechen.

»Genau das gleiche Problem haben wir mit diesem Hof, auf dem ihre Leiche gefunden wurde. Von den Bewohnern gibt uns auch niemand weitere Auskünfte«, erklärt einer der Kollegen hörbar deprimiert.

Fichtner rutscht unruhig auf seinem Stuhl hin und her. Der Gedanke, jetzt der ganzen Redaktion zu offenbaren, dass er auf dem Ziegelmeier-Hof mehr als nur einen Fuß in der Tür hat, ist verlockend. Aber er muss sich beherrschen. Wenn er sich noch etwas Zeit gibt, wird sein Triumph danach umso größer sein.

Und diesen Triumph kann er dringend gebrauchen. Von seinen bisherigen Themenvorschlägen für die erste Ausgabe des neuen »Inntalboten« war die Chefin keineswegs beeindruckt, aber sie ahnt ja auch nicht, dass er die meiste Zeit mit weit wichtigeren Dingen beschäftigt ist. Ein Bild hat er natürlich nicht gekauft – aber morgen wird er Friederike Ziegelmeier wieder einen Besuch abstatten, diesmal zum Yoga.

Eigentlich handelt es sich bei dem Paket, das er vorhin noch bei ihr gebucht hat, um ein spezielles Raucher-Entwöhnungs-Programm, welches sich aus verschiedenen Elementen zusammensetzt: Yoga, Farbtherapie, Meditation und so weiter. Das Ganze ist zwar nicht billig, aber wenn Fichtner erst einmal seine Exklusiv-Story auf den Tisch packt, wird ihm Cornelia Boes bestimmt mit Freuden sämtliche Spesen ersetzen. Und sollte er am Ende diese scheußlichen Nikotinkaugummis nicht mehr brauchen – umso besser.

Was hat er bisher herausgefunden? Friederike Ziegelmeier verdächtigt ihre Nachbarn, so viel steht fest. Und warum? Weil dieser Schwager namens Udo ihren Malschülerinnen nachgestellt hat. Wenn Sandra Vogel unter den Schülerinnen war, könnte das ein Motiv für den Mann gewesen ein. Vielleicht hat sich die Lehrerin auf ein nächtliches Stelldichein eingelassen, bei dem sie umgebracht wurde – weil dieser Kerl in Wirklichkeit ein gestörter Frauenmörder ist. Oder sie hat ihn abblitzen lassen und musste deshalb sterben …

Fichtner hört, dass sich das Klackern von Cornelia Boes' Absätzen nähert. Schnell legt er die Finger auf die Tastatur seines Computers und versucht, möglichst beschäftigt auszusehen.

»Na, Herr Fichtner, haben Sie inzwischen ein paar brauchbare Themen? Ich hoffe doch!«, bellt die Chefredakteurin im Vorbeigehen. Zum Glück erwartet sie wie immer keine Antwort, sondern stöckelt einfach weiter in Richtung ihres Büros.

Fichtner lehnt sich wieder zurück, spuckt den Nikotinkaugummi in seine rechte Hand und quetscht die klebrige Masse zu den anderen, die an der Unterseite seines Schreibtisches längst steinhart geworden sind. Und ob er ein brauchbares Thema hat! Cornelia Boes wird sich bald wundern. Alle hier drin werden sich noch gehörig wundern.

»Wir haben in allen Apotheken im Umkreis von Falkenberg nachgefragt. In keiner einzigen wurde in letzter Zeit eine Unregelmäßigkeit im Zusammenhang mit Insulin bemerkt. Niemand hat unter irgendeinem Vorwand mehr gekauft als üblich oder versucht, das zu tun. Diese Spur scheint uns nicht weiterzubringen.« Heinrich Schmitterers Stimme klingt erschöpft durch den Lautsprecher der Freisprechanlage. Er hat wohl nicht damit gerechnet, heute Nachmittag noch richtig arbeiten zu müssen, nachdem er doch gerade erst das anstrengende Seminar in Seeon überstanden hat.

Tamara setzt den Blinker und tritt aufs Gaspedal, um einen Traktor zu überholen.

»Einen Versuch war's trotzdem wert.« Als sie das quälend langsame Gefährt hinter sich gelassen hat, schert sie wieder auf die rechte Fahrspur ein und drückt leicht auf die Bremse. In Wirklichkeit frustriert sie das Ergebnis. Sie hatte gehofft, dass eine der Apotheken etwas mehr Licht in die Angelegenheit bringen könnte.

»Übrigens: Zeller erwartet dich schon sehnsüchtig.« Schmitterers Ton hat sich geändert, er scheint sich nun zu amüsieren. »Er war ziemlich enttäuscht, weil er dich hier nicht angetroffen hat.«

»Tja, so ein Fall löst sich nun mal nicht von allein. Ich musste zu einer Befragung. Und jetzt bin ich noch einmal auf dem Weg nach Falkenberg. Der alte Ziegelmeier-Bauer ist Diabetiker, vielleicht ist ihm kürzlich Insulin abhandengekommen. Und dann gibt es noch einen Nachbarn, der mit dem Opfer Kontakt gehabt haben soll. Gestern konnte ich ihn nicht sprechen, das möchte ich heute unbedingt nachholen.

Du kannst dem Chef also sagen, dass er sich noch ein bisschen gedulden muss.«

»Werde ich ihm bei Gelegenheit mitteilen. Kann aber auch sein, dass er dich sowieso gleich anruft. Ich glaube, er fühlt sich von dir übergangen.«

»Was kann ich denn dafür, dass er so lange nicht da war? Ich habe das Teambuilding-Seminar nicht anberaumt. Übrigens hätte ich da noch ein paar Dinge, die ihr für mich überprüfen müsstet.« Sie gibt Schmitterer durch, wo und mit wem Herr und Frau Tauber ihren eigenen Angaben zufolge den Montagabend verbracht haben. »Bitte klärt ab, ob die betreffenden Personen die Aussagen der Taubers bestätigen. Du könntest auch mal nachsehen, ob in unserem Archiv etwas über das Ehepaar Tauber zu finden ist. Das wär's auch schon. Auf Wiederhören, Heinrich.«

»Alles klar. Bis später.« Tamaras Kollege legt auf.

Sekunden danach meldet sich ihr Handy wieder. Zeller? Sie tippt mit dem Daumen auf den Schalter am Lenkrad, der die Freisprechanlage steuert.

»Stahl.«

»Hallo, Tamara, hier ist Lorenz.«

Sie widersteht dem Drang, sofort wieder aufzulegen. »Lorenz. Hallo.«

»Ja, ich … Also, zuerst wollte ich mich erkundigen, ob du die Nachrichten bekommen hast.«

»Deine Nachrichten? Ja, aber … ich weiß nicht, wie oft ich das noch sagen soll: Ich bin im Dienst. Ich habe einen Fall zu lösen.«

»Ich weiß, aber ich möchte nur sagen, dass das ein Versehen war. Ich wollte dir die Nachrichten gar nicht schicken.«

»Nicht?« Tamara räuspert sich. »Ach so, na dann … hat sich das ja sowieso erledigt.«

»Nein! So meine ich das nicht. Natürlich wollte ich sie dir schicken – aber nicht heute.«

»Hör mal, ich habe jetzt wirklich keine Zeit für dieses Hin und Her.«

»Tamara, wir müssen uns sehen.«

»Ja … vielleicht wäre das gut. Aber nicht in den nächsten Tagen. Erst muss ich mich um den Fall kümmern.«

»Aber darum geht es ja.«

»Wie meinst du das?«

»Ich habe hier im Schloss eine Entdeckung gemacht und weiß jetzt nicht, was ich tun soll. Vielleicht hat es gar nichts mit dem Tod von Sandra Vogel zu tun, aber was, wenn doch? Immerhin ist da dieser Knopf.«

»Ich verstehe kein Wort, Lorenz.«

»Am Telefon kann ich das auch nicht wirklich erklären. Deswegen musst du ja herkommen und es dir selbst ansehen. Unbedingt.«

Tamara seufzt. »In Ordnung. Aber vorher fahr ich noch zum Ziegelmeier-Hof. Es wird also ein wenig dauern. Wo genau finde ich dich?«

»Ich bin in meinem Zimmer im Literatenturm. Aber du kannst mich einfach anrufen, wenn du da bist. Dann komme ich zum Parkplatz.«

»Gut. Dann bis nachher.«

»Bis nachher. Und … danke.«

Wenige Minuten später rollt Tamaras Dienstwagen in die Einfahrt des Ziegelmeier-Hofs. Die Hauptkommissarin steigt aus, klingelt bei Friederike und Jakob Ziegelmeier, doch niemand reagiert.

Als sie sich gerade wieder abwenden will, öffnet sich ein Fenster im ersten Stock, und der Kopf von Elias, dem jüngeren der beiden Kinder, erscheint.

»Hallo! Wollen Sie zu Mama? Die ist gerade mit ihrer Yogagruppe im Kursraum neben dem Atelier.«

»Und dein Papa?«

»Der ist unterwegs. Auf irgendeiner Baustelle, glaub ich. Ich bin im Moment allein hier.«

»Okay, kein Problem. Danke dir.«

Der Kopf des Jungen verschwindet wieder. Was nun? Tamara könnte Friederike Ziegelmeier natürlich im Kursraum aufsuchen, Yogagruppe hin oder her. Die einzige Alternative dazu wäre, sich direkt an den Senior zu wenden. Schließlich geht es ihr hauptsächlich um das Insulin. Ihr Blick wandert an den Fassaden des Dreikanthofs entlang bis zu den Fenstern der alten Bauernwohnung. Der orangefarbene Vorhang ist zugezogen, doch wenn sie sich nicht täuscht, hat er sich gerade ein wenig bewegt.

Kurz darauf steigt sie wie schon gestern die düstere Treppe nach oben in den ersten Stock. Aber diesmal wartet sie, nachdem sie geklopft hat, nicht lang auf eine Antwort, sondern öffnet die Tür gleich einen Spalt.

»Herr Ziegelmeier?« Tamara sieht, dass der alte Mann wieder in seinem Sessel sitzt. »Herr Ziegelmeier, ich bin's noch einmal. Hauptkommissarin Tamara Stahl von der Mordkommission Rosenheim.«

»Ich hab Sie schon gsehen. Unten aufm Hof.«

Jakob Ziegelmeier senior legt die gleiche mürrische Haltung an den Tag wie bei Tamaras erstem Besuch. Auch sonst scheint hier alles völlig unverändert. Sie tritt ein, schließt die Tür hinter sich und stellt sich dann so vor den Sessel, dass sie dem alten Bauern ins Gesicht sehen kann.

»Ich hätte nun doch noch einige Fragen an Sie.«

Er hustet heftig und zuckt dann mit den Schultern, was Tamara als Zeichen der Gesprächsbereitschaft auslegt.

»Sie haben mir gestern gesagt, dass Sie Diabetiker sind. Heißt das, dass Sie sich regelmäßig Insulin spritzen müssen?«

»Des mach ned i, sondern mei Sohn.« Etwas schleppend erklärt Jakob Ziegelmeier senior, dass sein Sohn mehrmals täglich nach ihm sehe und dabei auch seinen Insulinwert kontrolliere. Auf Tamaras Nachfrage hin, wo die Spritzen denn aufbewahrt würden, deutet er in Richtung der Küchenzeile. »Kühlschrank.«

Im Gemüsefach findet die Hauptkommissarin tatsächlich eine Medikamentenschachtel, die die entsprechenden Einwegkanülen enthält. Sie ist fast ganz voll. Tamara notiert sich die Marke und wendet sich dann wieder an den alten Ziegelmeier-Bauern. »Besorgt Ihr Sohn die auch für Sie?«

»Na. So vui Zeit hod der ned, er muass ja a no wos anders doa. Zur Apothekn geht mei Enkelin, die Luna.« Den Namen des Mädchens spricht er mit deutlichem Befremden aus. Offenbar hat er sich auch nach sechzehn Jahren noch nicht mit ihm abgefunden. »Die hod si in die letztn Jahr immer gern kümmert. Aber seit a paar Wochen – seit der Hallodri vo dem Internat am Schloss boid jedn Dog herkimmt – sig i des Mädel fast gar nimmer.« Er hustet wieder.

»Sie hat einen Freund?«, fragt Tamara nach, ohne sich anmerken zu lassen, dass vor allem die Erwähnung des Schlosses ihr Interesse geweckt hat.

Doch der Alte winkt ab, und auf weitere Fragen reagiert er nur noch mit Kopfschütteln oder demonstrativem Husten. Seine Auskunftsfreudigkeit ist für heute anscheinend erschöpft.

Als Tamara wieder den Hof des Ziegelmeier-Anwesens überquert, ist sie nur teilweise zufrieden mit dem, was sie erfahren hat. Was das Insulin betrifft, herrscht noch immer keine Klarheit, da wird sie die Kriminaltechnik bemühen und außerdem Jakob junior befragen müssen. Schließlich sollte der nach Aussage seines Vaters am ehesten einen Überblick über den aktuellen Bestand in dessen Wohnung haben. Aber dass es durch Luna Ziegelmeiers Freund offenbar eine weitere Verbindung zwischen dem Hof und dem Schloss gibt, ist eine wirklich wertvolle Information.

Nun muss sie nach nebenan zu diesem Udo. Bei ihrer Ankunft hat sie gesehen, dass heute ein Auto – ein dunkelblauer Jaguar – vor dessen Garage steht. Er sollte also zu Hause sein.

Tatsächlich öffnet auf ihr Klingeln ein Mann von etwa fünfundfünfzig Jahren. Er ist mittelgroß, sein dunkles Haar ist halb ergraut, er trägt eine anthrazitfarbene Anzughose und ein weißes Hemd, dessen oberste Knöpfe geöffnet sind. In seiner linken Hand hält er eine Lesebrille.

Nachdem die Hauptkommissarin sich vorgestellt und ihm ihr Anliegen erläutert hat, bestätigt Udo Pasig, dass er derjenige ist, den sie sprechen möchte, und bittet sie herein. Sein Haus wirkt komfortabel, aber sehr groß für einen alleinstehenden Mann. Im Wohnzimmer bietet er ihr einen Platz auf der bequemen Couch an, vor der ein niedriger Glastisch steht. Er selbst nimmt mit einem Sessel vorlieb.

»Sie kommen also wegen des Leichenfunds bei meinen Nachbarn?«, erkundigt sich Udo Pasig, nachdem die Hauptkommissarin deutlich gemacht hat, dass sie im Moment weder Kaffee noch Wasser trinken möchte.

»So ist es. Sie wissen bereits, wer die Tote ist?«

»Ich weiß, was in der Zeitung steht. Und in der Nachbarschaft erzählt man sich, dass die Frau eine Malschülerin von Friederike war.«

»*Sie* haben nie mit Frau Vogel gesprochen?«, fragt Tamara unvermittelt.

»Ich? Ähm, ich weiß nicht …«

»Sie wissen es nicht?«

Udo Pasig seufzt, zieht dann ein Tuch aus seiner Hosentasche und beginnt, die Gläser seiner Lesebrille zu putzen, während er leise murmelt: »Sie kriegen es ja doch raus, nicht wahr? Wahrscheinlich wissen Sie es eh schon. Also ja, ich habe mit ihr geredet. Ich … habe sie einmal gesehen, als sie am frühen Abend zum Kurs gegangen ist, und … sie hat mir gefallen. Ich wollte sie kennenlernen, sonst nichts. Verstehen Sie?«

Die Hauptkommissarin nickt.

Pasig hat inzwischen beide Gläser poliert, legt die Brille nun auf ein Tischchen neben seinem Sessel und steckt das Tuch wieder ein. »Ich habe sie angesprochen. Sie war freundlich, meinte aber nur, sie sei schon spät dran und habe keine Zeit, sich zu unterhalten. Also wartete ich.«

»Bis der Kurs vorbei war?«

»Ja. Aber als die anderen Frauen aus dem Atelier kamen, war Frau Vogel nicht dabei. Ich habe mich bei Friederike nach ihr erkundigt, aber sie ... hat sich nur über mich lustig gemacht. ›Sandra ist schon weg‹, hat sie gesagt. ›Sie hat vor zehn Minuten den Hinterausgang genommen.‹ Ich wusste nicht, was ich davon halten sollte. Ich war ja keineswegs unhöflich zu ihr gewesen, verstehen Sie? Nun ja. In der darauffolgenden Woche habe ich dann noch einmal mit ihr sprechen können. Aber sie war ... sehr deutlich zu mir. Ich nehme an, Friederike hatte ihr zu diesem Zeitpunkt längst lauter Schauermärchen über mich erzählt.«

»Haben Sie schon öfter versucht, mit Kursteilnehmerinnen Ihrer Schwägerin in Kontakt zu kommen?«

»Was heißt ›öfter‹?« Für einen Moment starrt er schweigend auf seine Hände, dann fährt er fort: »Ja, schon. Hin und wieder. Seit mich meine Frau vor einigen Jahren verlassen hat, lebe ich allein. Ich arbeite viel. Die Gelegenheiten, jemanden kennenzulernen, nehmen mit den Jahren eher ab, wenn Sie wissen, was ich meine ... Aber ich war niemals aufdringlich, wenn ich eine dieser Damen angesprochen habe!« Plötzlich richtet sich Udo Pasig in seinem Sessel kerzengerade auf. »Überhaupt: Sollen diese Fragen bedeuten, dass Sie glauben, ich hätte etwas mit dem Tod von Frau Vogel zu tun?«

»Wir ermitteln in einem Tötungsdelikt, da überprüfen wir routinemäßig alle Kontakte des Opfers in den Tagen und Wochen vor der Tat. Aus diesem Grund würde ich auch gern von Ihnen wissen, wie Sie den vergangenen Montagabend verbracht haben.«

»Montagabend? Also vorgestern?«

»Ja, vorgestern.«

»Ich ... Also ...« Er windet sich. »Brauche ich etwa ein Alibi?«, fragt er schließlich. Und stellt, als Tamara Stahl daraufhin nur ungeduldig die Augenbrauen hochzieht, kopfschüttelnd fest: »Wissen Sie, ich sehe mir im Fernsehen sehr viele Krimis an. Aber niemals hätte ich es für möglich gehalten, dass ich selbst einmal von der Polizei nach meinem Alibi gefragt würde.«

Dann gibt sich Udo Pasig einen Ruck und erzählt von seinem Treffen mit »Bienchen78«, einer neuen Bekanntschaft, die er über das Internetportal »Elite-Single« kennengelernt habe. Sie hätten sich in einer Bar in Rosenheim verabredet, seien dann zum Italiener gegangen, wo sie ausgiebig diniert hätten. Anschließend habe er die Dame noch bis zu ihrer Wohnung begleitet.

»Wie es sich gehört«, betont Udo Pasig. »Ich bin ein Mann, der die alten Gentleman-Tugenden noch nicht über Bord geworfen hat.«

»Sind Sie in der Nacht bei ihr geblieben?«, fragt Tamara, während sie sich Notizen macht.

»Wie meinen Sie?« Pasig blinzelt irritiert. »Ach so. Nein. Ich habe Ihnen doch gerade zu erklären versucht, dass ich mich als Gentleman der alten Schule –«

»Wann sind Sie nach Hause gekommen?«

»Nun, ich bin zuerst noch ein wenig allein in Rosenheim spazieren gegangen, weil ich etwas aufgewühlt war. Es war ja unser erstes Treffen, verstehen Sie? Und ich war glücklich. Es ist, wenn ich das so sagen darf, ganz gut gelaufen. Somit wurde es dann doch ziemlich spät. Ich war auf jeden Fall erst weit nach Mitternacht zu Hause.«

Tamara runzelt die Stirn. »Gibt es vielleicht irgendwelche Zeugen für Ihren Spaziergang oder für Ihre Rückkehr nach Falkenberg?«

»Nein, tut mir leid. Jedenfalls nicht, dass ich wüsste. Oder – Moment! Ja: In der Nacht war ein Streifenwagen der Polizei an der Hauptstraße gleich hier um die Ecke postiert. Wahrscheinlich wegen des Schützenfestes in Rohrdorf. Die haben mich kontrolliert, als ich zurückgefahren bin.« Udo Pasig lächelt triumphierend.

Die Hauptkommissarin fragt noch, ob ihm in der betreffenden Nacht nach seiner Heimkehr etwas aufgefallen sei, ob er vielleicht Geräusche vom Nachbargrundstück gehört oder etwas Seltsames gesehen habe. Pasig verneint und meint, er sei sofort schlafen gegangen. Tamara notiert sich den echten Namen sowie die Adresse von »Bienchen78«, dann dankt sie ihrem Gegenüber für das Gespräch und bittet ihn, sich in den nächsten Tagen zu ihrer Verfügung zu halten, falls sich noch weitere Fragen ergäben.

Als sie kurz darauf das Haus verlässt und zu ihrem Dienstwagen geht, fällt ihr ein am Straßenrand geparkter grauer Porsche Cayenne ins Auge. Ist das nicht der Wagen, der gestern in halsbrecherischem Tempo die Burgstraße hinuntergerast ist und dabei beinahe mit ihr zusammengekracht wäre?

Die Beifahrertür des Autos öffnet sich, und Tamara erkennt die Person, die im nächsten Moment aussteigt, sofort: Es ist Luna, die sechzehnjährige Tochter von Friederike und Jakob Ziegelmeier. Das Mädchen schließt die Wagentür, dreht sich um und beugt sich noch einmal durch das geöffnete Fenster – offenbar, um sich mit einem Kuss vom Fahrer des Porsches zu verabschieden. Der tritt kurz darauf aufs Gaspedal und fährt in Richtung Schloss davon, während Luna ihm noch ein paar Sekunden lang nachblickt, bevor sie in der Hofeinfahrt verschwindet, in der auch Tamaras Dienstwagen steht.

Die Hauptkommissarin wartet eine Minute, bis sie weitergeht. Luna soll nicht wissen, dass sie sie zufällig beobachtet hat.

Während sie die Burgstraße hinauffährt, denkt Tamara über ihr Gespräch mit Udo Pasig nach. Er hat auf sie einen durchaus korrekten Eindruck gemacht, auch wenn er ziemlich verzweifelt auf der Suche nach einer Frau zu sein scheint. Sie wirft einen Blick auf ihre Armbanduhr. Schmitterer ist wahrscheinlich schon nicht mehr im Büro, also muss die Überprüfung des Alibis von Pasig bis morgen warten.

Vielleicht ist die eigentlich wichtige Erkenntnis der vergangenen Stunde auch die, dass sich Luna Ziegelmeier regelmäßig mit einem Jungen aus dem Internat trifft. Dieser Angelegenheit wird Tamara jedenfalls noch nachgehen müssen.

Aber zuerst steht das Treffen mit Lorenz an, das ihr gerade ein ziemlich flaues Gefühl in der Magengegend bereitet. Oder liegt es daran, dass sie seit heute Morgen nichts mehr gegessen hat? Nachdem sie vorhin so überstürzt vom Tegernsee aufgebrochen ist, hat sie nicht mehr daran gedacht. Hoffentlich gibt es irgendwo im Schloss einen Imbiss.

Auf dem Parkplatz vor dem Internat steht unter anderem der graue Porsche Cayenne, dessen Fahrer wohl schon im Inneren des Gebäudes verschwunden ist. Tamara stellt ihren Dienstwagen ab und greift nach dem Handy. Lorenz meldet sich sofort und bietet an, sie am Haupteingang abzuholen. Wenige Minuten später begrüßen sich die beiden leicht verlegen.

»Sag mal, bekommt man hier irgendwo etwas zu essen?« Tamara nutzt die Gelegenheit, mit einem unverfänglichen Thema zu beginnen. »Ich bin seit heute Morgen unterwegs, und jetzt hängt mir mein Magen sonst wo.«

»Na ja …« Lorenz sieht auf seine Armbanduhr. »Im großen Saal müsste sowieso gleich das Büfett hergerichtet werden. Ich würde sagen, wir gehen jetzt erst mal rüber zu mir in den Literatenturm, und dann hole ich uns was von dort, okay?«

Die Schüler, die Lorenz und Tamara im Treppenhaus und

in den Korridoren begegnen, nehmen kaum Notiz von den beiden.

»Du hast also etwas entdeckt?«, fragt sie, nachdem beide eine Weile nebeneinanderher gegangen sind und die anhaltende Stille zwischen ihnen langsam unangenehm zu werden beginnt. Sie weiß, dass sie etwas zu Lorenz' Kurznachrichten sagen sollte, kann sich aber nicht dazu durchringen. Noch nicht. Außerdem hat er sie ja ganz ausdrücklich wegen ihres aktuellen Falls herbestellt, nicht wahr?

»Ja, das habe ich«, murmelt Lorenz. Er wirft einen Blick über seine Schulter, eine Gruppe von Schülerinnen aus der achten oder neunten Klasse folgt ihnen. Außerdem bewegen sie sich gerade direkt auf den Hausmeister zu, der dabei ist, einen etwas in die Jahre gekommenen Verteilerkasten neu zu lackieren.

»Architektonisch und historisch hochinteressant!«, stellt Lorenz plötzlich lautstark fest, wobei er seiner Begleiterin eindringlich in die Augen sieht. »Das kann ich nicht auf dem Flur erläutern, am besten demonstriere ich es Ihnen anhand meiner Aufzeichnungen.«

Tamara hat verstanden. Offenbar möchte er hier nicht über seinen mysteriösen Fund reden – so wie sie eigentlich nicht über seine Nachrichten und darüber, was sie in ihr ausgelöst haben. Alles in allem sieht das nach einem ziemlich komplizierten Abend aus.

Doch als sie kurz darauf Lorenz' Zimmer im Literatenturm betreten, beginnt er sofort, von seiner gestrigen Entdeckung in der Bibliothek zu berichten. Tamara setzt sich an seinen Arbeitsplatz und lauscht mit einigem Amüsement der Schilderung des Sturzes, bei dem Lorenz zufällig den die Geheimtür öffnenden Mechanismus ausgelöst hat. Während er von den bangen Momenten erzählt, in denen er sich in totaler Finsternis eingeschlossen fand, hört sie gespannt zu und kann sich hin und wieder ein Kichern nicht verkneifen. Als

Lorenz jedoch auf den kleinen Gegenstand aus Kunststoff zu sprechen kommt, den er direkt hinter der Geheimtür vom Boden aufgelesen hat, und daraufhin den roten Knopf aus seiner Hosentasche zieht, wird Tamara plötzlich sehr ernst. Sie nimmt den Knopf an sich und betrachtet ihn im Licht der Leselampe auf Lorenz' Schreibtisch.

»Das … könnte tatsächlich ein wichtiger Fund sein«, murmelt sie. Stand im Bericht der Kriminaltechnik nicht etwas von kleineren Schäden an der Kleidung des Opfers?

Lorenz räuspert sich. »Sandra Vogel hat beim Abendessen am Montag eine rote Bluse getragen. Hatte sie die auch noch an, als …?« Er hält inne und sieht Tamara fragend an.

»Ja«, antwortet sie, greift nach ihrer Umhängetasche und zieht ein Tütchen für Beweisstücke heraus, in dem sie den Knopf sorgfältig verstaut. »Ich werde das Ding untersuchen lassen. Sollte dieser Knopf von der Kleidung des Opfers stammen, dann … Sag mal, kann ich mir diese Geheimtür und den dahinter verborgenen Gang mal ansehen? Am besten so, dass niemand im Schloss etwas davon mitbekommt.«

Lorenz lächelt. »Genau das wollte ich dir vorschlagen. Ich denke, solange wir nicht wissen, ob und wie das Ganze mit dem Mord zusammenhängt, müssen wir hier keine schlafenden Hunde wecken.« Er kratzt sich nachdenklich am Kinn. »Soweit ich das bisher beurteilen kann, ist in der Bibliothek nie viel los. In diesem Internat wird nämlich ohne Bücher gelernt, musst du wissen. Trotzdem sollten wir – um ganz sicherzugehen – noch ein bisschen warten, bevor ich dir das zeige. Was hältst du davon, wenn ich uns jetzt erst einmal etwas zu essen besorge?«

Wenig später ist er unterwegs zum großen Saal, und Tamara wartet allein in seinem Zimmer. Sie starrt an die Wand und denkt über Lorenz nach. Die Nachrichten, die er ihr heute geschickt hat, waren liebevoll, aufrichtig und sensibel. Sie sprühten vor Freude über die schönen Stunden, die Tamara und er gemeinsam verbracht hatten, aber sie zeigten auch seine Unsicherheit und seine Scham – vor allem seinen unglücklichen Abgang an jenem verhängnisvollen Nachmittag im Englischen Garten betreffend. All das berührt Tamara. Die Gefühle, die sie während der qualvoll langen Zeit, in der sie nichts von ihm gehört hat, nur mit viel Mühe zu verdrängen imstande war, kehren seit wenigen Stunden mit voller Kraft zurück.

Aber warum hat er ihr erst jetzt geschrieben? Und dann gleich so oft? Das ist doch seltsam, oder nicht? Außerdem hätte er ihr das mit der Allergie doch gleich mitteilen können. Oder ist das nur eine Ausrede? Und warum hat er vorhin am Telefon gesagt, dass er ihr die Nachrichten eigentlich gar nicht schicken wollte?

Tamara seufzt, stützt ihre Ellenbogen auf den Schreibtisch und legt das Gesicht in die Hände. Wieder einmal drehen sich ihre Gedanken im Kreis. Wahrscheinlich ist das ihr Hauptproblem: Sie denkt zu viel. Aber kann man damit einfach so aufhören?

»Tamara?« Lorenz' Stimme dringt gedämpft von draußen ins Zimmer. »Kannst du bitte die Tür öffnen?«

Sie steht auf und lässt ihn herein. Er trägt ein Tablett mit zwei Tellern und ein paar kleinen Schüsseln und hat sich eine Wasserflasche unter seinen rechten Arm geklemmt. Mit schnellen Bewegungen verteilt er alles auf dem Tisch und nimmt dann noch zwei Gläser und eine Kerze von einem Regalbrett.

»Heute ist Sushi-Abend«, erklärt er währenddessen. »Ausgerechnet. Ich habe dir von allem was auf den Teller getan. Ich hoffe, du magst es. Für mich gibt's nur die vegetarischen Maki, damit ich nicht wieder ausfalle. Ich habe auch Besteck und Stäbchen mitgebracht, du hast also die Wahl. Obwohl ich mal gelesen habe, dass die Japaner Sushi eigentlich mit den Händen essen. Ist das nicht verrückt? Anscheinend denken nur die Europäer und Amerikaner, sie müssten sich mit Stäbchen abmühen, wenn sie alles richtig machen wollen.«

Tamara nickt lächelnd und betrachtet die vielen appetitlich angerichteten Häppchen vor sich. Schloss Falkenberg ist wirklich ein spezieller Ort. Bisher hat sie jedenfalls noch nie von einer Schule gehört, in der regelmäßig Sushi auf dem Speiseplan steht.

Als Lorenz die Kerze angezündet hat und sich ihr gegenübersetzt, betrachtet sie ihn für einige Augenblicke gedankenverloren. Dann sagt sie: »Danke, dass du dir wegen mir solche Umstände machst.«

»Umstände?« Lorenz verzichtet auf die Stäbchen und nimmt sich ein Avocado-Maki. »Tamara, das sind für mich keine Umstände. Ich bin froh, dass du da bist, und könnte mir kaum etwas Angenehmeres vorstellen als ein Abendessen bei Kerzenlicht nur mit dir. Aber jetzt greif zu. Du musst ja kurz vor dem Verhungern sein.«

Das lässt sich Tamara nicht zweimal sagen. Die japanischen Delikatessen, die Lorenz mitgebracht hat, entpuppen sich als wahre Köstlichkeiten. Wer auch immer für das Sushi hier im Internat verantwortlich ist, weiß, was er tut.

Doch so gern sie auch würde, sie kann sich nicht ausschließlich auf das Essen konzentrieren. Es ist jetzt endgültig an der Zeit, über die Sache zu sprechen, die seit ihrer Ankunft in der Luft liegt.

»Die Nachrichten, die ich heute von dir bekommen habe …« Tamara zögert, und Lorenz ist bereits im Begriff, etwas zu erwidern, doch sie kommt ihm zuvor. »Ich bin sehr froh, dass du mir das alles geschrieben hast. Diese Allergie erklärt natürlich einiges. Ich … Ich war wirklich der Meinung, *ich* hätte irgendetwas falsch gemacht, weißt du? Aber ein paar Dinge würde ich trotzdem gern noch von dir wissen. Warum hast du dich erst jetzt gemeldet? Und hättest du das auch getan, wenn wir uns nicht gestern zufällig hier über den Weg gelaufen wären? Außerdem: Was hast du vorhin damit gemeint, als du sagtest, dass du mir die SMS gar nicht schicken wolltest?«

Lorenz seufzt. »Das Problem ist: Ich bin ein Noob.«

»Ein was?« Tamara runzelt die Stirn. Ist Lorenz vielleicht tatsächlich übergeschnappt? Das würde natürlich ebenfalls einiges erklären … Nein, nicht nur einiges, sondern diese ganze verfahrene Situation.

»Ein Noob«, wiederholt der Historiker. »So nennt man heutzutage einen Anfänger. Ich kannte den Begriff auch nicht, bis Charlotte mich aufgeklärt hat. Das ist ein Mädchen, das hier in die siebte Klasse geht.«

Obwohl sie keine Ahnung hat, worauf er hinauswill, nickt Tamara andeutungsweise, während sie eine Lachsrolle in das Schüsselchen mit der Sojasoße und dem Wasabi taucht. Was hat nun plötzlich ein Mädchen aus der siebten Klasse mit dieser Angelegenheit zu tun? Lorenz' Worte ergeben für sie keinen Sinn, doch sie kennt ihn inzwischen gut genug, um ihm noch etwas länger zuzuhören.

»Charlotte hat recht. Ich bin tatsächlich ein hoffnungsloser Noob. Ein blutiger Anfänger – um nicht zu sagen: ein hilfloser Trottel –, was diese verfluchten neumodischen Handys betrifft. Tamara, ich habe all diese Nachrichten natürlich gleich in den ersten Tagen nach unserem Treffen im Englischen Garten geschrieben. Ich wollte sichergehen, dass du weißt, dass meine Flucht keinesfalls irgendetwas mit dir zu tun hatte, und ich wollte, dass … dass du weißt, was ich für dich empfinde. Als ich dann keine Antwort bekam, war mir klar: Ich hatte es versaut. Du wolltest keinen Kontakt mehr zu mir. Besonders überraschend kam das für mich eigentlich nicht. Ich hatte schon vorher nie wirklich geglaubt, dass eine so großartige, hübsche, intelligente und starke Frau wie du mit jemandem wie mir … Das erschien mir – so glücklich ich auch war – die ganze Zeit schon irgendwie unwirklich, verstehst du? Und dann, nach meinem peinlichen Abgang an jenem Nachmittag, habe ich mir gedacht: Okay, jetzt hat sie's kapiert. Ihr wurden die Augen geöffnet, und sie hat gesehen, wer ich wirklich bin.

Nämlich nicht nur ein Träumer, der in der Vergangenheit lebt, sondern auch ein Tollpatsch, der kein Fettnäpfchen auslässt. Kurz: Jemand, der ihr nicht mal ansatzweise das Wasser reichen kann und mit dem sie nur ihre Zeit verschwendet hat.«

Tamara hat vor einer halben Minute einen Schluck getrunken und hält das Glas noch immer in der Hand. Die drei verbliebenen Sashimi auf ihrem Teller hat sie längst vergessen.

»Als wir uns gestern zufällig getroffen haben, wolltest du über dieses Thema nicht sprechen«, fährt Lorenz fort, »was mich in meinem Glauben natürlich noch bestärkt hat. Ich wollte dir gegenüber keinesfalls aufdringlich sein, auch wenn es mir ehrlich gesagt schwergefallen ist.« Er räuspert sich. »Vorhin habe ich dann Charlotte gebeten, mir mit dem Abhören der Mailbox meines Handys zu helfen. Und dabei hat sie bemerkt, dass ich meine Kurznachrichten mit dem neuen Smartphone nie versendet, sondern immer nur abgespeichert hatte. Ich hatte dir sieben SMS geschrieben, aber sie nie verschickt! Als ich das verstanden habe, wurde ich ziemlich nervös, wie du dir vielleicht denken kannst. In meiner Aufregung habe ich dann irgendwo hingedrückt und … so ist es passiert. In diesem Moment wollte ich dir die Nachrichten tatsächlich nicht schicken. Andererseits hatte ich sie für dich geschrieben und nicht, damit sie ungelesen im Speicher dieses Teufelswerkzeugs verstauben. Für mich ist jetzt also alles in Ordnung. Und … für dich?«

Alles in Ordnung? Tamara stellt ihr Wasserglas ab und überlegt, ob es in ihrem bisherigen Leben überhaupt jemals einen Moment gegeben hat, in dem wirklich alles in Ordnung war. Wenn, dann muss er ziemlich lange her sein. Vielleicht, als sie noch nicht Hauptkommissarin war und beinahe jeden Tag mit den finstersten Abgründen der menschlichen Existenz konfrontiert wurde? Oder als sie noch keinen Vorgesetzten hatte – erst recht keinen, der sie auf Seminare schleppte, bei denen sie mit ihrer »Gemütsfarbe« konfrontiert wurde? Nein, wahrscheinlich müsste sie viel weiter zurückgehen, bis in ihre Kindheit, als sie selbst und ihre Welt noch sehr klein und Gefühle sehr einfach waren: Liebe, Wut, Freude, Trauer, Glück, Angst. Wann ist das alles durcheinandergekommen? Wann hat die Liebe angefangen, ihr Angst zu machen?

»Für mich«, antwortet sie leise, »ist alles kompliziert.«

5

Während die Dämmerung langsam in die Nacht übergeht und ein angenehm kühler, die Hitze des Tages vertreibender Lufthauch von den Bergen herabströmt, sitzt Roland Fichtner in Rosenheim auf dem Balkon seiner Zwei-Zimmer-Wohnung und raucht die vorletzte Zigarette seines Lebens. Morgen früh, gleich nach dem Aufstehen, wird er sich noch eine anstecken – aber das war's dann. Endgültig.

Siebzehn Kilometer innaufwärts schließt Udo Pasig die Tür seines viel zu großen, viel zu stillen Hauses hinter sich, um vor dem Schlafen noch eine Runde spazieren zu gehen. Er hofft, dass ihn das ablenken wird. Denn seit diese Hauptkommissarin aus Rosenheim bei ihm war, drehen sich seine Gedanken immer wieder um ihre bohrenden Fragen und die Antworten, die er darauf gegeben hat. Wenn das so weitergeht, wird er heute Nacht kein Auge zumachen. Aber morgen früh steht im Büro die monatliche Telefonkonferenz mit der Zentrale in Frankfurt an – und dabei sollte er ausgeruht sein.

Nur einen Steinwurf entfernt, in der Küche der alten Bauernwohnung, hat Jakob Ziegelmeier senior der Schlaf längst übermannt. Sein rechtes Bein liegt, wie auch während der meisten Stunden des Tages, ausgestreckt auf dem Holzschemel, seine Hände ruhen reglos auf den abgewetzten, speckigen Armlehnen des dunkelgrünen Polstersessels. Doch der

Kopf des alten Mannes ist auf seine linke Schulter gesunken, und sein Atem rasselt und röchelt unruhig, als wollte er von Traumwelten berichten, in denen anstelle der lichtdurchfluteten Wohnlandschaft seiner Schwiegertochter fünfundzwanzig Milchkühe dicht an dicht im stickigen Halbdunkel ihres Stalls ausharren, während Jakob Ziegelmeier senior sich mit dem Schwung eines Mannes in den besten Jahren in die Fahrerkabine seines nagelneuen Fendt 106 SA – Baujahr 1975 – hievt, den Zündschlüssel dreht, aufs Gaspedal tritt und das Knattern und Vibrieren des Fünfundsechzig-PS-Motors bis in seine Eingeweide spürt. Er steuert den Traktor vorsichtig aus dem Geräteschuppen auf den Innenhof, dann auf die Straße und vorbei am Fischweiher, von dem noch niemand ahnt, dass er in einer fernen Zukunft dem Fundament des Hauses weichen muss, das sich seine sechsjährige Tochter gemeinsam mit ihrem Mann Udo bauen wird. Beinahe jede Nacht fährt Jakob Ziegelmeier senior unter der strahlenden Junisonne hinab zu den Wiesen im Achental, wo vor einem mit Heuballen beladenen Anhänger seine Frau auf ihn wartet. Schweiß glänzt auf ihrer Stirn und ihren kräftigen Unterarmen, das dunkelblonde Haar hat sie unter einem roten Kopftuch verborgen. An ihrer Hand der vierjährige Junge, der zukünftige Ziegelmeier-Bauer, der ebenfalls den Namen Jakob trägt. Doch seine Frau ist längst gestorben, aus dem Jungen ist ein Mann geworden, die Spuren dieser lange zurückliegenden Tage haben die Jahrzehnte verwischt. Nur im Traum kehrt die Vergangenheit regelmäßig zu Jakob Ziegelmeier senior zurück. Endgültig wird sie erst ausgelöscht sein, wenn der alte Bauer gestorben ist und seine Erinnerung mit ihm.

Oben im Schloss sitzt Dr. Julius Brenner noch an seinem Schreibtisch, obwohl er sich um diese Uhrzeit – sofern er keine Schulveranstaltungen zu besuchen oder andere späte Termine wahrzunehmen hat – normalerweise in seine komfortable, direkt über dem Büro gelegene Wohnung zurückzuziehen pflegt. Heute dehnt er den Arbeitstag aus freien Stücken so lange wie möglich aus. Er weiß, dass er ohne Ablenkung Gefahr laufen würde, den letzten Rest seiner inneren Stabilität einzubüßen. Er darf sich nicht immer wieder fragen, warum das alles passieren musste. Er sollte auch nicht andauernd darüber nachdenken, ob die Kollegen in den vergangenen Wochen misstrauisch geworden sind und ob vielleicht gerade jemand von ihnen auf den Gedanken kommt, mit der Polizei zu sprechen. Nein, Brenner muss jetzt bei klarem Verstand bleiben. Und das funktioniert am besten, wenn er sich auf seine Arbeit konzentriert.

Momentan geht er noch einmal den Fall Maximilian Tauber durch, den er morgen mit Ludmilla von Sternberg besprechen muss. Der Drogentest, dem sich der Junge freiwillig unterzogen hat, hat einwandfrei bewiesen, dass er keine Amphetamine konsumiert hat. Was einerseits seine Geschichte vom Zufallsfund stützt, andererseits jedoch bedeuten könnte, dass Maximilian die Tabletten zwar nicht selbst nimmt, sie aber unter seinen Mitschülern vertreibt, was noch viel verwerflicher wäre. Deshalb stellt die Schulordnung ja auch ausdrücklich den *Besitz* von Drogen unter Strafe. Doch dies ist kein Fall für Wortklauberei, das hat Brenner inzwischen verstanden. Er wird sich für den Verbleib des Jungen an der Schule aussprechen und weiß die Vorsitzende des Kuratoriums bei dieser Entscheidung auf seiner Seite. Die Spendenbereitschaft der Taubers und die Kosten, die mit der kaum noch länger aufzuschiebenden Dachsanierung des Westflügels einhergehen werden, werden es allen Beteiligten leichter machen, im Zweifel für den Angeklagten zu entscheiden.

Ein Stockwerk tiefer hat sich Lorenz inzwischen gemeinsam mit Tamara auf den Weg zur Bibliothek gemacht. Die beiden gehen leise, zügig und ohne überflüssige Worte zu wechseln durch die Flure des Hauptgebäudes, in dem bereits Nachtruhe herrscht. Plötzlich bleibt Lorenz stehen und fasst Tamara am Unterarm.

»Mist!«, zischt er. »Wir brauchen eine Taschenlampe. Gestern konnte ich in dem geheimen Gang kaum etwas sehen. Das habe ich total vergessen.« Er überlegt ein paar Sekunden lang, dann flüstert er: »Am besten kehre ich um und hole die Kerze aus meinem Zimmer.«

»Ist das dein Ernst?« Im blassen Licht einer Straßenlaterne, das vom Parkplatz vor dem Schloss durch ein Fenster in den Korridor fällt, kann Lorenz Tamaras verblüfften Gesichtsausdruck erkennen. »Du möchtest da mit einer *Kerze* reingehen?« Jetzt lächelt sie. »So spannend das auch klingt – es wird nicht nötig sein. Schließlich habe ich mein Teufelswerkzeug dabei.«

Mit diesen Worten zieht sie ihr Smartphone aus der Umhängetasche, das kurz darauf einen grellen Lichtkegel auf den Boden vor ihren Füßen wirft.

»Mit integrierter Taschenlampe. Praktisch, nicht wahr?«

Lorenz antwortet nicht.

Wenige Minuten später befinden sich die beiden in der Bibliothek, deren Eingangstür nachts offenbar nie abgesperrt ist. Im letzten Raum angekommen, schaltet Lorenz wieder eine Leselampe an einem der Pulte ein, sucht die Figur, an der er sich gestern bei seinem Sturz festhalten wollte, und betätigt den versteckten Mechanismus. Das inzwischen vertraute Klicken verrät ihm, dass die Geheimtür nun offen sein sollte. Er führt Tamara zum entsprechenden Regal – und tatsächlich: Es lässt sich wieder bewegen.

Tamara schaltet die Taschenlampe ihres Handys ein und lässt den Lichtkegel die Wände des geheimen Korridors abtasten.

Lorenz blickt ihr neugierig über die Schulter. Zuerst sieht es so aus, als würde der Gang nach drei Metern abrupt als Sackgasse enden, doch dann erkennt er die Abbiegung im rechten Winkel nach links, die er gestern bereits erfühlt hat.

»In Ordnung«, flüstert Tamara. »Ich sehe mir das genauer an. Du bleibst hier und passt auf, dass niemand kommt.«

»Aber –«, setzt Lorenz zum Protest an.

»Alles andere wäre zu gefährlich«, schneidet ihm Tamara das Wort ab. »Was, wenn jemand die Tür hinter uns schließt? Wenn man sie von außen verriegeln kann, säßen wir gemeinsam drinnen fest. Außerdem würde ich wirklich nur sehr ungern beim Herumschnüffeln ohne Durchsuchungsbeschluss überrascht werden. Deshalb bleibst du draußen, hältst Augen und Ohren offen und warnst mich im Notfall, okay?«

Da Widerspruch zwecklos scheint, fügt sich Lorenz in sein Schicksal, achtet darauf, dass die Geheimtür nicht zufällt, lauscht und wartet. In der Bibliothek regt sich nichts. Die einzigen Geräusche, die er hört, kommen aus dem verborgenen Korridor, in dem sich Tamara langsam vortastet. Anfangs kann Lorenz durch den schmalen Spalt zwischen Regal und Mauer noch deutlich sehen, wie der Lichtschein ihres Handys immer wieder aufflackert – dann, nachdem sie um die Ecke gebogen ist, erkennt er nur noch gelegentlich ein schwaches, diffuses Schimmern in der Dunkelheit.

Die Minuten vergehen, und Lorenz wird ungeduldig. Was tut Tamara so lange da drin? Sie muss auf etwas Interessantes gestoßen sein, sonst wäre sie doch schon längst zurück. Er wüsste nur zu gern, *was* dort so interessant ist.

»Tamara!«, ruft er schließlich mit gepresster Stimme in den Gang hinein.

Keine Antwort.

»Tamara!«, wiederholt er, diesmal etwas lauter.

Der Lichtkegel von Tamaras Lampe erscheint, dann hört er sie flüstern: »Lorenz? Was ist? Kommt jemand?«

»Nein, aber … Warte!«

Er hält es nicht mehr aus. Er schnappt sich den nächstbesten Stuhl, blockiert damit die Geheimtür, sodass sie nicht wieder hinter ihm zufallen kann – auch wenn er inzwischen weiß, wie man sie von innen öffnet, möchte er auf Nummer sicher gehen –, und schlüpft, Tamaras Protest ignorierend, ebenfalls in den finsteren Korridor.

»Hast du etwas gefunden?«

»Lorenz, du sollst doch –«

»Da kommt schon niemand, alles ist ruhig. Also, darf ich auch mal sehen?«

Tamara seufzt. »In Ordnung. Vielleicht kannst du mir sogar helfen. Komm mit.«

Lorenz folgt ihr um die Ecke und tiefer in den Gang hinein. Nach fünf Metern betreten sie durch eine offen stehende, dicke Holztür einen etwa vier Meter langen und drei Meter breiten, fensterlosen Raum. Auch hier sind die Wände unverputzt, in der rechten hinteren Ecke stapeln sich ein paar Mauersteine, als wären sie nach Umbauarbeiten zurückgelassen worden. In der Decke bemerkt Lorenz ein kleines Gitter, vermutlich die Abdeckung eines Lüftungsschachtes. Es gibt keine weitere Tür – diese Kammer bildet offenbar das Ende des Geheimgangs.

»Ich habe alles abgesucht, soweit das bei dem Licht möglich ist«, flüstert Tamara. »Da drüben ist vor nicht allzu langer Zeit Wachs auf den Boden getropft.«

Lorenz' Blick folgt dem Lichtkegel ihres Smartphones, der in der vorderen rechten Ecke über ein paar gelbe Flecken am Boden huscht.

»Und hier, auf der anderen Seite, rieselt offenbar Mörtel von der Decke herab. Siehst du die weiße Staubschicht?«

»Ja«, antwortet Lorenz. »Da sind Spuren drin. Als hätte jemand gefegt – aber nicht sehr gründlich.«

»Oder als wäre da jemand oder etwas durchgeschleift oder -gezogen worden.« Tamara leuchtet Lorenz ins Gesicht, der nachdenklich nickt. »Für alle Fälle habe ich eine Probe von dem Staub genommen, die die Kriminaltechnik morgen untersuchen kann«, fährt sie fort. »Aber jetzt zu dem, wobei du mir helfen sollst.«

Mit ein paar Schritten durchmisst sie den Raum und kniet sich dann vor eine etwa einen Meter hohe und einen halben Meter tiefe Nische in der hinteren linken Ecke, die Lorenz bisher nicht bemerkt hat.

»Als ich auch hier eine Probe nehmen wollte«, sagt sie, »ist mir aufgefallen, dass die Steine an der Rückwand der Nische nicht gemauert, sondern nur lose aufeinandergesetzt sind. Siehst du?«

Tatsächlich erkennt Lorenz die fingerbreiten Fugen an den Seiten und den mehrere Zentimeter hohen Spalt an der Oberkante.

»Ich glaube, man kann sie herausnehmen«, meint die Hauptkommissarin, »aber allein ist es mir nicht gelungen. Vielleicht schaffen wir es zu zweit.«

Sie lehnt ihr Handy an die gegenüberliegende Wand, damit sie zumindest ein wenig Licht haben. Dann greifen beide in die Fugen und versuchen gleichzeitig, den obersten Stein herauszuziehen – und siehe da: Er bewegt sich! Es dauert einen Moment, bis sie ihn besser zu fassen bekommen, aber dann geht es ganz leicht. Schließlich stellt Lorenz den Stein mit einem leisen Ächzen neben der Nische ab. Als sich der Historiker wieder aufrichtet, leuchtet Tamara bereits mit ihrem Handy in den Hohlraum, der sich hinter der gerade geöffneten Lücke befindet.

»Ganz schön viel Platz«, stellt sie fest. »Eigentlich ist die Nische mindestens dreimal so tief, aber jemand hat einen Teil davon verbarrikadiert. Ich frage mich, warum …« Kurz entschlossen greift sie mit der Hand hinein. »Ich fühle etwas. Einen Karton. Nein, mehrere Kartons. Einer ist offen.« Lorenz hört ein leises Rascheln und dann Tamaras Stimme. »Da ist etwas drin … Und ich glaube, ich weiß, was es ist.«

Sie zieht den Arm wieder heraus und leuchtet mit dem Handy auf ein kleines Tütchen in ihrer Hand. Lorenz erkennt darin mehrere orangefarbene Tabletten.

»Okay«, flüstert Tamara, nachdem sie den Fund in ihrer Umhängetasche hat verschwinden lassen. »Wir schließen das jetzt, und dann verschwinden wir von hier, bevor uns doch noch jemand bemerkt. Ich denke, fürs Erste habe ich genug gesehen.«

Lorenz hievt den eben erst abgestellten Mauerstein wieder hoch, und gemeinsam schieben sie ihn zurück in die Öffnung in der Rückwand der Nische, bis diese wieder so aussieht wie vorher. Dann wird es plötzlich stockdunkel um sie herum.

»Verdammt!«, zischt Tamara. »Der Akku!«

Lorenz hört, wie sie verzweifelt sämtliche Knöpfe an ihrem Smartphone drückt und irgendwann sogar beginnt, darauf herumzuklopfen. Doch das Gerät reagiert nicht, die Finsternis in der Kammer bleibt undurchdringlich.

»Tja«, murmelt Lorenz, »wenn wir jetzt eine Kerze hätten –«

»Stopp!«, unterbricht ihn Tamara. Sie klingt nervös. »Davon will ich jetzt nichts hören, verstanden?«

»Verstanden. Keine Sorge. Als ich gestern hier drin gefangen war, war es genauso dunkel. Langsam gewöhne ich mich daran.« Vorsichtig streckt er einen Arm in Tamaras Richtung aus, bis seine Fingerspitzen ihre Schulter berühren. Im ersten Augenblick zuckt sie erschrocken zusammen, entspannt sich dann aber gleich wieder. Er greift nach ihrer Hand.

»Und jetzt tasten wir uns einfach langsam vor«, sagt er. »Ich habe ja einen Stuhl in die Geheimtür geklemmt, wir brauchen also nicht mal nach dem Hebel für den Mechanismus zu suchen. Wenn wir um die Ecke gebogen sind, sehen wir wahrscheinlich schon etwas Licht aus der Bibliothek. Alles klar?«

»Alles klar«, antwortet Tamara, und ihre Finger schließen sich fester um seine. »Nichts wie raus hier.«

6

Als Roland Fichtner am nächsten Morgen auf den Balkon seiner Wohnung tritt, um die letzte Zigarette seines Lebens zu rauchen, ist die Sonne noch nicht einmal ganz aufgegangen. Normalerweise bringt ihn nichts und niemand so früh aus dem Bett, doch heute geht es nun mal nicht anders. Um bei der nachmittäglichen Besprechung mit der Chefredakteurin wenigstens etwas vorweisen zu können, muss er noch ein paar Artikel und Meldungen für den Relaunch des »Inntalboten« schreiben, bevor er wieder nach Falkenberg fährt.

Er zündet sich die Zigarette an, steckt das Feuerzeug in die Tasche seiner Jeans, nimmt einen tiefen Zug und stützt sich dann mit den Unterarmen auf das Metallgeländer des Balkons. Ein paar Vögel zwitschern aufgeregt, bleiben aber unsichtbar. Vier Stockwerke unter ihm spaziert eine schwarz-weiß gefleckte Katze über den Asphalt. Ansonsten rührt sich zu dieser frühen Stunde in dem Rosenheimer Hinterhof nichts.

Am Himmel zeigt sich, wie seit vielen Tagen, keine einzige Wolke. Und doch glaubt Roland Fichtner, eine atmosphärische Veränderung zu spüren, eine eigenartige Spannung scheint in der Luft zu liegen. Ist für heute ein Gewitter angesagt? Nicht, dass er wüsste. Vielleicht ist es ja auch gar nichts Äußerliches, vielleicht geht es um ihn selbst? Könnte es nicht eine Art Gravitationskraft sein, die er erst jetzt wahrnimmt, da er sich seiner eigenen Mitte nähert?

Nach fünf Minuten ist von der Zigarette nur noch der Filter übrig. Er drückt den Stummel auf dem Geländer aus und steckt ihn dann in den überquellenden Aschenbecher, der auf dem Fenstersims neben der Balkontür steht. Aus der Küche hört er das Röcheln der Kaffeemaschine. Es ist Zeit, an die Arbeit zu gehen.

In diesem Augenblick ertönt in einem kleinen Apartment in einem erst vor wenigen Jahren gebauten Mehrparteienhaus mit Tiefgarage und Lift am nördlichen Stadtrand von Rosenheim das schrille Piepen eines Funkweckers. Eine Hand tastet über das Nachtkästchen, bekommt den Wecker schließlich zu fassen und schaltet ihn mit einer routinierten Bewegung ab.

In den ersten Sekunden, nachdem Tamara erwacht ist, überlegt sie, ob sie die ganze Geschichte mit der Geheimtür in der Bibliothek des Schlosses und der dahinter versteckten Kammer nur geträumt hat. Doch dann öffnet sie die Augen, und ihr Blick fällt auf die transparenten Plastikbeutel für Beweismittel, die sie gestern Nacht aus ihrer Umhängetasche geholt und auf der Schlafzimmerkommode ausgebreitet hat. Sie enthalten die Proben des Mörtels aus der Kammer, außerdem die Tabletten, die in der Nische versteckt waren – und einen kleinen Knopf aus rotem Kunststoff.

Tamara schreckt hoch, wirft einen Blick auf die Anzeige des Funkweckers, springt aus dem Bett und eilt ins Bad. Zehn Minuten später kehrt sie mit nassen Haaren und in ein Handtuch gehüllt ins Schlafzimmer zurück, nimmt wahllos ein paar Kleidungsstücke aus ihrem Schrank, zieht sich an und verstaut die Asservatenbeutel wieder in ihrer Umhängetasche. Sie will die Funde so schnell wie möglich in die Kriminaltechnik bringen und mit Dr. Preis abklären, ob Sandra Vogel mit dem Insulinpräparat getötet wurde, das Jakob Ziegelmeier senior bekommt. Und das Alibi von Udo Pasig muss auch noch überprüft werden …

Tamara seufzt. Für ein Frühstück bleibt ihr unter diesen Umständen mal wieder keine Zeit. Auch heute dürfte es also beim Automatenkaffee des Präsidiums bleiben.

Während die Hauptkommissarin ihren Wagen aus der Tiefgarage fährt, kreisen ihre Gedanken um die Schlussfolgerungen, die sich aus den Erkenntnissen des gestrigen Abends ergeben. Angenommen, die Gerichtsmedizin bestätigt, dass der Knopf von Sandra Vogels Bluse stammt und es sich bei den in der Kammer versteckten Tabletten um Amphetamine handelt – dann ergäbe sich plötzlich ein schlüssiges Bild von den möglichen Umständen des Mordes. Hat die Lehrerin das Drogenversteck entdeckt und musste deshalb sterben? Damit würde wieder der Schüler Maximilian Tauber ins Zentrum der Ermittlungen rücken. Schließlich ist er neben Sandra Vogel der Einzige, der mit Sicherheit mit den Amphetaminen in Kontakt war.

Auf jeden Fall dürften die bisher gesammelten Hinweise ausreichen, um die geheime Kammer auf dem Schloss ganz offiziell und sehr gründlich von der Spurensicherung untersuchen zu lassen. Es müsste doch mit dem Teufel zugehen, wenn darin nicht Fingerabdrücke oder Haare zu finden wären, die von demjenigen stammen, der dieses Drogen-Zwischenlager angelegt hat.

Allerdings wären die Suche nach dem Material und die dann notwendige Zuordnung zu einem möglichen Täter ziemlich zeitaufwendig. Wahrscheinlich müsste man allen, die irgendwie mit dem Internat zu tun haben, die Fingerabdrücke abnehmen oder sie sogar einem DNA-Test unterziehen. Gibt es denn keine einfachere Möglichkeit?

Immerhin weiß der oder die Gesuchte noch nicht, dass die Geheimtür nicht mehr geheim und das Versteck aufgeflogen ist. Könnte man das nicht ausnutzen? Mit Lorenz hat Tamara außerdem einen Verbindungsmann im Schloss, der von niemandem dort mit der Polizei in Zusammenhang gebracht wird und sich dementsprechend unauffällig bewegen kann.

Als die Hauptkommissarin wenige Minuten später auf den Mitarbeiterparkplatz des Polizeipräsidiums fährt, hat in ihrem Kopf bereits ein Plan Gestalt angenommen. Sie stellt den Motor ab, bleibt aber noch im Wagen sitzen und nimmt ihr Handy aus der Umhängetasche. Kurz darauf hört sie ein Freizeichen, dann Lorenz' noch ziemlich verschlafene Stimme.

»Guten Morgen, Tamara.«

Sie hält sich nicht lange mit Begrüßungsfloskeln auf. »Wir müssen uns treffen, und zwar bald. Geht's bei dir um zehn?«

»Ähm …« Lorenz räuspert sich, und obwohl sie ihn nicht sehen kann, weiß Tamara, dass er sich gerade mit den Fingern die Müdigkeit aus den Augen zu reiben versucht. »Ja, das dürfte gehen«, antwortet er schließlich. »Kommst du zum Schloss?«

»Nein. Es wäre keine gute Idee, wenn man uns da zu oft gemeinsam sieht. Kennst du das kleine Café unten am Marktplatz in Falkenberg?«

»Ja, ich … ich glaube schon.«

»Gut, dann treffen wir uns dort.«

»Okay. Aber worum –«

»Das sage ich dir nachher. Jetzt habe ich zu tun. Bis später.«

Tamara wischt über das Display und steckt ihr Handy zurück in die Tasche. Dann steigt sie aus dem Wagen und eilt in Richtung des Präsidiumsgebäudes.

Die Schultage beginnen auf Schloss Falkenberg normalerweise ziemlich turbulent: In den Gemeinschaftsbädern, die jeweils von den Bewohnern mehrerer Zimmer genutzt werden, drängen sich die Kinder und Jugendlichen vor den Duschkabinen und Waschbecken, während im großen Saal das Frühstückbüfett hergerichtet wird, über das sich die Schüler, Erzieher und Lehrer anschließend hermachen – einige mit großem Appetit, andere noch beinahe im Halbschlaf, manche mit dem Tablet auf dem Schoß, weil sie den Stoff für den in der ersten Stunde anstehenden Mathetest noch einmal durchgehen wollen.

Sobald jedoch um acht Uhr der Unterricht beginnt, breitet sich außerhalb der Klassenzimmer wieder eine eigentümliche Ruhe aus, die allerdings nicht darüber hinwegtäuschen sollte, dass nun beinahe jeder im Schloss bei der Arbeit ist. Der Hausmeister etwa nimmt um diese Zeit kleinere Reparaturen vor

oder mäht den Rasen, in der Küche wird derweil die nächste Mahlzeit vorbereitet, der Internatsleiter beantwortet in seinem Büro E-Mails, telefoniert oder diktiert Frau Weinhold wichtige Briefe. Auch die Erzieher, deren Schützlinge sich momentan in der Obhut der Lehrkräfte befinden, haben jede Menge zu tun – einige kümmern sich um Papierkram, andere bereiten außerschulische Aktivitäten vor, wieder andere sind froh, die Stunde für private Erledigungen nutzen zu können.

Um halb zehn klingelt es zur ersten Pause, und die Schüler strömen wieder aus den Klassenzimmern. Da die dritte Unterrichtsstunde des Tages schon in zehn Minuten beginnen wird, lohnt es sich nicht, in den Wohntrakt hinüberzugehen. So schnappen die meisten nur kurz auf der Terrasse frische Luft oder stehen in Grüppchen auf dem Flur beisammen. Doch heute haben sich zwei Jungen aus der elften Klasse in Richtung des Sportplatzes davongestohlen. Jetzt sitzen sie hinter dem Geräteschuppen, in dem die Fußballtore und die Hürden für den Hindernislauf aufbewahrt werden. Zigarettenkippen auf dem Boden zeugen davon, dass sich hier oft Schüler treffen, um heimlich zu rauchen.

»Ich weiß wirklich nicht, ob ich das noch länger aushalte.«

»Quatsch! Wir müssen einen kühlen Kopf bewahren, das ist alles. Ich versteh dich ja. Als mich gestern aus heiterem Himmel dieser Historiker angesprochen hat, war ich auch ganz schön verunsichert. Im ersten Augenblick war ich davon überzeugt, dass der was rausgekriegt hat! Ich war in Panik. Und dann wollte der Typ nur über den kaputten Scheinwerfer seiner Rostlaube reden. Meine Aufregung war total unbegründet.«

»Und was ist mit der Polizei? Die haben Spezialisten, die jede noch so kleine Spur finden und zuordnen können. Die Wohnung von Frau Vogel wurde durchsucht, es wäre doch völlig naiv zu glauben, dass –«

»Du darfst einfach nicht die Nerven verlieren, kapiert?«

»Das sagt sich so leicht. Die Hauptkommissarin aus Rosenheim war gestern bei meinen Eltern! Das heißt doch, dass die uns – oder zumindest mich – schon auf dem Schirm haben. Und selbst wenn uns die Polizei in Ruhe lässt, muss ich damit rechnen, dass ich wegen der Pillen von der Schule fliege. Das ist alles eine riesengroße Schei–«

»Psst! Da kommt jemand.«

Tatsächlich nähern sich Schritte auf dem Fußweg, der rund um das Schloss verläuft. Bald müsste er oder sie die Abzweigung zum Geräteschuppen erreicht haben. Die beiden Jungen halten den Atem an, während das Knirschen der Sohlen auf dem Kies mit jeder Sekunde ein wenig lauter wird. Schließlich hält die Person kurz inne, als würde sie darüber nachdenken, welchen Weg sie einschlagen soll. Als die Schritte wieder einsetzen, entfernen sie sich in Richtung des Vorplatzes. Die Jungen sehen sich erleichtert an, dann spähen sie vorsichtig um die Ecke.

»Ach, das war nur wieder der Historiker. Wird wirklich Zeit, dass der damit aufhört, hier rumzuschnüffeln. Der raubt einem ja den letzten Nerv.«

»Stimmt. Übrigens war gerade deutlich zu sehen, dass es mit deiner angeblichen Coolness nicht besonders weit her ist. Gib's zu – du hast genauso viel Schiss wie ich!«

»Ach, halt doch die Klappe. Und jetzt komm, wir müssen zurück. Die Pause ist um.«

Tamara Stahl schließt die Tür von Dominik Zellers Büro hinter sich und atmet tief durch. Der Morgen war bisher insgesamt ziemlich anstrengend, doch das Gespräch mit ihrem Chef hat dem Ganzen die Krone aufgesetzt. Erst beauftragt er sie damit, den Leichenfund in Falkenberg zu untersuchen – und nun ist er beleidigt, weil sie ihre Arbeit macht, ohne ihn unverzüglich über jede Kleinigkeit in Kenntnis zu setzen. Sicher, sie kann nachvollziehen, dass Zeller ihre Vorgehensweise bei der Untersuchung der geheimen Kammer kritisch sieht. Er hätte es begrüßt, wenn sie wie üblich die Spurensicherung dorthin geschickt und nicht auf eigene Faust irgendwelche Proben genommen hätte. Aber ist es von einem Vorgesetzten zu viel verlangt, seinen Untergebenen – vor allem solchen, die ihre Fähigkeiten bereits unter Beweis gestellt haben – einen gewissen Vertrauensvorschuss entgegenzubringen? Das wäre doch mal ein richtig gutes Thema für ein Seminar.

Tamara hat ihre Gründe, weshalb sie die Sache nicht an die große Glocke hängt. Aber Zeller wollte davon nichts hören. Erst die Ankündigung, dass es wahrscheinlich noch heute zu einer Festnahme kommen werde, hat ihn einigermaßen besänftigt. Jetzt hofft sie nur, dass ihr Plan auch aufgeht.

Das Erste, was sie dafür tun kann, ist, sich zu beeilen – ein flüchtiger Blick auf ihre Armbanduhr zeigt, dass sie bereits in zwanzig Minuten mit Lorenz verabredet ist.

Während der Fahrt nach Falkenberg ruft Heinrich Schmitterer an.

»Ich habe inzwischen mit ›Bienchen78‹ telefoniert«, erklärt er. »Im Grunde bestätigt die Dame die Angaben von Udo Pasig, auch wenn sie das Treffen nicht ganz so prickelnd fand wie er. Pasigs Profil bei ›Elite-Single‹ verspricht offenbar etwas mehr, als die persönliche Begegnung mit ihm halten konnte. Bienchen wusste jedenfalls gleich, dass dieser Typ nichts für sie ist, und hätte sich am liebsten schon bei der Vorspeise vom Acker gemacht. Aber so schnell wird man unseren Freund nicht los. Er wollte sie nach dem Essen unbedingt nach Hause fahren, sie vermutet, um sie mit seiner Nobelkarosse zu beeindrucken. Daraufhin meinte sie, sie würde gern zu Fuß gehen – in der Hoffnung, dass die traute Zweisamkeit damit beendet wäre. Doch Pasig, ganz Gentleman der alten Schule, bestand darauf, die Dame auch unter diesen Umständen bis vor die Haustür zu begleiten. Erst da konnte sie ihn dann endgültig abschütteln … Ach ja: Ich habe auch schon bei den Kollegen nachgefragt, die in der Nacht die Verkehrskontrolle in Falkenberg durchgeführt haben. Sie haben sich gleich an Pasigs Jaguar erinnert.«

»Also ist sein Alibi wasserdicht.«

»Sieht so aus.«

»Danke, dass du das so schnell erledigt hast.«

»Ich halte mich nur an die Regeln.«

»Welche Regeln?«

»Das zufriedene, in sich ruhende *grüne* Gemüt federt das gelegentlich aggressiv auftretende *rote* Dominanzstreben am besten durch stabile, offen praktizierte Kollegialität ab. Du siehst: Während du schon wieder eifrig im Dienst warst, haben wir in Seeon auch nicht nur Däumchen gedreht. Ich habe dir übrigens die Unterlagen von unserem Coach ins –«

Ein Druck auf den Knopf am Lenkrad, und das Gespräch ist beendet. Mit dem Hokuspokus vom Seminar kann Schmitterer Tamara gestohlen bleiben.

Sie parkt den Dienstwagen am Straßenrand und überquert den von der Kirche, dem imposanten Pfarrhaus und dem mit traditioneller Lüftlmalerei verzierten »Postwirt« gesäumten Marktplatz von Falkenberg, um dann das kleine Café zu betreten, in dem Lorenz bereits auf sie wartet. Tamara nutzt die Gelegenheit zum Frühstück. Während sie ihr Croissant verschlingt und dazu zwei Tassen Kaffee trinkt, begnügt sich Lorenz damit, hin und wieder an seinem Orangensaft zu nippen.

»Und, was gibt's Neues?«, fragt er.

»Heute Morgen habe ich von der Kriminaltechnik schon einiges erfahren«, antwortet Tamara mit vollem Mund. Obwohl die beiden momentan die einzigen Gäste im Café sind, bemüht sie sich, leise zu sprechen. Sie blättert durch ihr Notizbuch, das sie gleich nach ihrer Ankunft aus der Umhängetasche geholt und vor sich auf den Tisch gelegt hat.

»Erstens: Der Knopf, den du gefunden hast, stammt tatsächlich von Sandra Vogels Bluse. Zweitens: Von dem Mörtel, der in der Geheimkammer von der Decke rieselt, befinden sich Spuren auf ihrer Hose. Drittens: Bei den orangefarbenen Tabletten handelt es sich wie erwartet um Amphetamine.« Tamara nimmt einen Schluck Kaffee. »Damit ist klar, dass Sandra Vogel in dieser Kammer war. Ich nehme an, sie ist bei bester Gesundheit hineingegangen und wurde dann dort umgebracht. Anschließend hat man die Leiche herausgeholt, ins Dorf transportiert und vor der Galerie abgelegt.«

»Warum ausgerechnet dort?«

»Das ist eines der Rätsel, die noch zu lösen sind. Aber mit den in der Kammer versteckten Drogen haben wir immerhin ein mögliches Motiv für die Tat. Gehen wir mal davon aus, dass jemand die Geheimtür in der Bibliothek zufällig entdeckt hat und seitdem den dahinter liegenden Raum als Zwischenlager für illegale Drogen nutzt. Die Menge, die momentan dort deponiert ist, deutet darauf hin, dass der- oder diejenige ziemlich gut im Geschäft sein dürfte und vielleicht Teil eines größeren Netzwerks ist. Meine Kollegen haben mir berichtet, dass Aufputschmittel genau dieser Art seit einiger Zeit verstärkt in Clubs und Diskotheken in ganz Südbayern auftauchen. Das würde die These stützen.« Lorenz nickt und trinkt einen Schluck Orangensaft. Tamara fährt fort: »Dann aber erscheint Sandra Vogel und kommt den Drogenhändlern auf die Spur. Sie erwischt einen Schüler, der dabei ist, die Amphetamine zu verteilen, und schwärzt ihn beim Internatsleiter an. Aber vielleicht ist das nicht alles. Sie könnte noch weitere Hinweise gesammelt haben, eventuell weiß sie sogar von dem geheimen Versteck. Immerhin haben wir in einer Wasserflasche in ihrer Wohnung ebenfalls Spuren der Tabletten gefunden, deren Herkunft wir uns noch nicht erklären können. Sollte sie dem Dealerring wirklich auf eigene Faust nachspioniert haben, könnte das ihr Todesurteil gewesen sein.«

Lorenz nickt noch einmal. »Klingt plausibel. Aber wenn der Täter gewissermaßen ein Profi war – ist es dann nicht seltsam, dass er Insulin als Mordwaffe benutzt und die Leiche mitten im Dorf abgelegt hat? In meiner Vorstellung wollen solche Leute keinerlei Aufsehen erregen und ihre Gegner möglichst geräuschlos um die Ecke bringen.«

»Das stimmt. Vielleicht hatte der Täter das sogar vor, doch dann ist etwas Unvorhergesehenes passiert ...« Tamara seufzt. »Ich blicke da auch noch nicht durch. Aber eines weiß ich: Wenn wir denjenigen erwischen, der die Tabletten in der Kammer versteckt hat, haben wir mit großer Wahrscheinlichkeit auch den Mörder von Sandra Vogel. Und damit kommen wir zu dir.«

»Zu mir?« Lorenz, der gerade sein Glas zum Mund führt, hält abrupt inne und wird ein wenig blass um die Nase. »Was habe ich damit zu tun?«

Tamara lächelt, trinkt ihren Kaffee aus und erzählt ihm dann von ihrem Plan und der Rolle, die er darin übernehmen soll. Als sie fertig ist, starrt Lorenz schweigend auf das Körbchen mit den Zuckertüten, das die freundliche Bedienung vorhin zusammen mit dem Kaffee an den Tisch gebracht hat.

»Und, was sagst du dazu?«, fragt Tamara nach einer Minute.

»Nun ...« Lorenz' Kopf bewegt sich langsam hin und her wie ein im Hafen vertäutes Boot, das von der Bugwelle eines vorbeifahrenden Schiffes erfasst wird. »Das könnte klappen. Könnte. Muss aber nicht.«

»Ich denke, wir sollten es auf jeden Fall probieren. Und zwar bei nächster Gelegenheit. Nur eine Frage bereitet mir noch Kopfschmerzen: Unter den Erziehern, dem Lehrerkollegium und dem übrigen Personal im Schloss werden sich unsere Neuigkeiten wahrscheinlich von selbst verbreiten, auch wenn du nicht mit jedem Einzelnen sprichst. Aber wie erreichen wir möglichst viele Schüler? Du wirst ja kaum die Lautsprecheranlage nutzen können. Und trotzdem müssen wir sichergehen, dass –«

»Kein Problem.«

»Kein Problem?«

»Nicht, falls ich jemanden in deinen Plan einweihen darf.« Tamara möchte etwas erwidern, doch Lorenz lässt sie nicht zu Wort kommen. »Natürlich handelt es sich dabei um eine Person, die ich für absolut vertrauenswürdig halte.«

»Und wer soll das sein?«

»Charlotte.«

»Das Mädchen aus der siebten Klasse, das dir mit deinem Handy geholfen hat?«

»Exakt.«

Tamara runzelt die Stirn. »Also, ich weiß nicht …«

In diesem Moment summt es in der Umhängetasche, die sie an die Lehne ihres Stuhls gehängt hat. Sie macht eine entschuldigende Geste, holt ihr Smartphone heraus, murmelt etwas wie »Präsidium« und tippt auf das Display.

»Heinrich? Was gibt's? – Friederike Ziegelmeier? – Ja, bitte stell sie durch. – Guten Tag, Frau Ziegelmeier, Tamara Stahl hier. – Ja … Mhm … Hören Sie, ich bin sowieso gerade in Falkenberg, da könnte ich auch gleich vorbeikommen und mir die Sachen ansehen. – In Ordnung, ich werde in etwa einer Viertelstunde bei Ihnen sein. – Auf Wiederhören.«

Sie steckt das Handy zurück in die Tasche und wendet sich wieder Lorenz zu.

»Du willst also diese Schülerin bitten, uns zu helfen, obwohl dir klar sein dürfte, dass wir es hier mit einem Mordfall und vermutlich mit einer Bande von Drogendealern zu tun haben? Das ist viel zu gefährlich, um ein Kind mit reinzuziehen.«

»Aber Charlotte wird doch nur ganz unauffällig dafür sorgen, dass am Ende auch möglichst viele Bewohner des Schlosses informiert sind«, versucht Lorenz, die Hauptkommissarin zu beschwichtigen. »Gerade hast du selbst gesagt, dass das eine Voraussetzung für das Gelingen deines Plans ist.«

Tamara seufzt. »Also gut. Solange du darauf achtest, dass die Schülerin nicht gefährdet wird, soll es mir recht sein. Das heißt dann also, dass du dabei bist?«

Lorenz nickt.

»Danke. Ich … weiß das wirklich zu schätzen.« Die Hauptkommissarin wirft einen Blick auf ihre Armbanduhr. »Aber jetzt muss ich los, Friederike Ziegelmeier möchte mir noch etwas zeigen. Danach fahre ich ins Präsidium und kümmere mich um Unterstützung für heute Nacht.« Sie steht auf und kramt ihr Portemonnaie aus der Umhängetasche. Als Lorenz sich ebenfalls erhebt und nach seiner Geldbörse greifen will, bedeutet sie ihm, sie stecken zu lassen. »Das war ein Arbeitstermin. Der Orangensaft geht auf die Polizei.«

Der Historiker nimmt die Einladung dankend an, stutzt dann und beugt sich hinunter, um etwas vom Boden aufzuheben. »Hast du das verloren?«, fragt er Tamara und hält ihr den Zettel hin, den er aufgehoben hat.

»Oh, den hatte ich ganz vergessen. Er muss aus meinem Notizbuch gefallen sein. Dieses Stück Papier stammt aus dem Fach von Sandra Vogel im Lehrerzimmer des Internats. Ich habe es vorgestern vorsichtshalber mitgenommen, weil ich mit der Kombination aus Buchstaben und Zahlen, die da draufsteht, nichts anfangen konnte.« Sie betrachtet den Zettel aufs Neue. »5 I K 8 9 3 2 2. Sagt dir das etwas?«

Auch Lorenz studiert die Buchstaben- und Ziffernfolge genauer. »Nein«, antwortet er zögerlich, runzelt dann aber die Stirn. »Obwohl … Irgendwie …« Schließlich seufzt er resigniert. »Nein. Ich weiß leider auch nicht, was das bedeuten könnte.«

»Macht nichts.« Tamara zuckt mit den Schultern und steckt das Papier wieder zwischen die Seiten ihres Notizbuchs. »Wahrscheinlich ist es völlig belanglos.« Dann geht sie zum Tresen, um die Rechnung zu bezahlen.

Währenddessen setzt sich Lorenz noch einmal an den Tisch, holt einen Bleistiftstummel aus seiner Hosentasche, nimmt sich eine Serviette und notiert etwas.

»Ich melde mich später bei dir«, sagt er, als sich beide kurz darauf vor der Tür des Cafés voneinander verabschieden. »Dann berichte ich, wie es beim Mittagessen gelaufen ist.«

7

Wenig später befindet sich die Hauptkommissarin auf dem Ziegelmeier-Hof. Die Hausherrin hat sie in die Küche gebeten und erklärt, sie habe gerade einen Klienten, der jedoch momentan eine halbstündige Meditation absolviere. Die dreißig Minuten würden ausreichen, um Tamara zu zeigen, was sie gefunden habe.

»Bei unserem Gespräch neulich haben Sie gesagt, Sie würden sich gern ein Bild von Sandra Vogel machen, und mich gebeten, Ihnen dabei zu helfen. Erst wusste ich nicht genau, wie ich das tun könnte, doch heute Morgen habe ich etwas entdeckt, das Ihnen vielleicht tatsächlich dienlich sein wird. Hier.«

Friederike Ziegelmeier schiebt einen Stapel Papiere über den Küchentisch. »Das sind Pastellkreidezeichnungen. Und drüben im Atelier stehen noch die drei Ölbilder, die Sandra Vogel im Laufe des Kurses gemalt hat.«

Die Hauptkommissarin wirft einen Blick auf die obersten Blätter. Das erste zeigt mit Schwarz und Grau skizzierte, abstrakte Formen, das zweite ineinander verschlungene Linien in dunklem Grün und Blau.

»Hierbei handelt es sich um Fingerübungen, die ein Gefühl für die eigenen Vorlieben bezüglich der Farben und der Raumaufteilung vermitteln sollen. Ich rate meinen Schülern immer dazu, bevor sie sich zum ersten Mal mit Ölfarben an der Leinwand versuchen.«

Tamara sieht sich ein paar weitere Skizzen an, die sich aus ihrer Sicht nicht nennenswert von den ersten unterscheiden.

Welche Rückschlüsse über Sandra Vogel sie aus diesem Gekritzel ziehen soll, ist ihr ein Rätsel. Das scheint auch Friederike Ziegelmeier zu bemerken.

»Die Farben, die man wählt, und die Art, wie man sie einsetzt, sagen viel über die eigene Befindlichkeit aus«, erklärt sie. »Nichts geschieht zufällig. Oft sind es unbewusste oder zumindest un*ausgesprochene* innere Vorgänge, die durch kreative Arbeit ans Licht gebracht werden und die man mit etwas Erfahrung entschlüsseln kann. Deshalb glaube ich, dass Ihnen die Werke, die Sandra Vogel in meinem Kurs angefertigt hat, behilflich sein können. Sehen Sie mal.« Sie legt ein paar der oberen Bilder nebeneinander. »Hier herrscht überall die gleiche Grundstimmung, nicht wahr? Die wenigen Farben sind dunkel und gedeckt, oft hat sie nur mit schwarzer Kreide skizziert. Das passt zu der Stimmung, in der ich sie in den ersten Wochen erlebt habe. Ich denke, zu dieser Zeit war sie noch nicht richtig angekommen. Sie kannte niemanden in Falkenberg, und an ihrem neuen Wohnort und Arbeitsplatz im Internat musste sie sich auch erst eingewöhnen.«

Tamara nickt und kratzt sich unschlüssig am Kopf. Sie muss sich beherrschen, um nicht andauernd auf die Uhr zu sehen, die direkt über Friederike Ziegelmeier an der Wand hängt. Angesichts der Fortschritte, die ihre Ermittlungen seit gestern gemacht haben, kommt ihr der Vortrag der Künstlerin wie reine Zeitverschwendung vor. Spekulationen über Sandra Vogels Befindlichkeit kurz nach ihrem Umzug nach Falkenberg sind für die Hauptkommissarin momentan völlig irrelevant.

»Das wirklich Interessante ist«, fährt Friederike Ziegelmeier unbeirrt fort, »dass man, wenn man die Bilder in der Reihenfolge ihrer Entstehung betrachtet, eine Entwicklung erkennen kann. Oder besser gesagt: einen Wendepunkt. Das habe ich bei vielen meiner Schülerinnen schon erlebt. Die seelische Reise, zu der man mit dem Kurs aufbricht, lässt sich an den Werken nachvollziehen. Warten Sie, ich zeige es Ihnen ...« Sie blättert den Stapel durch. »Hier!« Sie zieht ein weiteres Blatt heraus und legt es auf die anderen. Die angedeutete Silhouette einer Frau ist zu erkennen, umgeben von einer Art violetter Aura.

»Sehen Sie, was ich meine?«, fragt Friederike Ziegelmeier. »Nicht das Motiv, sondern die Farben. Das starke, selbstbewusste Rot in dieser Ecke mischt sich mit der Tiefe der Blautöne, die die rechte Hälfte dominieren. Das Bild spricht farblich eine völlig neue Sprache. Es markiert den Zeitpunkt, an dem Sandra Vogel sich geöffnet hat.« Ein Piepton von ihrem neben den Bildern liegenden Handy unterbricht die Künstlerin. »Ah, ich muss jetzt wieder zu Herrn Schuster, seine Meditationszeit ist gleich um. Aber ich denke, Ihnen ist klar geworden, worum es mir geht. Die Bilder dürfen Sie gern mitnehmen. Wenn Sie noch einen Moment draußen warten, bringe ich Ihnen auch Sandra Vogels Leinwände aus dem Atelier.«

Die beiden verlassen die Wohnung, und eine Minute später überreicht Friederike Ziegelmeier Tamara drei kleinformatige Ölbilder. Die Hauptkommissarin will sich bereits verabschieden, als ihr doch noch etwas einfällt.

»Gibt es eigentlich – abgesehen von dem Kurs, den Frau Vogel bei Ihnen besucht hat – weitere Verbindungen zwischen Ihrem Hof und dem Internat oben im Schloss?«

Die Künstlerin blinzelt irritiert. »Ich verstehe nicht …«

»Wir suchen noch immer eine Erklärung dafür, dass die Tote ausgerechnet hier gefunden wurde. Ihre Kinder gehen auf eine andere, staatliche Schule, soweit ich weiß?«

»Das stimmt. Sie fahren jeden Tag mit dem Bus nach Rosenheim.«

»Haben die beiden vielleicht trotzdem Freunde im Internat?«

»Ach so, das meinen Sie. Ja, jetzt, wo Sie es sagen, fällt mir ein: Luna trifft sich seit ein paar Monaten mit einem Jungen aus dem Schloss. Der fährt so ein protziges Auto.«

»Wie heißt er?«

»Oh, an seinen Namen erinnere ich mich nicht. Kann sein, dass Luna ihn erwähnt hat, aber … Sehen Sie, meine Kinder sind ja auf dem besten Weg, erwachsen zu werden. Da kümmere ich mich nicht mehr um alles, sondern lasse ihnen ihren Freiraum, damit sie ihre eigenen Erfahrungen machen können.«

»Heißt er vielleicht Henrik?«

»Henrik!« Friederike Ziegelmeier strahlt. »Sie haben recht, das ist er.«

»Wissen Sie denn irgendetwas über ihn? In welche Klasse er geht, zum Beispiel, oder aus welchen familiären Verhältnissen er kommt?«

»Nein, also … Luna ist sechzehn. Sie können sich bestimmt denken, wie das in dem Alter ist: Diese Woche ist es dieser Junge, um den sich alles dreht, nächste Woche irgendein anderer. Wenn ich da jedes Mal ein Dossier anlegen würde, käme ich gar nicht mehr dazu, mich um meine eigenen Angelegenheiten zu kümmern.«

Tamara hat Mühe, ihr Erstaunen zu verbergen. Friederike Ziegelmeier gehört jedenfalls nicht zu den angeblich heute überall anzutreffenden Helikopter-Müttern. Wie auch immer, hier kommt die Hauptkommissarin nicht weiter. Dazu müsste sie Luna persönlich befragen. Doch jetzt ist das Mädchen noch in der Schule, und Tamara muss unbedingt zurück ins Präsidium.

Als sie wenig später mit dem Dienstwagen in die Hauptstraße nach Rosenheim einbiegt, ist Tamara mit ihren Gedanken längst wieder bei ihren Planungen für heute Abend. Die Pastellkreidezeichnungen liegen neben ihr auf dem Beifahrersitz, die drei Ölbilder hat sie auf der Rückbank verstaut. Zwei davon zeigen Landschaften in verwaschenen Grau- und Grüntönen, das dritte eine leuchtend bunte Variation der Frauensilhouette mit Aura.

»Frau Weinhold?«

»Ja, Herr Dr. Brenner?«

»Hat sich eigentlich dieser Journalist noch einmal bei Ihnen gemeldet? Sie wissen schon, der vom ›Rosenheimer Tagblatt‹, der einen Bericht über die Brunnenerkundung schreiben wollte.«

»Ach, der … Nein, von dem habe ich nichts mehr gehört. Als Sie letztes Mal mit ihm gesprochen haben, haben Sie sich, glaube ich, auch recht deutlich ausgedrückt.«

»Das stimmt, aber bei der Besprechung heute Morgen mit Frau von Sternberg sind wir noch mal auf dieses Thema gekommen. Also, eigentlich auf das Thema ›Presse‹ im Allgemeinen. Das Kuratorium treibt die nicht ganz unbegründete Sorge um, unsere Schule könnte demnächst in erster Linie dafür bekannt sein, dass eine unserer Lehrerinnen ermordet wurde. Frau von Sternberg meint, so etwas bleibt bei den Leuten hängen. Der Name Falkenberg stünde damit für etwas Düsteres und Bedrohliches. Und mal ehrlich, Frau Weinhold, würden Sie Ihre Kinder an so einen Ort schicken? Also … wenn Sie welche hätten?«

»Wenn ich … Kinder hätte?«

»Eben. Deshalb möchte ich nun doch noch mal mit diesem Journalisten reden. Die Brunnenerkundung war ja leider nicht besonders ergiebig. Aber vielleicht kann ich diesen Herrn … wie war doch gleich sein Name?«

»Fichtner.«

»Genau, diesen Herrn Fichtner davon überzeugen, ein paar aufsehenerregende Artikel über die Schlossgeschichte im Allgemeinen und die Arbeit von Herrn Kastner im Besonderen zu schreiben. Geschichten, die den Namen Falkenberg in der öffentlichen Wahrnehmung positiv besetzen und in denen ganz nebenbei die Einzigartigkeit unserer Schule deutlich wird. Dann hätte er Material, um sein Blatt zu füllen – und uns wäre ebenfalls geholfen. Eine echte Win-win-Situation, wenn man so will. Könnten Sie bitte für mich beim ›Tagblatt‹ anrufen?«

»Natürlich, Herr Dr. Brenner.«

Kaum jemandem im Rosenheimer Umland fallen die kleinen Wolken auf, die sich gegen Mittag am östlichen Horizont bilden. Doch schon wenig später beginnt die Luft feuchter und damit die Hitze drückender zu werden. Ein Wetterwechsel kündigt sich an.

Um sieben Minuten nach dreizehn Uhr verlässt Roland Fichtner die Räume, in denen er während der vergangenen drei Stunden meditiert, bunte Farbfläschchen ausgewählt und Yogaübungen absolviert hat, und überquert den Hof des Ziegelmeier-Anwesens, um zu seinem am Straßenrand geparkten Wagen zu gelangen.

In seiner linken Hand hält er eine Art Glasflakon, der mit zwei Flüssigkeiten gefüllt ist: einer wässerigen, dunkelgrün eingefärbten in der unteren Hälfte und einer orangefarbenen, öligen Substanz, die auf der anderen schwimmt und deshalb die obere Hälfte des Fläschchens einnimmt. Der Journalist hat dieses Exemplar aus einer Unmenge an Flakons ausgewählt, in der beinahe jede erdenkliche Farbkombination zu finden war. Natürlich konnte Frau Ziegelmeier von seiner Wahl auf seine aktuellen Bedürfnisse schließen.

»Ihnen fehlt die Empfänglichkeit für Impulse von außen! Diese Essenzen werden Ihnen helfen, Ihrem Instinkt zu folgen. Wenn Sie das Mysterium akzeptieren und sich voll und ganz darauf einlassen, dann kommen die Veränderungen auf Sie zu. Sie werden sehen: Eines greift ins andere, die Dinge geraten in Bewegung und fügen sich wie von selbst.«

Ob er zufrieden ist, weiß er nicht. Irgendwie hatte er sich das alles anders vorgestellt. Er hatte mit einer Art konkreter Anleitung für sein künftiges Leben als Nichtraucher gerechnet. Doch davon war während des ganzen Vormittags nicht die Rede.

Wahrscheinlich sollte er sich jetzt irgendwie anders fühlen als noch vor ein paar Stunden. Tut er auch. Muskeln, von deren Existenz er bis vor Kurzem noch nichts ahnte, schmerzen. Das muss von der elenden Turnerei kommen, die auf die Geschichte mit den Farbfläschchen folgte. Sport ist nun wirklich nicht sein Spezialgebiet. Beim »Baum« hat er alle Mühe gehabt, für mehr als zwei Sekunden auf einem Bein das Gleichgewicht zu halten. Und nachdem er in der Hundestellung minutenlang seinen Hintern in die Höhe gereckt hatte – eine Übung, von der Friederike Ziegelmeier zu seiner Überraschung behauptete, dass sie seine *Lunge* reinigen würde –, schaffte er es nur unter größter Anstrengung überhaupt wieder in die Senkrechte. Im Vergleich dazu war der »Krieger« sehr viel leichter und scheint auch schon seine stärkende Wirkung zu entfalten. Jedenfalls fühlt er sich trotz seiner schmerzenden Muskeln durchaus ein wenig erfrischt. Was allerdings auch daran liegen könnte, dass er bei der anschließenden Meditation eingeschlafen ist.

Fichtner hofft, dass im Handschuhfach seines Wagens noch Zigaretten liegen. Als er heute Morgen hier eintraf, dachte er, sie wären für ihn ab sofort tabu. Doch Friederike Ziegelmeier hat ihm versichert, er müsse sich diesbezüglich nicht unter Druck setzen. Er solle in nächster Zeit regelmäßig seine Yoga- und Achtsamkeitsübungen machen und sich immer wieder auf seine persönlichen Farben besinnen, dann würden sich seine Chakren nach und nach öffnen – und das Verlangen nach Nikotin werde von selbst verschwinden.

»Hey, was machst du denn schon hier?«

Eine weibliche Stimme lässt Fichtner, der gerade im Begriff ist, aus der Einfahrt auf die Straße zu treten, zusammenfahren. Er dreht sich um. Und versteht im nächsten Moment, dass die Frage nicht ihm galt. Ein etwa sechzehnjähriges Mädchen, das wohl gerade von der Bushaltestelle kommt, spricht mit einem groß gewachsenen, dunkelhaarigen Jungen, der offenbar am Straßenrand vor dem Ziegelmeier-Hof gewartet hat.

»Bei uns ist die letzte Stunde ausgefallen.«

Fichtner schlägt sich in die Büsche und eilt mit ein paar schnellen Schritten zur Galerie zurück, um, im Schatten versteckt, den beiden unbemerkt zuhören zu können. Sein journalistischer Instinkt lässt ihn jede Chance wittern, und sei sie auch noch so gering. Fichtner hat nicht vergessen, dass er nur in zweiter Linie hergekommen ist, um sich das Rauchen abzugewöhnen. Hauptsächlich geht es ihm noch immer darum, mehr über den Mord an dieser Lehrerin herauszubekommen – und das ist ihm bisher nicht geglückt.

»Willst du reinkommen? Meine Mutter ist da, aber …«

»Nein. Ich … Ich weiß nicht. Ich wollte nur kurz mit dir reden, danach muss ich zurück. Ich sollte Max nicht zu lange aus den Augen lassen.« Der junge Mann seufzt deutlich vernehmbar. Dann sagt er mit gedämpfter Stimme: »Der fängt an durchzudrehen.«

»Was? Wie meinst du das?«

»Er sagt, er hält den Druck nicht mehr aus. Wegen der Polizei und so. Diese Kommissarin war bei seinen Eltern und hat sie ausgefragt.«

»Denkst du, er will sich stellen?«

»Ich weiß nicht …«

Es folgen einige Augenblicke betretenen Schweigens, dann fährt der Junge fort: »Auf jeden Fall kann Max dafür sorgen, dass er und ich eine Menge Ärger bekommen. Aber wem wäre damit geholfen? Ich meine – die Vogel wird auch nicht mehr lebendig, wenn die uns einsperren, oder?«

»Was willst du jetzt tun?«

»Keine Ahnung.«

»Also, falls die euch wirklich schon auf den Fersen sind … wäre es da nicht das Beste, wenn ihr versucht, alles zu erklären? Ich meine, das war doch nicht geplant, es war ein Unfall.«

»Und das sollen die uns glauben? Niemals!«

»Aber –«

»Kein Aber! Ich dachte, ich kann dir vertrauen und du willst mir helfen. Aber jetzt fängst du auch noch an … Weißt du was? Ihr könnt mich mal. Alle miteinander.«

»Henrik, warte doch!«

Der junge Mann hört nicht mehr zu. Er läuft durch Fichtners Sichtfeld über die Straße in Richtung eines dort geparkten grauen Porsche Cayenne, steigt ein, schließt die Fahrertür lautstark hinter sich und rauscht mit quietschenden Reifen davon – in Richtung Schloss.

Fichtner lehnt sich mit dem Rücken an die Wand der Galerie, blickt in den noch immer blauen Himmel und denkt nach. Was hat das zu bedeuten? Es war nicht zu überhören, dass dieser Henrik – offenbar ein Schüler aus dem Internat – bis über beide Ohren in Problemen steckt und Angst hat, an die Polizei verraten zu werden. Ja, es klang beinahe so, als wären er und sein Komplize Max unmittelbar für den Tod von Sandra Vogel verantwortlich. Dagegen waren die im Streit vorgebrachten Beschuldigungen von Friederike Ziegelmeier gegenüber ihren Nachbarn viel unbestimmter.

Verschwendet Fichtner hier unten auf dem Hof also nur seine Zeit? Soll er seine Nachforschungen besser – wie die Kommissarin – im Schloss anstellen? Aber wie? Dort will man ihn nicht mehr sehen, daran hat der Internatsleiter vorgestern keinen Zweifel gelassen.

Das Mädchen – wahrscheinlich Friederike Ziegelmeiers Tochter – betritt jetzt durch die Einfahrt den Hof. Ohne den Journalisten in seinem Versteck zu bemerken, läuft die Schülerin zur Haustür des renovierten Gebäudeteils, schließt sie auf und tritt ein. Fichtner fragt sich, ob er sie hätte ansprechen sollen. Nein, das wäre wohl keine gute Idee gewesen, aber wie kann er sonst an mehr Informationen über diese Schüler kommen?

Sein Handy summt in seiner Hosentasche. Er zieht es

heraus, tippt auf das Display und meldet sich mit gedämpfter Stimme. »Fichtner.«

»Guten Tag, Herr Fichtner, hier spricht Daniela Weinhold aus dem Sekretariat des Internats Schloss Falkenberg. Ich hoffe, ich störe nicht. Ich habe schon zweimal in der Redaktion angerufen, dort hat man mir Ihre Handynummer gegeben.«

»Sie stören keineswegs. Was kann ich denn für Sie tun?«

»Es geht um Ihren Vorschlag von neulich. Sie wissen schon, Ihre Idee für die neue Ausgabe des ›Inntalboten‹. Sie wollten doch etwas über das Schloss schreiben, nicht wahr?«

»Schon, aber Herr Dr. Brenner hat –«

»Herr Dr. Brenner hat großes Interesse daran, sich mit Ihnen darüber zu unterhalten. Vielleicht könnten Sie im Laufe der nächsten Tage noch einmal bei uns vorbeikommen?«

»Vorbeikommen? Ja, natürlich, das lässt sich einrichten.« Fichtner hat sich inzwischen wieder aus dem Gebüsch herausgekämpft. Er überquert die Straße und spricht nun in normaler Lautstärke. »Hören Sie – wie es der Zufall will, bin ich gerade in Ihrer Nähe. Vielleicht hat Herr Dr. Brenner ja gleich Zeit für mich? In einer Viertelstunde könnte ich bei Ihnen sein.«

»In einer Viertelstunde? Moment, ich frage nach.« Fichtner hört gedämpftes Gemurmel im Hintergrund, dann wieder die klare und deutliche Stimme der Sekretärin: »So kurzfristig kann Herr Dr. Brenner Sie leider nicht empfangen. Aber um vierzehn Uhr, wenn bei uns die Mittagspause vorbei ist, würde es gehen.«

»Abgemacht. Dann bis später!«

»Auf Wiederhören, Herr Fichtner.«

Als er kurz darauf wieder in seinem Auto sitzt, kann er sein Glück kaum fassen. Gerade hat er sich noch den Kopf darüber zerbrochen, wie er im Schloss einen Fuß in die Tür bekommen könnte, und im nächsten Moment ändert der Internatsleiter seine Meinung und lädt Fichtner aus freien Stücken ein. Welch ein grandioser Zufall!

Zufall?

»Nichts geschieht zufällig«, hat Friederike Ziegelmeier vorhin zu ihm gesagt. Fichtner nimmt das Fläschchen zur Hand, das er gerade noch achtlos neben sich auf den Beifahrersitz geworfen hat. Durch die unsanfte Behandlung sind die beiden Flüssigkeiten ein wenig durcheinandergeraten: Kleine orangefarbene Bläschen haben sich in den dunkelgrünen Bereich verirrt und schweben jetzt langsam zurück an ihren Platz.

Empfänglichkeit für Impulse von außen … Wenn Sie das Mysterium akzeptieren und sich voll und ganz darauf einlassen, dann kommen die Veränderungen auf Sie zu … Eines greift ins andere, die Dinge geraten in Bewegung und fügen sich wie von selbst.

Sein Magen knurrt deutlich vernehmbar. Fichtner legt das Fläschchen zurück, dreht den Schlüssel im Zündschloss, legt den ersten Gang ein und gibt Gas. Bis vierzehn Uhr hat er genügend Zeit, um sich in der nahe gelegenen Metzgerei Hinterseer zwei Leberkässemmeln zu kaufen, sie genüsslich zu verspeisen und danach vielleicht noch eine Verdauungszigarette zu rauchen. Er bremst noch einmal und öffnet das Handschuhfach. Zwei Schachteln, eine leer, die andere halb voll. Die Dinge fügen sich tatsächlich wie von selbst.

»Ich habe immer und immer wieder nachgerechnet – aber an den Ergebnissen gab es nichts zu rütteln. Es war ein Rätsel!«

Der Geräuschpegel im großen Saal ist beim heutigen Mittagessen beinahe schon wieder im Normalbereich. An den Tischen der Schüler und Erzieher wird zum Teil angeregt diskutiert, gelegentlich ist sogar ein Lachen zu hören. Am Tisch des Internatsleiters herrscht allerdings noch immer ziemlich bedrückte Stimmung, bis Lorenz, der sich bisher eigentlich immer sehr zurückhaltend gezeigt hat, zur Überraschung seiner Tischgenossen voller Enthusiasmus von seiner jüngsten Entdeckung zu berichten beginnt.

»Natürlich habe ich zuerst gedacht, die Pläne wären fehlerhaft. Aufgrund von schlampigen Messungen, Zahlendrehern bei der Übertragung der Ergebnisse – irgendetwas in der Art. Also habe ich selbst noch mal den Meterstab bemüht – worüber Herr Kurz ziemlich erstaunt war. Er dachte wohl, jemand wie ich sitzt nur am Schreibtisch und steckt seine Nase in alte Bücher. Nicht wahr, Herr Kurz?«

Er dreht sich zum Hausmeister um, der an einem Tisch direkt hinter ihm seine Suppe löffelt. Kurz nickt mit einem unsicheren Lächeln, sichtlich überrascht, so plötzlich angesprochen worden zu sein. Doch Lorenz wendet sich bereits wieder seinen Tischnachbarn zu und fährt fort: »Und was, glauben Sie, haben meine Messungen ergeben?«

Er blickt in eine Runde ratloser Gesichter. Wolfgang Friedrich, der Geografie- und Chemielehrer, der vom Tod seiner Kollegin besonders erschüttert schien, lässt sich bereitwillig auf andere Gedanken bringen und hört, den Salzstreuer in der Hand, aufmerksam zu. Dr. Brenner hingegen wirkt ein wenig nervös. Ist es dem Internatsleiter peinlich, dass der von ihm ins Schloss geladene Historiker, der sich bisher so tadellos verhalten hat, plötzlich das gesamte Kollegium mit Anekdoten von seiner Arbeit unterhalten möchte? Neben Dr. Brenner sitzt Frau Weinhold, in der rechten Hand die Gabel, mit der sie dann und wann ein Salatblatt aufspießt, während sie mit der linken ihre Serviette zerknüllt. Die Nervosität ihres Chefs scheint sie angesteckt zu haben.

»Sie haben ergeben, dass die Zahlen in den Plänen vollkommen korrekt sind«, beantwortet Lorenz seine Frage selbst, nachdem sich niemand am Tisch zu Wort gemeldet hat. »Das war allerdings sehr verwunderlich. Ich hatte das Rätsel nicht gelöst, im Gegenteil – es war jetzt noch … rätselhafter.« Er blickt wieder in die Runde. »Aber dann«, Lorenz macht eine weitere Kunstpause und hebt den Zeigefinger, »fiel es mir wie Schuppen von den Augen: Es muss im Haupttrakt einen Bereich geben, der in den Plänen nicht verzeichnet ist! Als ich nachsah, wo sich dieser Bereich ungefähr befinden müsste, wurde die Sache gleich klarer. Sofort stach mir Ihre wunderschöne Bibliothek ins Auge, die, soweit ich weiß, im ausgehenden 19. Jahrhundert eingerichtet wurde. Bei den Neureichen jener Zeit waren derartige repräsentative Räume der letzte Schrei. Edle Holzvertäfelung, schwere, dunkle Möbel, deckenhohe Regale voller alter Bücher – und für diejenigen, die es etwas extravaganter mochten: eine integrierte Geheimtür mit einem ausgeklügelten Mechanismus, die zu weiteren Räumen führt. Ich bin mir ziemlich sicher, dass ich genau das in Ihrer Bibliothek finden werde. Allerdings könnte der Auslöser für den Öffnungsmechanismus praktisch überall sein. Leute wie Sie und ich wären mit der Suche danach hoffnungslos überfordert, doch glücklicherweise kenne ich einen Spezialisten für derartige Fälle. Ich habe ihn angerufen – und er wird schon morgen früh hier sein. Dann wird die Stunde der Wahrheit schlagen, und es wird sich zeigen, ob ich mit meiner Vermutung recht behalte. Drücken Sie mir also die Daumen!« Damit beendet Lorenz seinen Vortrag und wendet sich dem inzwischen nur noch lauwarmen Gemüseauflauf auf seinem Teller zu.

»Das … ist ja höchst interessant«, stellt Dr. Brenner fest, und seine Sekretärin pflichtet ihm bei. Einige der Lehrer und Erzieher am Tisch tauschen sich über das gerade Gehörte aus, und Herr Friedrich stellt dem Historiker Fragen zu dem für morgen geladenen Experten, die der in knappen Worten ebenso freundlich wie vage beantwortet. Schließlich wenden sich die Gespräche wieder anderen Themen zu.

Seinen Auftrag hat Lorenz zweifellos erfüllt. Jeder, der sich in Hörweite befand, hat seine Geschichte gehört. Wenn jetzt noch Charlotte ihre Sache gut macht, dürften im Laufe des Tages wirklich alle im Schloss von dem Geheimnis erfahren, das angeblich am nächsten Tag gelüftet werden soll.

Ein verhaltenes Klopfen, dann öffnet sich die Tür einen Spalt breit, und Frau Beifuß späht in das Büro von Hauptkommissarin Tamara Stahl.

»Entschuldigung, aber da ist jemand, der mit Ihnen sprechen möchte. Er sagt, es sei dringend.«

Tamara geht gerade noch einmal den Einsatzplan für heute Abend durch. Es dauert ein paar Sekunden, bis sie reagiert.

»Dringend?« Sie legt ihr Notizbuch beiseite und wendet sich Frau Beifuß zu. »Hat der Jemand auch gesagt, wie er heißt?«

»Jens Tauber. Er ist gemeinsam mit seinem Sohn hier.«

Ein Ausdruck des Erstaunens huscht über das Gesicht der Hauptkommissarin. Damit, dass Jens Tauber sich persönlich ins Präsidium bemühen würde, ohne vorgeladen worden zu sein, hat sie nicht gerechnet. »In Ordnung«, sagt sie schließlich. »Die beiden sollen reinkommen.«

Frau Beifuß nickt und verschwindet. Einen Moment später erscheint Jens Tauber in der Tür, gefolgt von seinem Sohn.

»Wir möchten eine Aussage machen«, verkündet der Architekt mit routinierter Autorität, während die beiden auf Tamaras Geste hin auf den zwei Besucherstühlen gegenüber ihrem Schreibtisch Platz nehmen. Auch wenn Herr Tauber nicht so offensichtlich deprimiert wirkt wie Maximilian, kann er seine Nervosität nicht verbergen. »Es geht natürlich um diese Sache mit Frau Vogel. Aber eigentlich, also, was den Kern meiner Aussage betrifft – oder vielmehr den Kern der Aussage meines Sohnes –, geht es um Henrik.«

»Ihren Mitschüler?«, fragt die Hauptkommissarin an Maximilian gewandt.

Der schweigt, nickt jedoch andeutungsweise.

»Im Grunde ist die Schule dafür verantwortlich«, fährt sein Vater dazwischen. »Es ist doch ein Skandal, dass mein Sohn in der Obhut des Internats überhaupt mit Rauschgift in Berührung gekommen ist –«

»Entschuldigen Sie, Herr Tauber«, unterbricht ihn Tamara, »aber es wäre hilfreich, wenn Sie mir erst einmal erklären, worum genau es eigentlich geht.«

»Ja, natürlich.« Der Architekt räuspert sich. »Wie Sie ja bereits wissen, hat Maximilian vor ein paar Tagen unter dem Sitz des Busses, der ihn zur Schule gebracht hat, Drogen gefunden, die ihm noch am selben Tag während des Unterrichts von Frau Vogel abgenommen wurden. So weit, so schlecht. Doch wie ich heute von meinem Sohn erfahren musste, hat dieser Henrik –«

»Einen Augenblick bitte«, unterbricht die Hauptkommissarin ihn noch einmal. »Ich denke, es wäre besser, wenn Ihr Sohn mir das selbst berichtet, meinen Sie nicht?«

Ein Anflug von Zorn verzerrt Jens Taubers Gesichtszüge, doch im nächsten Moment hat er sich wieder im Griff. »Bitte, wenn Sie möchten.« Er wendet sich an seinen Sohn. »Erzähl ihr, was du mir vorhin gebeichtet hast.«

Maximilian sitzt auf seinem Stuhl wie ein Häufchen Elend und wagt kaum, Tamara anzusehen. Auf sie wirkt er nicht wie ein Siebzehn-, sondern eher wie ein Siebenjähriger.

»Wir … haben Mist gebaut.«

Schon holt sein Vater Luft, um Maximilian zu unterbrechen – Tamara vermutet, dass er mit dem Wort »wir« nicht einverstanden ist –, doch die Hauptkommissarin bringt ihn mit einer Handbewegung zum Schweigen.

»Nachdem Frau Vogel mir die Pillen abgenommen hatte«, fährt Maximilian zögerlich fort, »waren wir beide wütend auf sie. Also Henrik und ich.«

»Dieser Henrik ist der Junge, dem Sie das Tütchen während des Unterrichts gezeigt haben?«

»Ja. Für Frau Vogel war ich der Buhmann, weil ich die Pillen mitgebracht hatte. Meine einzige Hoffnung war, dass sie die Sache später vielleicht doch noch unter den Tisch fallen lassen würde. Sie wusste ja, was für mich auf dem Spiel stand. Aber dann war ziemlich schnell klar, dass sie mich bei Dr. Brenner anschwärzen wollte.« Maximilian atmet einmal tief durch, bevor er weiterredet. »Das war nicht gerecht, verstehen Sie? Ich habe das Zeug doch wirklich nur gefunden. Und jetzt könnte ich von der Schule fliegen, weil diese … weil Frau Vogel mich sowieso schon auf dem Kieker hatte. Die hat doch nur darauf gewartet, dass sie etwas findet, womit sie mich endgültig drankriegen kann. Darüber habe ich mit Henrik geredet. Und wir waren uns einig, dass sie einen Schuss vor den Bug verdient hatte.«

»Und wie sollte dieser Schuss aussehen?«, fragt Tamara, als Maximilian zögert.

»Henrik meinte, es wäre gut, wenn sie selbst merkt, wie schnell einem so was untergeschoben werden kann. Es … war eine blöde Idee, aber … ich war in dem Moment so wütend, dass ich nicht über die möglichen Konsequenzen nachgedacht habe.« Maximilian schluckt. »Ich hatte noch welche von den Tabletten, und Henrik … hat zwei davon zu Pulver zerkleinert und das am Montag während der Pause in die Wasserflasche geschüttet, die wie immer bei Frau Vogel auf dem Pult stand.«

In Tamaras Kopf überschlagen sich die Gedanken, als sie zu begreifen beginnt. Plötzlich kann sie erklären, was bisher noch äußerst rätselhaft war. Maximilian spricht natürlich von der Wasserflasche aus Sandra Vogels Zimmer, in der die Kollegen von der Kriminaltechnik erhebliche Amphetamin-Spuren gefunden haben.

Die beiden Männer, die ihr gegenübersitzen, scheinen indes einem Missverständnis zu unterliegen. Tatsächlich erinnert sich Tamara nicht daran, während ihres Besuchs bei den Taubers am Tegernsee im Detail auf die Todesursache eingegangen zu sein.

»Das war furchtbar dumm von uns«, murmelt Maximilian. »Aber wir wussten nicht, dass das Zeug *so* gefährlich ist! Wenn wir geglaubt hätten, dass man daran sterben kann, wären wir niemals auf die Idee gekommen …«

»Ich möchte noch mal in aller Deutlichkeit feststellen, dass mein Sohn nichts getan hat.« Jens Tauber fixiert die Hauptkommissarin mit durchdringendem Blick. »Ja, er mag Mitwisser gewesen sein – aber die Verantwortung für das Unglück trägt meiner Meinung nach eindeutig dieser Henrik.«

»Ich glaube, bevor Sie beide weiterreden, sollte ich etwas klarstellen«, sagt Tamara ruhig. »Sandra Vogel ist nicht an einer Überdosis Amphetamine gestorben. Genauer gesagt: In ihrem Blut konnte nicht die geringste Spur davon nachgewiesen werden.«

»Aber …« Maximilian blinzelt nervös, während sein Blick zwischen der Hauptkommissarin und seinem Vater hin- und herwandert.

»Wir haben die Flasche gefunden, von der Sie sprechen. Das darin enthaltene Wasser war in der Tat mit Drogen versetzt. Ihre Lehrerin scheint jedoch nach der Manipulation nicht mehr davon getrunken zu haben – glücklicherweise. Ich kann Sie also beruhigen: Bei der Substanz, mit der sie getötet wurde, handelt es sich nicht um Amphetamine.«

8

»Herr Dr. Brenner musste leider noch mal kurz weg. Er wird aber gleich zurück sein.« Daniela Weinhold hat sich von ihrem Arbeitsplatz erhoben, um Roland Fichtner zu begrüßen, der gerade – pünktlich um drei Minuten vor vierzehn Uhr – das Vorzimmer der Internatsleitung betreten hat. Der braune Senfklecks auf dem rechten Schuh des Journalisten entgeht ihrem wachsamen Auge nicht, doch sie weiß dieses Detail geflissentlich zu ignorieren.

»Er lässt ausrichten, dass Sie in seinem Büro auf ihn warten können, wo er bereits ein paar Unterlagen für Sie bereitgelegt hat. Bitte sehr.« Sie öffnet die Zwischentür und geleitet Fichtner zur Sitzgruppe. Auf dem Glastisch entdeckt der Journalist einige Broschüren und Schnellhefter und lässt sich in einen der schwarzen Ledersessel fallen.

»Möchten Sie etwas trinken? Kaffee? Tee?«, fragt die Sekretärin, die sich schon wieder auf halbem Weg ins Vorzimmer befindet. »Oder ein Glas Wasser?«

»Nein danke. Nicht nötig.«

»In Ordnung. Wie gesagt, Herr Dr. Brenner wird gleich bei Ihnen sein.« Damit ist Daniela Weinhold verschwunden und schließt die Zwischentür hinter sich. Roland Fichtner atmet tief durch, ignoriert das Infomaterial auf dem Tisch und lässt stattdessen das repräsentative Büro des Internatsleiters auf sich wirken.

Der riesige, blitzsaubere Schreibtisch, auf dem sich außer einem dekorativ platzierten, altmodischen Füllfederhalter nichts befindet, macht ihn nervös. Menschen, deren Arbeitsplatz allzu penibel aufgeräumt ist, waren Fichtner immer schon suspekt. Die streng voneinander getrennten, akkuraten Papierstapel neben Cornelia Boes' staub- und fleckenfreier Computertastatur sind ein gutes Beispiel dafür. Sie ersticken jeden kreativen Gedanken, bevor er überhaupt ausgesprochen werden kann. Und das hier? Diese makellose Leere – in so einer Umgebung ist es kaum möglich, nicht unangenehm aufzufallen. Noch dazu die sorgfältig arrangierte Dekoration: die alten Bücher im Regal an der Wand, der Globus und die antike Schreibmaschine auf der Kommode neben der Tür. Auf Fichtner wirkt das alles berechnend, wie inszenierte Tradition. Dieser Raum stellt eine Bühne dar, und jeder, der ihn betritt, wird unmissverständlich dazu aufgefordert, die ihm angedachte Rolle zu spielen – natürlich unter der Regie von Dr. Julius Brenner.

Der Journalist seufzt, streckt seine von den Yogaübungen noch immer schmerzenden Beine aus und entdeckt dabei einen braunen Klecks auf seinem rechten Schuh. Da ist wohl vorhin etwas von dem süßen Senf aus der Leberkässemmel getropft. Einen Moment lang genießt Fichtner die Vorstellung, den Klecks nicht wegzuwischen, sondern ihn bei Dr. Brenners Eintreffen mit Stolz zur Schau zu stellen, als ebenso subtilen wie kraftvollen Ausdruck des Protests gegen die diesen Raum beherrschende Aura der Perfektion. Doch dann zieht er ein zerknülltes Papiertaschentuch aus seiner Hosentasche, beugt sich nach vorn und wischt den Schuh ab. Er ist hier, um etwas über den Mord an Sandra Vogel zu erfahren. Deshalb muss Fichtner dem Internatsleiter zwar nicht unterwürfig gegenübertreten – aber es wäre wahrscheinlich kontraproduktiv, den Mann ohne Not vor den Kopf zu stoßen.

Doch nun stellt sich die Frage: Wohin mit dem senfbefleckten Taschentuch? Als Fichtner sich nach einem Papierkorb umsieht, fällt ihm etwas auf, das nicht so recht in die noble Kulisse dieses Büros passen will: Versteckt in einer halbdunklen Nische hebt sich das gewöhnungsbedürftige orange-gelbe Muster einer billigen Tischdecke von der mit edlem Mahagoni verkleideten Wand ab. Das Tuch wurde offenbar über einen dort platzierten, etwa fünfzig Zentimeter hohen, rundlichen Gegenstand gebreitet. Zum Schutz vor Staub? In dieser nahezu keimfreien Umgebung? Nein, bei der Abdeckung muss es wohl eher darum gehen, etwas vor neugierigen Blicken zu verbergen.

Leise ächzend erhebt sich Fichtner aus dem Ledersessel. Eigentlich liegt es ihm fern, indiskret zu sein, doch Neugierde ist für ihn alles andere als eine tadelnswerte Eigenschaft. Sie ist sein Beruf.

Einen Augenblick später steht er vor der Nische, hebt das Tuch an und geht ein wenig in die Knie, um besser sehen zu können. Ein stechender Schmerz lässt ihn aufstöhnen, seine

Oberschenkelmuskeln verkrampfen sich. Der »Krieger« hat sie doch ziemlich beansprucht. Aber nun gilt es, die Zähne zusammenzubeißen.

Der Journalist erkennt einen Sockel, aus dem der Hals einer Metallbüste ragt. Sieht aus wie Bronze. Er hebt die Tischdecke etwas weiter an, entblößt ein energisches Kinn, einen Mund und ein kleines Bärtchen über der schmalen Oberlippe. Fichtner läuft ein Schauer über den Rücken, seine Nackenhaare stellen sich auf. Die Nase der Büste ist gerade und ziemlich spitz, die Wangenknochen treten stärker hervor als beim Original. Was auf alten Fotografien und Filmaufnahmen weich und rundlich, manchmal sogar ein wenig aufgedunsen wirkt, wurde für diese Darstellung in harte, sehnige Männlichkeit verwandelt. Nur die Augenringe hat man ihm gelassen, wahrscheinlich als Ausdruck unermüdlichen Kampfes.

Iris und Pupillen wurden nicht einmal angedeutet, doch das spielt keine Rolle. Denn so, wie die Büste nicht exakt den darstellt, dem sie nachempfunden wurde, so ist es auch nicht sein Blick, der durch ihre Augen die Gegenwart erreicht. Während Roland Fichtner in die Knie geht und unter das Tischtuch blickt, glaubt er, ein vielstimmiges Raunen und Flüstern zu vernehmen und die irrsinnige Hoffnung und die panische Angst unzähliger längst vergangener Seelen zu spüren. Mit schneidender Stimme gerufene, im Chor beantwortete Parolen, die von den Wänden der Klassenzimmer widerhallen und von den Mauern altehrwürdiger Parlaments- und Gerichtssäle, bevor sie auf den mit Baracken, Stacheldraht und Wachtürmen umgebenen, im ganzen Reich verteilten Appellplätzen verklingen. Das alles ist plötzlich hier, in diesem Zimmer. Nicht als Erinnerung oder Erzählung, sondern real, hart und schwer. Geformt aus massiver Bronze und von den Jahrzehnten – abgesehen von ein paar oberflächlichen Kratzern und Schrammen – kaum verändert.

Fichtner zuckt zusammen, als er Stimmen im Vorzimmer

hört. Frau Weinhold spricht mit dem Internatsleiter. Rasch lässt der Journalist die Tischdecke zurückfallen, richtet sich wieder auf und macht einen Schritt in Richtung des Schreibtisches.

Die Zwischentür öffnet sich, und Dr. Brenner betritt den Raum. »Guten Tag, Herr Fichtner!« Er scheint etwas irritiert, weil er seinen Gast nicht in der Sitzgruppe bei der Lektüre der extra bereitgelegten Infoblätter vorfindet.

»Guten Tag«, antwortet Fichtner und hebt die Hand, in der sich das zerknüllte Taschentuch befindet. »Ich ... bin auf der Suche nach einem Papierkorb.«

Der Internatsleiter lächelt verständnisvoll, umrundet mit ein paar Schritten seinen Schreibtisch, beugt sich hinunter und zieht einen schlichten, zylinderförmigen Metallbehälter hervor. Dann richtet er sich wieder auf und deutet mit einer einladenden Geste auf den Mülleimer. »Bitte sehr!«

Als Roland Fichtner ziemlich genau eine Stunde später Schloss Falkenberg wieder verlässt, ist er verwirrt, obwohl er eigentlich enttäuscht sein müsste. Dr. Julius Brenner ist während ihrer Unterhaltung all seinen Versuchen, das Gespräch auf den Fall Sandra Vogel zu lenken, geschickt ausgewichen. Und der Internatsleiter hat dabei nicht etwa den Fehler gemacht, auf den sich ein Journalist in solchen Fällen normalerweise verlassen kann. Brenner ist auch beim dritten und vierten Mal nicht ungehalten und emotional geworden, er hat sich nie aus seinem Konzept bringen lassen. Was zweifellos darin bestand, seinem Gegenüber einen langweiligen Abriss der Geschichte von Schloss Falkenberg zu liefern, immer wieder das historische Bewusstsein der Internatsleitung und des Kuratoriums hervorzuheben und daran einige halbgare Vorschläge für eine Artikelserie im »Rosenheimer Tagblatt« zu knüpfen. Und als wäre das nicht genug, folgte dem noch ein Vortrag über papierloses Lernen, Medienkompetenz im Digitalzeitalter und die hochmodernen Unterrichtsmethoden, die anscheinend im Schloss angewendet werden.

So betrachtet ist die Ausbeute dieses Besuchs in der Tat miserabel. Doch sein wichtigstes Ziel hat Fichtner trotzdem erreicht: Er wird morgen wiederkommen und sich ungestört im Schloss bewegen können, gewissermaßen mit einem Freibrief von ganz oben. Schließlich muss er für die geplante Artikelserie recherchieren. Und wer wird es ihm verdenken, wenn sich dabei ein Gespräch mit dem einen oder anderen Schüler ergibt?

Direkt mit diesem Henrik zu sprechen, dürfte sich allerdings schwierig gestalten – so panisch, wie der Junge vorhin vor dem Ziegelmeier-Hof bei der Diskussion mit seiner Freundin war. Aber vielleicht kann man ja einem Klassenkameraden etwas entlocken?

Fichtner öffnet die Tür seines Wagens, steigt ein, holt umständlich den Zündschlüssel aus seiner Hosentasche und startet dann den Motor. Er wird die Dinge auf sich zukommen lassen.

»Hast du gehört? Hier im Schloss soll es 'ne Geheimtür geben und dahinter versteckte Räume, in denen wahrscheinlich seit mindestens hundert Jahren niemand mehr war. Hat angeblich der Historiker rausgefunden, der seit ein paar Tagen hier rumschleicht.«

Lukas redet mal wieder wie ein Wasserfall. Henrik kaut lustlos auf einem Stück Pizza herum und hört kaum hin. Er ist mit wichtigeren Dingen beschäftigt. Max hat schon beim Mittagessen gefehlt und ist auch später nicht wieder aufgetaucht. Kurz vor dem Abendessen hieß es dann, er sei wegen einer familiären Angelegenheit entschuldigt, sein Vater habe ihn abgeholt.

Damit ist alles klar. Max hat ausgepackt. Vielleicht hat er in seiner Verzweiflung gehofft, sein Vater würde ihnen beiden helfen. Aber Henrik weiß es besser. Jens Tauber würde alles dafür tun, um sich und seine Familie vor einem Skandal zu schützen. Jeder andere ist dem doch völlig egal. Er wird seinen Sohn aus der Schusslinie nehmen und dafür Henrik ans Messer liefern, ohne auch nur mit der Wimper zu zucken.

Max hat Glück, dass seine Eltern in der Nähe sind. Henriks Mutter lebt in Amerika, sein Vater fliegt für Geschäftstermine um die ganze Welt. Wenn er mit ihm reden will, muss er sich von seiner Assistentin einen Telefontermin geben lassen.

Luna ist der einzige Mensch, auf den sich Henrik verlassen kann. Daran zweifelt er nicht, egal, was er vorhin in seiner Wut zu ihr gesagt hat. Sie ist wirklich cool. Und anders als die Mädchen hier im Internat, die immer perfekt geschminkt zum Unterricht erscheinen. Für die zählen nur Instagram-Herzchen, Trendfarben und Designerhandtaschen. Eine ist wie die andere, völlig austauschbar. Luna dagegen hat ihre eigenen Vorstellungen vom Leben und läuft niemandem nach. Das hat sie wahrscheinlich von ihrer – zugegebenermaßen etwas seltsamen – Mutter.

Wäre er vor ein paar Monaten nicht beim Joggen direkt vor dem Ziegelmeier-Hof gestürzt, hätten sie sich wohl nie kennengelernt. Denn das malerische Dorf mit seinem Biergarten und seinen Lüftlmalereien gehört zwar zum Schloss, aber nur als schmückendes Beiwerk, auf das sie im Internat buchstäblich von oben hinabblicken. Die Menschen, die da unten wohnen, spielen für die Schüler keinerlei Rolle. Man lebt in verschiedenen Welten, man spricht unterschiedliche Sprachen, man hat sich nichts zu sagen. Auch Henrik dachte so – bis Luna, die Zeugin seines peinlichen Sturzes geworden war, die blutende Schürfwunde an seiner linken Hand mit einem Pflaster versorgte.

Im Schloss hat er bisher mit niemandem über seine Freundin geredet. Lieber lässt er seine Mitschüler hinter seinem Rücken tuscheln, wenn er mal wieder verschwindet und keiner weiß, wohin. Die würden nie verstehen, was er an Luna findet und warum sie ihm so viel bedeutet.

Und jetzt hat er selbst alles kaputtgemacht mit seiner blödsinnigen Idee, der Lehrerin die Drogen ins Wasser zu rühren. Als Luna ihn am Dienstag völlig aufgelöst anrief und sagte, bei ihnen auf dem Hof sei überall Polizei, weil ihre Mutter Frau Vogel tot vor der Galerie gefunden habe, da ist in ihm eine Welt zusammengebrochen. Er wollte sich unbedingt sofort mit seiner Freundin treffen, also verabredeten sie sich bei der Teufelsschlucht, um über alles zu sprechen. Vor lauter Nervosität hat er beim Ausparken auch noch das Auto des Historikers gerammt, aber das ist zum Glück nur ein Blechschaden. Eine Lappalie, verglichen mit dem, was auf ihn zuzukommen droht, wenn Max tatsächlich ausgepackt haben sollte.

Lukas redet noch immer. »Ist das nicht krass? Morgen soll ein Spezialist aus München kommen und den Mechanismus knacken. Voll Indiana-Jones-mäßig … Mann, Henrik, was ist eigentlich mit dir los? Hörst du mir überhaupt zu?«

Der Angesprochene schiebt den Teller mit der kaum angerührten Pizza von sich, steht auf und murmelt: »Ich muss noch was erledigen.«

»Du willst schon weg?« Lukas ist fassungslos. »Aber es gibt doch gleich noch Eistorte.«

Henrik hört ihn nicht mehr, er ist bereits dabei, den großen Saal mit zügigen Schritten zu verlassen, denn plötzlich ist ihm klar geworden, dass er nicht mehr viel Zeit haben dürfte. Im Augenwinkel sieht er den Internatsleiter am Tisch mit Frau Weinhold, den Erziehern und einigen Lehrern. Dr. Brenner wirkt ganz normal und nimmt keine Notiz von Henrik – bisher hat ihn offenbar noch niemand alarmiert. Der Platz des Historikers ist frei, wahrscheinlich ist der Typ so sehr mit seinen Indiana-Jones-Abenteuern beschäftigt, dass er keine Zeit zum Essen findet.

Im Treppenaufgang nimmt Henrik immer zwei Stufen auf

einmal, dann eilt er durch die Gänge bis zum Wohntrakt. Das Zimmer, das er zusammen mit Lukas bewohnt, liegt am Anfang eines langen Korridors auf der linken Seite. Dort angelangt, sieht er sich kurz um, tritt dann ein, schließt die Tür hinter sich, zieht einen kleinen Rucksack unter seinem Bett hervor, reißt ein paar Klamotten aus dem Schrank und stopft sie hinein, dazu sein Portemonnaie und sein Handy. Für einige Sekunden steht er unschlüssig da und lässt seinen Blick durchs Zimmer schweifen. Es hat keinen Sinn, er darf nicht noch mehr Zeit verlieren.

Kurz darauf kehrt er, den Rucksack mit einer Schlaufe über die rechte Schulter gehängt und den Autoschlüssel in der Hand, zum Treppenhaus zurück und läuft die Stufen hinunter bis zur Eingangshalle im Erdgeschoss. Er ist bereits durch die erste der beiden Glastüren getreten, als er abrupt innehält.

Draußen, direkt vor dem Haupteingang, steht ein dunkelblauer Mercedes. Gerade steigt Jens Tauber aus, auf dem Beifahrersitz kann Henrik Maximilian erkennen. Es ist zu spät.

Henrik macht auf dem Absatz kehrt, rennt am Treppenaufgang vorbei in den Korridor, der zur Küche führt. Die Wägen, auf denen nach dem Abendessen das schmutzige Geschirr abtransportiert werden soll, stehen schon bereit und lassen gerade noch so viel Platz, dass sich eine Person an ihnen vorbeizwängen kann. Aus der Küche dringen gedämpfte Stimmen und das Klappern von Töpfen. Dann öffnet sich die Tür, und eine junge Frau in weißem Kittel tritt heraus. Als Henrik an ihr vorbeistürmt, ohne sie eines Blickes zu würdigen, weicht sie erschrocken zurück.

»He!«, ruft sie dem Schüler kopfschüttelnd hinterher. »Immer schön langsam, junger Mann!«

Doch Henrik hört sie nicht, er ist bereits um die nächste Ecke verschwunden und eilt weiter zum Hinterausgang. Dort angekommen, öffnet er die Tür einen Spalt breit und späht hinaus. Auf der Terrasse ist nur Lorenz Kastner zu sehen, der den jetzt provisorisch mit einer Holzplatte abgedeckten Brunnen inspiziert. Der Historiker steht mit dem Rücken zu ihm. Vielleicht kann sich Henrik unauffällig an ihm vorbeischleichen.

Der Schüler schließt die Tür leise hinter sich, atmet noch einmal durch und läuft dann an der Mauer entlang in Richtung Westflügel. Bevor er jedoch dort angelangt ist, überquert er hastig den Rasen und schlägt sich in das dahinter liegende Gebüsch. Er weiß, dass sich von hier ein schmaler Pfad in den Wald und dann zwischen den dicht an dicht stehenden Nadelbäumen den Schlossberg bis ins Dorf hinunterschlängelt. Der einzige Ausweg abseits der Straße.

Dunkle Wolken haben sich am Horizont aufgetürmt. Der Wind frischt auf, in der Ferne ist hin und wieder leises Donnergrollen zu hören. Während er dem unebenen Pfad folgt, versucht Henrik, seine Situation objektiv einzuschätzen. Wo soll er jetzt hin? Ihm fällt nur Luna ein. Aber kann er wirklich sicher sein, dass auf dem Ziegelmeier-Hof nicht schon die Polizei auf ihn wartet? Und selbst wenn das nicht der Fall wäre: Möchte er Luna überhaupt noch tiefer in diese Sache hineinziehen? Schlimm genug, dass Frau Vogel ausgerechnet bei ihr zu Hause tot aufgefunden wurde. Außerdem könnte sie noch immer darauf bestehen, dass er sich der Polizei stellt.

Etwa auf halber Strecke führt der Fußweg zwischen einem gesprungenen, riesigen Granitblock hindurch. Rechts wie links türmt sich das Gestein auf und bildet eine etwa fünfzehn Meter lange Schlucht, in der das Knirschen der Steine unter Henriks Turnschuhen laut widerhallt. Eigentlich hält er sich für ganz passabel trainiert – aber nun spürt er plötzlich heftiges Seitenstechen. Doch es hilft nichts, eine Pause ist nicht drin. Er muss sich darauf konzentrieren, ruhig und gleichmäßig zu atmen und nicht über eine Wurzel zu stolpern. Schon hat er den Ausgang der Schlucht erreicht, danach beschreibt der Pfad eine scharfe Linkskurve, und es geht deutlich steiler bergab.

Der Rucksack rutscht hinunter, hängt jetzt in seiner Armbeuge. Henrik muss kurz innehalten, um sich die Tragegurte so über beide Schultern zu ziehen, dass er wieder fest sitzt. Als er nach vorn blickt und weiterlaufen will, sieht er eine weibliche Gestalt in seine Richtung den Hang hinaufkommen, gefolgt von zwei Männern. Reflexartig dreht sich Henrik um und rennt los, nun wieder in Richtung Schloss. Er keucht, stolpert, rappelt sich auf, rennt weiter.

»Halt, stehen bleiben!«, ruft hinter ihm eine Frauenstimme.

Jemand ist ihm auf den Fersen. Henrik hört, dass die Schritte näher kommen, kann aber nicht schneller laufen.

»Stehen bleiben!«, ruft die Frau noch einmal, aber ihre Stimme ist so leise, dass klar ist: Nicht sie verfolgt ihn, sondern einer der beiden Männer.

Henrik denkt nicht daran aufzugeben. Gleich hat er die Felsspalte hinter sich, dann kann er links oder rechts im Gebüsch verschwinden und sich im Wald verstecken. Seine einzige Chance.

Plötzlich wird er am linken Unterarm gepackt und im nächsten Moment umgerissen. Er liegt auf dem Bauch, ein Knie bohrt sich schmerzhaft in seinen Rücken.

»So, Bürscherl«, verkündet ein Mann dicht an Henriks rechtem Ohr ziemlich außer Atem. »Hob i di!«

Die folgenden Minuten erlebt er wie in Trance. Er wird auf den Rücken gedreht und dann auf die Füße gestellt. Die blonde Frau, die ihn zum Stehenbleiben aufgefordert hat, ist jetzt ebenfalls da und fragt ihn nach seinem Namen. Dann zückt sie einen Ausweis und stellt sich als Hauptkommissarin der Kriminalpolizei vor, was den Schüler nicht überrascht. Er fühlt nichts. Sie haben ihn geschnappt – jetzt ist alles egal. Sein Leben, wie er es kannte, ist sowieso vorbei.

Die Polizistin redet weiter, aber Henrik hört kaum hin. Die Begriffe »Sandra Vogel«, »Amphetamine« und »Wasserflasche« fallen, außerdem spricht sie von Maximilian Tauber, der eine Aussage gemacht habe. Genau wie Henrik befürchtet hat.

Doch was sie anschließend sagt, überrascht ihn: »Frau Vogel hat nichts von dem Wasser getrunken. Was ihr beide getan habt, war dumm und gefährlich – aber ihr habt eure Lehrerin nicht umgebracht.«

Henrik blickt die Hauptkommissarin und ihre zwei Kollegen verwirrt an. Versuchen die etwa, ihn mit dieser Geschichte hereinzulegen und ihm ein unbedachtes Geständnis zu entlocken? Nein, die Kommissarin klingt aufrichtig.

»Es gibt keinen Grund für dich, Hals über Kopf zu fliehen, hast du mich verstanden?« Der Ton der Polizistin ist etwas sanfter geworden. »Im Gegenteil: Du gehst jetzt sofort mit uns zurück zum Schloss, verhältst dich unauffällig und verbringst einen entspannten Abend, okay? Und vor allem erzählst du niemandem ein Sterbenswörtchen davon, dass du uns hier angetroffen hast. Das ist sehr wichtig. Können wir uns auf dich verlassen?«

»Ja … klar. Aber … ich verstehe immer noch nicht. Max ist gerade mit seinem Vater zum Schloss zurückgekommen.«

»Natürlich. Dein Freund wird dich wahrscheinlich schon suchen, um dir zu sagen, dass du dir keine Gedanken mehr zu machen brauchst, und wir sollten dafür sorgen, dass er dich findet. Also los!«

Als sie wenig später den Hintereingang des Schlosses erreichen, wartet Lorenz bereits auf sie. Er ist überrascht, Henrik in Gesellschaft der Beamten zu sehen. Tamara klärt ihn kurz über das Geschehen auf, will aber nicht zu viel Zeit verlieren.

»Wir sollten reingehen, bevor uns jemand sieht. Außerdem fängt es gleich an zu regnen.«

In diesem Moment zuckt ein Blitz auf, gefolgt von einem ohrenbetäubenden Donnerschlag. Auf den hellen Steinplatten der Terrasse zeichnen sich dunkel die ersten Tropfen ab.

9

Als die abendliche Geschäftigkeit des Internats langsam der nächtlichen Stille weicht, haben sie längst unbemerkt in den Gängen der Bibliothek ihre Posten bezogen. Tamara und Lorenz sitzen zwischen drei Bücherschränken auf zwei Stühlen in einer Sackgasse. Tamara hat die Bände vier und fünf der Reihe »Klassiker der deutschen Literatur« aus einem Regal gezogen. Durch die so entstandene Lücke haben sie freie Sicht sowohl auf die Abteilung »Geschichte« als auch auf die Geheimtür. Die beiden Streifenpolizisten haben sich jeweils eigene Verstecke gesucht, von denen aus sie die anderen Bereiche des Raums überblicken können.

Zum großen Erstaunen von Tamara und ihren Kollegen hat Lorenz zuvor Essenspakete verteilt: Für sich und die drei Beamten gab es jeweils eine Papiertüte mit Käsebrot, Banane und Muffin und dazu einen kleinen Tetra Pak Apfelsaft mit seitlich angeklebtem Strohhalm. Hat die Polizisten diese fürsorgliche Geste zunächst eher belustigt, so ist nun, da das Streiten und Lachen der Schüler in den Korridoren vor der Bibliothek verklungen ist und langsam die Dämmerung hereinbricht, nicht nur das Plätschern des Regens und gedämpftes Donnergrollen von draußen, sondern hin und wieder auch ein verräterisches Rascheln aus einem der Verstecke zu hören.

Die Tatsache, dass bisher niemand auch nur in die Nähe der Bibliothek gekommen ist, zeugt einmal mehr von der Konsequenz, mit der an dieser Schule papierloser Unterricht stattfindet. Umso aufmerksamer lauschen Tamara und Lorenz, als sie mit einem Mal das Knarzen eines Türflügels und dann das unverkennbare Quietschen von Gummisohlen auf Parkettboden vernehmen. Das Geräusch ist zunächst noch ziemlich leise, wird aber schnell lauter. Kein Zweifel: Jemand ist auf dem Weg hierher.

Tamaras gesamter Körper spannt sich instinktiv an. Dies könnte der entscheidende Moment sein. Sie rückt auf ihrem Stuhl nach vorn, um besser durch die Lücke zwischen den Büchern spähen zu können. Lorenz erhebt sich lautlos von seinem Platz und beugt sich über ihre Schulter.

Das Geräusch verstummt abrupt. Die Person muss nur noch wenige Meter entfernt sein, ist jedoch nicht zu sehen. Lorenz macht eine fragende Geste, und Tamara zuckt mit den Schultern. Woher soll sie wissen, was da los ist?

Dann wieder die Schritte – und endlich taucht jemand in ihrem Sichtfeld auf. Tamara erkennt einen blonden Haarschopf und ein Cordsakko und glaubt, diesen Mann bereits im Schloss gesehen zu haben.

»Das ist Wolfgang Friedrich«, flüstert Lorenz so leise, dass Tamara ihn kaum verstehen kann. »Lehrer für Geografie und Chemie. Würzt gern nach.«

Der Mann geht gemessenen Schrittes an den Regalen vorbei und scheint dabei die Beschriftungen zu studieren. Oder gilt seine Aufmerksamkeit etwa den Schnitzfiguren? Noch ein paar Meter und er wird bei der Abteilung für Geschichte angelangt sein.

Doch der Lehrer hält bereits vorher inne. Vor dem Regal mit der Aufschrift »Naturwissenschaften« greift er nach einem Buch, blättert ein wenig darin und klemmt es sich dann unter den linken Arm. Kurz begutachtet er die anderen Titel im selben Segment, bevor er sich umdreht und wieder in Richtung Ausgang marschiert.

Lorenz seufzt leise und lässt sich auf seinen Stuhl zurückfallen, während sich das unangenehme Geräusch von Friedrichs Gummisohlen zügig entfernt. Tamara, die zuletzt vor Spannung die Luft angehalten hat, atmet tief durch, konzentriert sich aber sofort wieder. Auch wenn das gerade falscher Alarm war, kann die Zielperson jeden Moment auftauchen. Es wäre sogar möglich, dass es sich dabei doch um den Geografielehrer handelt. Wer sagt denn, dass er nicht so umsichtig war, sich zuerst zu vergewissern, dass die Luft rein ist?

Lorenz' Blick wandert inzwischen gedankenverloren über die unzähligen Buchrücken, die die beiden in ihrem Versteck umgeben. Plötzlich springt er auf und flüstert: »Einen Moment, ich muss schnell etwas nachsehen, solange hier wenigstens noch ein bisschen Tageslicht durch die Fenster kommt.« Schon eilt er davon.

Tamara ist überrumpelt, will protestieren, aber bevor sie ein Wort sagen kann, ist der Historiker bereits verschwunden. Was fällt Lorenz ein? Wenn er so weitermacht, gefährdet er das ganze Unternehmen.

Durch den Spalt zwischen den Büchern erkennt sie, dass er eine hölzerne Wendeltreppe hinaufsteigt, die auf eine Galerie und zu den direkt unter der stuckverzierten Decke gelagerten Büchern führt. Oben angelangt, befindet er sich außerhalb ihres Sichtfeldes. Soll sie ihm folgen? Nein. Eine Diskussion zwischen ihnen beiden würde nur für noch mehr Unruhe in der Bibliothek sorgen. Sie kann nichts anderes tun als warten und hoffen, dass Lorenz' Ausflug nicht zu lange dauern wird.

Hat sie eigentlich ihr Handy stumm geschaltet? Tamara nimmt das Telefon aus ihrer Tasche und tippt den Bildschirm an. Alles in Ordnung, das Gerät befindet sich im Lautlosmodus. Deswegen hat sie nicht gemerkt, dass schon vor einiger Zeit eine Kurznachricht eingegangen ist. Von Tobi. Sie zögert einen Augenblick, doch dann siegt ihre Neugierde, und sie ruft die Nachricht auf.

Hey tamara, ist bei dir alles ok? fands total schön gestern. schade, dass du so schnell wegmusstest! ermittelst du in den nächsten tagen noch mal am tegernsee ;-)? tobi

Tamara lächelt, tippt auf »antworten« und schreibt:

Hallo tobi! mir hat unser treffen auch gefallen. meine ermittlungen stehen allerdings kurz vor dem abschluss, ich werde also nicht mehr zum tegernsee fahren …

Sie verschickt die SMS und späht dann wieder voller Ungeduld in das sie umgebende Halbdunkel. Wann ist Lorenz endlich fertig? Gelegentlich ist neben dem gleichmäßigen Rauschen des Regens – Blitz und Donner sind bereits weitergezogen – auch das Knarzen seiner Schritte auf der Galerie zu hören. Wenn die Zielperson auftaucht, solange er da oben umherläuft, könnte das alles verderben. Tamara hat sich gerade entschlossen, das Versteck zu verlassen und Lorenz zu holen, als ihr Handybildschirm zweimal kurz aufleuchtet. Tobi hat geantwortet.

Das heißt, wir treffen uns das nächste mal in rosenheim? wie wär's am wochenende?

Tamara seufzt und schüttelt den Kopf. Tobi war schon früher äußerst hartnäckig, wenn er sich etwas in den Kopf gesetzt hatte – und offenbar hat er sich diesbezüglich in den vergangenen Jahren kein bisschen verändert. Sie ist noch immer unschlüssig, ob ihr das nun gefällt oder nicht.

Mal sehen, vielleicht, tippt sie. Und fügt nach kurzer Bedenkzeit hinzu: *ich melde mich.* Dann schickt sie die Nachricht ab und steckt das Handy wieder in die Tasche.

In diesem Moment hört sie die knarzenden Stufen der hölzernen Wendeltreppe, und kurz darauf taucht Lorenz auf und setzt sich wieder neben sie.

»Da bist du ja endlich«, flüstert sie vorwurfsvoll. »Was fällt dir eigentlich ein? Du hättest uns verraten können!«

Lorenz antwortet nicht.

»Was ist los? Alles in Ordnung?«, erkundigt sich die Hauptkommissarin nun etwas sanfter.

»Ja«, raunt Lorenz. »Ich habe nur … Ach, ich kann dir das jetzt nicht erklären. Das würde zu lange dauern – und es könnte jeden Moment losgehen.«

Er hat recht. Inzwischen ist es stockdunkel geworden, und alles im Gebäude scheint zu schlafen. Sie müssen jederzeit damit rechnen, dass die Zielperson auftaucht.

Also sitzen die beiden fortan reglos nebeneinander und starren schweigend durch die Lücke in der Bücherreihe. Eine Viertelstunde vergeht, dann eine weitere. Lorenz gähnt, ändert minütlich seine Sitzposition und reibt sich immer wieder die Augen. Tamara bedauert ihn. Sie wusste, was auf sie zukommen würde. Schließlich hat sie in den vergangenen Jahren etliche Tage und Nächte damit verbracht, verdächtige Personen oder bestimmte Orte zu observieren. Im Gegensatz zu Lorenz ist ihr die gefährliche Mischung aus Anspannung, Langeweile und zunehmender Müdigkeit, die es einem mit jeder Stunde schwerer macht, sein Ziel im Blick zu behalten, bestens vertraut. Doch es hilft nichts: Tamara muss sich konzentrieren, wie lange auch immer das hier dauern wird. Falls Lorenz einnickt, wäre das nicht so schlimm – solange er nur nicht lautstark zu schnarchen beginnt. Aber sie ist der Profi, sie darf und wird sich keine Blöße geben.

Die Minuten fließen zäh dahin, ohne dass sich etwas tut. Allmählich kommen Tamara Zweifel. Ist ihr Plan vielleicht gar nicht so gut wie gedacht? Hat sie sich mit ihrer Annahme, dass der Dealer seine Ware auf jeden Fall vor morgen früh in Sicherheit bringen wird, getäuscht? Was, wenn heute Nacht niemand auftaucht? Immerhin hat die Hauptkommissarin ihrem Chef am Morgen deutliche Fortschritte innerhalb der nächsten vierundzwanzig Stunden versprochen. Streng genommen sogar eine Festnahme. Sollte sie morgen mit leeren Händen in seinem Büro erscheinen, kann sie sich auf ein unangenehmes Gespräch gefasst machen.

Plötzlich ertönt in einiger Entfernung ein leises Geräusch. Kommt das von einer der Türen zwischen den einzelnen Bibliotheksräumen, die von einem Windhauch erfasst wurde? Tamara hat in der ganzen Zeit, die sie neben Lorenz schon in ihrem Versteck kauert, kein bisschen Zugluft gespürt. Naht also endlich der Moment, auf den sie gewartet haben?

Tatsächlich: Jetzt hört man Schritte – und nun ist auch die

Silhouette eines Menschen zu erkennen, der vorsichtig den Saal durchquert und sich dem Regal mit den Büchern zum Thema Geschichte nähert. Tamara sieht im Augenwinkel, wie Lorenz, der wohl tatsächlich eingedöst war, erschrocken zusammenzuckt und sich kerzengerade aufrichtet. Sie legt ihm eine Hand auf die Schulter, um ihm zu signalisieren, dass er ruhig bleiben soll. Jetzt gilt es, die Nerven zu behalten.

Ein Licht flackert auf – offenbar hat die Person eine Taschenlampe bei sich. Dann ertönt das Klicken, das das Öffnen der Geheimtür anzeigt. Lorenz dreht sich zu Tamara um, doch die schüttelt energisch den Kopf. Noch ist nicht der richtige Zeitpunkt. Auch von den beiden anderen Polizisten ist nichts zu sehen.

Der Lichtkegel der Taschenlampe wandert in Richtung des hinter der Bücherwand versteckten Eingangs. Die Gestalt, die jetzt das Regal hervorzieht und sich anschickt, im Geheimgang zu verschwinden, hat eine Art Reisetasche in der linken Hand und sich die Kapuze ihres Pullovers über den Kopf gezogen. Um wen es sich handelt, kann Tamara nicht erkennen, allerdings scheint er oder sie allein gekommen zu sein.

Die Hauptkommissarin wartet noch ein paar Sekunden, gibt Lorenz zu verstehen, dass er im Versteck bleiben soll, und macht sich dann daran, leise und vorsichtig zur Geheimtür zu schleichen. Vom Licht der Taschenlampe ist nun nichts mehr zu sehen, die Zielperson ist offenbar schon um die Ecke gebogen, hinter der der Raum liegt, in dem Sandra Vogel getötet wurde.

Tamara muss nicht lange auf ihre Kollegen warten. Sie haben sich ebenfalls beinahe geräuschlos aus ihren Verstecken gewagt und stehen nun neben ihr vor der halb geöffneten Geheimtür. Im Halbdunkel kann Tamara erkennen, dass die beiden nicht nur jeweils eine Taschenlampe, sondern vorsorglich auch ihre Dienstwaffen gezückt haben.

Mit wenigen Gesten verständigen sie sich auf die weitere

Vorgehensweise: Tamara wird mit einem der beiden Streifenpolizisten in den Korridor gehen, während der andere Kollege als Absicherung draußen bleibt – falls der Zielperson die Flucht gelingt oder doch noch Komplizen auftauchen.

Die Hauptkommissarin wagt vor Anspannung kaum zu atmen, während sie sich Schritt für Schritt der Stelle nähert, an der der Gang im Neunzig-Grad-Winkel nach links abbiegt. Die dahinter liegende Tür muss offen stehen, denn das gelegentliche Flackern der Taschenlampe dringt ebenso zu den Polizisten vor wie vereinzelte Geräusche, die darauf hindeuten, dass die Zielperson gerade die Steine beiseiteräumt, hinter denen das Drogenversteck liegt.

Tamara presst ihren Rücken gegen die Mauer und greift unter ihre Sommerjacke, um nun ebenfalls ihre Dienstwaffe aus dem Holster zu ziehen. Ihr Kollege hat seine Lampe eingeschaltet, richtet sie jedoch direkt auf den Boden, um sie nicht frühzeitig zu verraten. Die Hauptkommissarin nickt ihm zu, hebt dann ihre linke Hand und zählt mit den Fingern herunter: Drei – zwei – eins – los!

Tamara macht einen Satz um die Ecke, umklammert den Griff ihrer Waffe mit beiden Händen und zielt nach vorn. Drei schnelle Schritte und sie steht in der Tür zur Kammer. »Polizei! Hände hoch und ganz ruhig stehen bleiben!«

Der Raum wird von der auf dem Boden platzierten Taschenlampe schwach ausgeleuchtet. Vor der Nische, in der die Pillen versteckt sind, steht, mit dem Rücken zu Tamara, die Person mit dem Kapuzenpullover und hebt zögerlich beide Hände. Die Reisetasche liegt geöffnet zu ihren Füßen, daneben einige der bereits herausgelösten Mauersteine.

Tamara vergewissert sich mit einem Blick nach links und rechts, dass sich außer ihnen niemand hier befindet, und geht dann zwei Schritte auf die Zielperson zu. Ihr Kollege postiert sich schräg hinter ihr und leuchtet mit seiner Lampe über ihre Schulter.

Plötzlich sind Schritte im Korridor zu hören, und kurz darauf erscheint der zweite Streifenpolizist in Begleitung von Lorenz.

»Was macht ihr denn hier?«, fragt Tamara entgeistert, während sie weiterhin die Waffe auf die Zielperson richtet. »Ihr sollt doch draußen warten!«

»Ich weiß«, stammelt der Polizist schuldbewusst. »Aber Ihr Freund, also Herr Kastner ... Er war nicht zu stoppen.«

»Ich hab's nicht mehr ausgehalten«, flüstert der Historiker. »Außerdem hätte es doch sein können, dass ihr Hilfe braucht mit ... Wer ist es denn nun überhaupt?«

Tamara schüttelt resigniert den Kopf und wendet sich wieder der Zielperson zu, die noch immer mit erhobenen Händen vor der Nische steht.

»Drehen Sie sich langsam um und nehmen Sie die Kapuze ab!«, befiehlt die Hauptkommissarin.

Die Zielperson folgt der Aufforderung und wendet sich im Zeitlupentempo den Beamten und dem Historiker zu. Dann greift sie mit der rechten Hand ihre Kapuze und zieht sie sich vom Kopf.

Dritter Teil

1

»Das war wieder mal gute Arbeit, Frau Hauptkommissarin.« Dominik Zeller räuspert sich, rollt mit seinem Sitzball etwas nach vorn und hält sich mit beiden Händen an der Kante seines Schreibtisches fest. »Ich muss zugeben, dass ich meine Zweifel hatte, als Sie mir gestern um diese Zeit ankündigten, den Täter im Fall Sandra Vogel innerhalb von vierundzwanzig Stunden zu überführen.«

»Eigentlich habe ich gestern nur eine *Festnahme* in Aussicht gestellt«, erwidert Tamara Stahl, die vor dem Schreibtisch Platz genommen hat. »Die es in der vergangenen Nacht gegeben hat. Nicht mehr und nicht weniger. Noch ist niemand überführt.«

»Nun, alles Weitere sollte nach dem, was Sie mir berichtet haben, reine Formsache sein, nicht wahr? Die Fakten sprechen eine klare Sprache: Die geheime Kammer wurde als Zwischenlager für Drogen genutzt. In ihr wurde eine Frau umgebracht, die dem Rauschgifthandel wenige Tage zuvor auf die Spur gekommen war. Selbst ohne Geständnis bestehen gute Chancen für eine Anklage nicht nur wegen Drogenhandels, sondern auch wegen Mordes. Die Indizien sind meines Erachtens erdrückend.«

Tamara nickt. In diesem Punkt stimmt sie ihrem Chef zu.

»Dann hätten wir wohl fürs Erste alles besprochen«, sagt Zeller, während er sich von seinem Sitzball erhebt. Er wirft einen Blick auf seine Armbanduhr. »Vergessen Sie nicht: Um elf Uhr sind wir mit dem Staatsanwalt beim Haftrichter.«

Natürlich wird Tamara den Termin nicht vergessen. Aber vorher wartet noch eine ganze Menge Arbeit auf sie: Der Bericht über den Einsatz der gestrigen Nacht muss geschrieben werden, ebenso die entsprechenden Pressemitteilungen. Aber zuerst will die Hauptkommissarin das Verhör vornehmen.

Nachdem sie das Büro ihres Vorgesetzten verlassen hat, begibt sie sich direkt in das Vernehmungszimmer, das sich im ersten Untergeschoss des Polizeipräsidiums befindet, unweit der Zellen. Sie entscheidet sich gegen den Lift und nimmt die Treppe.

Unten angekommen, wird die Hauptkommissarin auf dem Flur von ihrem Kollegen Heinrich Schmitterer empfangen. Sie hat ihn vorher gebeten, während ihres Gesprächs mit dem Chef schon einmal die Befragung vorzubereiten.

»Endlich. Wir warten alle nur noch auf dich«, verkündet Schmitterer nun. Obwohl sie kurz davor sind, einen ziemlich spektakulären Fall abzuschließen, strahlt er keinen Enthusiasmus aus. Doch das muss nicht viel bedeuten. Nur ein einziges Mal hat Tamara ihn in den vergangenen zwei Jahren wirklich begeistert erlebt: am Tag nach dem Aufstieg des TSV 1860 Rosenheim in die Fußball-Regionalliga.

»Ist ein Anwalt dabei?«, erkundigt sich Tamara. Sie hätte keineswegs etwas dagegen. Natürlich kann ein gewiefter Rechtsbeistand eine Vernehmung verkomplizieren. Doch manchmal hilft es auch, wenn jemand, der kein Polizist ist, einen Verdächtigen berät – und ihn beispielsweise von der Unsinnigkeit hartnäckigen Leugnens trotz erdrückender Beweislast überzeugt.

»Nein, noch wurde keiner verlangt.«

»In Ordnung. Dann mal los.«

Sie betreten das Vernehmungszimmer. Die Hauptkommissarin grüßt die unauffällig in einer Ecke postierte uniformierte Polizistin mit einem kurzen Nicken und wendet sich dann der Person zu, die in der Mitte des Raums auf einem von drei schlichten, um einen quadratischen Tisch gruppierten Stühlen sitzt.

»Guten Morgen«, sagt Tamara, auch wenn die Gefahr besteht, dass diese Floskel für den Angesprochenen wie Hohn klingt. Als die beiden Beamten sich gesetzt haben, prüft Tamara, dass das auf dem Tisch platzierte Mikrofon eingeschaltet ist, und beginnt.

»Ihr Name ist Peter Kurz, Sie sind vierunddreißig Jahre alt, wohnen in Schloss Falkenberg und sind bei der dort ansässigen Internatsschule als Hausmeister angestellt. Ist das so weit richtig?«

Der Mann, der gestern Nacht in der geheimen Kammer festgenommen wurde, nickt. Erst nachdem Heinrich Schmitterer auf das Mikrofon gedeutet hat, sagt er leise: »Ja.«

»Ich habe vor ungefähr sieben Jahren mit dem Pokern angefangen. Im Internet. Damals hieß es, wenn man das gut macht und ernsthaft betreibt, kann man sogar davon leben. Ich habe immer öfter gespielt und bin bald auch ins Casino gegangen. Manchmal in Bad Wiessee, manchmal in Salzburg. Wie die Profis eben. Es lief ganz gut, ich habe mehr gewonnen als verloren. Aber gereicht hat es nie. Außerdem waren die Casinos irgendwie nicht meine Welt. Dann hab ich Leute getroffen, die private Pokerrunden organisieren. Mit höherem Einsatz. Die geben einem auch Kredit, wenn's mal nicht so läuft. Na ja, und irgendwann lief's auch bei mir nicht mehr so … Zuerst ging's nur darum, ein paar Wochen bis zum nächsten Gehalt zu überbrücken. Ich habe damals noch in einem Baumarkt gearbeitet. Aber irgendwie bin ich dann von den Schulden nicht mehr runtergekommen. Weil ich währenddessen natürlich weitergespielt habe – und leider zu oft verloren habe. Und dann wollten die ja auch noch Zinsen, und zwar nicht zu knapp. Schnell ging es um richtig viel Geld. Als bald darauf auch noch der Baumarkt geschlossen wurde und ich ohne Job dastand, dachte ich: Das war's – das ist das Ende.«

Peter Kurz macht eine Pause, räuspert sich und nimmt einen

Schluck aus dem Wasserglas, das Tamara für ihn hat holen lassen.

»Aber die haben mich nicht fertiggemacht, sondern stattdessen gesagt: ›Kopf hoch, wir helfen dir jetzt erst mal, Arbeit zu finden.‹ Sie meinten, ich solle mich beim Internat in Falkenberg auf die Stelle des Hausmeisters bewerben. Wenn ich den Job hätte, würden sie mir ein paar Spezialaufträge geben, um damit meine Schulden bei ihnen abzugelten.« Er trinkt noch einmal, bevor er fortfährt: »Natürlich habe ich mich beworben, etwas anderes blieb mir ja gar nicht übrig. Und Herr Dr. Brenner hat sich tatsächlich für mich entschieden, es war fast wie ein Wunder. Die Arbeit im Schloss hat mir von Anfang an gefallen, und bald darauf bekam ich meinen ersten Auftrag: Ich sollte mich anbieten, den Fahrdienst für die Schüler neu zu regeln. Der war wirklich nicht gut organisiert, außer mir mussten meistens auch Lehrer oder Erzieher die Busse fahren – obwohl das eigentlich nicht in deren Aufgabenbereich fiel. Deshalb war der Internatsleiter auch offen für meinen Vorschlag, ein Angebot eines Chauffeurservices einzuholen – und begeistert, als er merkte, dass die Kosten für die professionellen Fahrer längst nicht so hoch waren wie befürchtet.« Peter Kurz seufzt und kratzt sich am Hinterkopf.

»Dieser Chauffeurservice, das waren Ihre … Freunde?«, fragt Heinrich Schmitterer.

»Ja. Nachdem sie fix engagiert waren, bekam ich meine nächsten Anweisungen. Es ging darum, sich an wechselnden Orten mit Leuten zu treffen, die mir Pakete übergaben. Diese Pakete sollte ich im Schloss an einem sicheren Ort aufbewahren und etwa wöchentlich einen Teil ihres Inhalts – Tüten mit Tabletten drin – auf die Busse verteilen. Meistens habe ich das Zeug mit Klebeband unter den Sitzen festgemacht.«

»Sie wussten, worum es sich bei den Tabletten handelte?«, schaltet sich Tamara mit einer Frage ein.

»Na ja, sagen wir mal so: Ich bin nicht bescheuert. Natürlich war mir klar, dass das nichts Legales ist.«

Peter Kurz erklärt, die Fahrer hätten die Tüten mit den Tabletten am jeweiligen Zielort ausgeladen und an örtliche Dealer übergeben, die die Aufputschmittel dann abends und nachts in Clubs und Diskotheken verkauften. Jedenfalls nehme er das an – er habe da nie genau nachgefragt.

»Diese versteckte Kammer in der Bibliothek«, wirft Tamara ein, »kam Ihnen natürlich sehr gelegen. Sie war das perfekte Zwischenlager. Wie haben Sie die Geheimtür entdeckt?«

»Zufällig. Von einer Schnitzfigur an einem der Bücherregale war ein Stück abgebrochen, das ich wieder angeklebt habe. Da ich den Spezialkleber schon einmal mitgenommen hatte, sah ich mir bei der Gelegenheit auch gleich die anderen Figuren an und überprüfte sie auf Risse im Holz. Dabei habe ich dann den Öffnungsmechanismus ausgelöst. Sie können sich vorstellen, wie überrascht ich war. Zuerst wollte ich Herrn Dr. Brenner holen und ihm den versteckten Raum zeigen – dachte aber dann, dass ich meine Entdeckung besser für mich behalten sollte.«

»Weil Sie die Kammer als Versteck benutzen wollten«, ergänzt Heinrich Schmitterer.

»Ja«, bestätigt Peter Kurz. »Das war viel ungefährlicher, als die Pillen bei mir in der Wohnung aufzubewahren. Da ich mir aber nicht hundertprozentig sicher sein konnte, dass im Schloss wirklich niemand außer mir von der Geheimtür wusste, beschloss ich, die Pakete zusätzlich hinter einer Wand aus losen Mauersteinen zu verbergen. Die lagen ja quasi in der Kammer bereit.«

»Seit wann haben Sie die Drogen dort gelagert?«, fragt der Hauptkommissar.

Der Hausmeister überlegt einen Moment lang. »Ich habe die Geheimtür vorletztes Jahr im Herbst entdeckt. Also seit gut anderthalb Jahren.«

»Und in dieser Zeit ist nie jemand anders als Sie in der Kammer gewesen?«

»Nein, nicht, dass ich wüsste. Also ... bis Montagnacht. Da wurde mir plötzlich klar, dass ich tatsächlich nicht der Einzige war, der von dem Raum wusste.«

»Wegen Sandra Vogel?«, fragt Tamara. »Sie war Ihnen auf die Schliche gekommen, nicht wahr?«

»Na ja, so eindeutig war das nicht. Ende der vergangenen Woche ging das Gerücht um, dass ein Schüler mit Amphetaminen erwischt worden sei und daraufhin behauptet habe, die Tabletten in einem unserer Busse gefunden zu haben. Da ist mir natürlich die Düse gegangen. Ich nahm an, dass der Fahrer des Busses beim Ausladen der Ware nicht aufgepasst hatte und eine Tüte unter einem Sitz kleben geblieben war. Ich ärgerte mich maßlos, so etwas hätte nie passieren dürfen. Zum Glück glaubte Dr. Brenner dem Schüler anscheinend nicht, was mich dann auch wieder ein bisschen beruhigt hat. Zu meinen Auftraggebern habe ich gesagt: ›Wir müssen jetzt für eine Weile die Füße still halten und dürfen nichts riskieren. Wenn in ein paar Wochen Gras über die Sache gewachsen ist, können wir wie gewohnt weitermachen.‹«

»Aber dann ist Ihnen Sandra Vogel dazwischengekommen.« Heinrich Schmitterer, der langsam die Geduld verliert, beugt sich nach vorn und sieht Peter Kurz direkt in die Augen. »Irgendwie hat sie von Ihrem Zwischenlager in der geheimen Kammer erfahren oder herausbekommen, dass Sie mit dem Drogenhandel in Verbindung stehen. Jedenfalls haben Sie beschlossen: Die Lehrerin muss sterben.«

»Hören Sie ...« Peter Kurz senkt den Blick und blinzelt nervös. »Meine Lage ist alles andere als gut. Genau genommen ist sie beschissen. Ich werde in den Knast gehen, und zwar für ein paar Jahre.« Er schweigt einen Augenblick lang und richtet sich wieder ein wenig auf. »Ich weiß, dass meine einzige Chance darin besteht, mit Ihnen zu kooperieren. Deshalb werde ich Ihnen alles sagen, was ich weiß, und gestehen, was es zu gestehen gibt.«

Tamara und ihr Kollege nicken synchron.

»Aber was ich nicht zulassen werde«, fährt der Hausmeister fort, »ist, dass Sie mir etwas unterschieben, das ich nicht getan habe. Es überrascht mich nicht, dass Sie mich des Mordes verdächtigen, und ich habe meinen Teil dazu beigetragen, dass Sie das tun. Aber die Wahrheit ist: Ich bin kein Mörder. Ich habe Sandra Vogel nicht umgebracht.«

»Ich bin fassungslos.« Dr. Julius Brenner starrt aus dem Panoramafenster seines Büros, doch Lorenz ist sich sicher, dass er nichts von dem wahrnimmt, was da draußen vor sich geht. »Drogenhandel im großen Stil unter dem Dach unseres Schlosses – direkt vor unseren Augen. Das ist eine Katastrophe! Als hätte es zuletzt nicht schon genug Katastrophen für uns gegeben. Erst dieser furchtbare Mord – und nun das …«

»Es sieht doch so aus«, wirft Frau Weinhold, die im Türrahmen steht, zögerlich ein, »als würde beides miteinander in Zusammenhang stehen. Insofern hat es auch sein Gutes, dass das Drogenversteck aufgeflogen ist, weil damit der Mord an Sandra Vogel aufgeklärt wurde. Ja, wahrscheinlich wird in den nächsten Tagen tatsächlich noch mehr Unruhe herrschen, aber wenn die Leitung des Internats so eng zusammensteht, wie sie das bisher immer getan hat, wird die Schule auch diese Situation meistern. Dann können wir durchatmen – und irgendwann auch wieder zum Alltag zurückkehren.«

Der Internatsleiter schüttelt den Kopf und wendet sich vom Fenster ab. »Ich weiß Ihre Aufmunterungsversuche zu schätzen, Frau Weinhold, aber unter den gegebenen Umständen fällt es mir sehr schwer, an eine Rückkehr zur Normalität zu glauben. Außerdem müssen wir gerade schmerzlich realisieren, dass unser Alltag zuletzt längst nicht so idyllisch war, wie wir angenommen haben.« Dr. Brenner beugt sich über seinen

Schreibtisch, greift nach einem Papierstapel und reicht ihn seiner Sekretärin. »Die habe ich unterzeichnet.«

Frau Weinhold nickt, nimmt die Blätter entgegen und verschwindet ohne ein weiteres Wort im Vorzimmer.

Sobald er mit Lorenz allein ist, wird die Tonlage des Internatsleiters schärfer. »Wie kann es sein, dass in meiner Schule ein Polizeieinsatz geplant wird und ich nicht darüber informiert werde? Sie, ein Historiker, haben nicht nur davon gewusst – Sie haben mit Ihrer kleinen Schauspieleinlage gestern beim Mittagessen sogar mitgeholfen. Und ich? Ich erfahre von all dem erst heute Morgen und stehe da wie ein … ein …« Dr. Brenner lässt sich seufzend in seinen Bürostuhl fallen, während Lorenz weiterhin mitten im Raum stehen bleibt.

»Es ging einfach nicht anders«, setzt er zu seiner Verteidigung an, doch der Internatsleiter unterbricht ihn sofort.

»Jaja, ich weiß. Man hatte natürlich keine Ahnung, wer hinter dem Drogenhandel steckt. Hätte ja auch der Chef sein können. Merken Sie eigentlich nicht, wie absurd das ist? Glauben Sie wirklich, ich hätte nichts Besseres zu tun, als diese Schule für zwielichtige Machenschaften zu missbrauchen?«

»Nein, ich … Also, über die Vorgehensweise hat letztlich die Polizei entschieden. Wahrscheinlich ging es da eher ums Prinzip.«

»Aha. Das sind ja schöne Prinzipien.« Dr. Brenner stellt die Ellenbogen auf die Schreibtischplatte, verschränkt die Finger ineinander und schiebt sein Kinn energisch nach vorn. »Aber kommen wir nun zu etwas anderem. Herr Kastner, ich muss Sie bitten, das Schloss baldmöglichst zu verlassen.«

Lorenz schluckt. »Wie bitte? Aber ich bin mit meiner Arbeit noch lange nicht fertig. Die vielen unerwarteten Zwischenfälle haben –«

»Es ist wirklich nicht so, dass ich Ihnen eins auswischen möchte, trotzdem können Sie nicht bleiben. So leid es mir tut. Die Nachricht von Ihrer nächtlichen Räuber-und-Gendarm-Aktion macht gerade im gesamten Schloss die Runde, und Sie möchten weiterhin von früh bis spät hier herumspazieren, als wäre nichts geschehen? Wenn ich das zuließe, würden wir das Thema garantiert nicht mehr los. Schon jetzt muss ich damit rechnen, dass Eltern ihre Kinder von der Schule nehmen werden. Von den Anmeldungen für das nächste Schuljahr ganz zu schweigen. Dazu kommt, dass Sie sich nach allem, was passiert ist, wohl kaum auf Ihre Arbeit konzentrieren könnten.«

»Ich verstehe, auch wenn ich der Meinung bin, dass diese Probleme bestimmt irgendwie zu lösen wären. Immerhin hängt an meiner Arbeit ein ganzes Forschungsprojekt –«

»Darüber können wir jetzt und hier nicht endgültig entscheiden.« Der Internatsleiter lehnt sich zurück. »Aber eines ist sicher, Herr Kastner: Sie müssen noch heute abreisen.«

Wenig später trottet Lorenz in bedrückter Stimmung in Richtung des Literatenturms. Nie hätte er geglaubt, dass sein gestriger Einsatz derartige Konsequenzen nach sich ziehen würde. Im Gegenteil: Als er vorhin auf dem Weg zu Dr. Brenners Büro war, rechnete er insgeheim sogar mit Dankbarkeit und Lob vonseiten des Internatsleiters. Und nun das.

Ein kurzes Läuten verkündet im ganzen Gebäude, dass die erste Schulstunde des Tages zu Ende ist. In seinem Trübsinn nimmt Lorenz kaum Notiz von den Kindern und Jugendlichen, die plötzlich für ein paar Minuten die Gänge bevölkern.

»Hallo, Lorenz!«, erklingt hinter ihm eine vertraute Stimme.

Er bleibt stehen und dreht sich um. »Charlotte! Gut, dass ich dich treffe – dann kann ich mich gleich von dir verabschieden. Ich muss das Schloss nämlich leider schon wieder verlassen.«

»Wirklich? Bist du denn mit deiner Arbeit überhaupt schon fertig?«

»Nein, aber Herr Dr. Brenner … Ach, lassen wir das. Ich wollte mich auch noch bei dir bedanken. Du hast deinen Teil unseres Plans sehr gut erfüllt.«

»Ich bin nur froh, dass der Mörder gefasst wurde. Es war schon ziemlich gruselig zu wissen, dass er hier irgendwo noch frei herumläuft. Und die Geschichte von der Geheimtür unter den Schülern zu verbreiten, war überhaupt nicht schwer. Diesmal war es von Vorteil, dass wir so eine kleine Schule sind. Wenn man den richtigen Leuten ein Geheimnis verrät, weiß innerhalb von ein paar Stunden die fünfte Klasse so gut darüber Bescheid wie die zwölfte. Ich musste einfach nur gezielt vorgehen. Apropos, ich würde dich noch gern was fragen.«

»Bitte schön, nur zu.«

»Glaubst du, dass sich Frauen, die sich ungerecht behandelt oder hintergangen fühlen, anders rächen als Männer?«

Lorenz stutzt. »Ähm, also … darüber habe ich ehrlich gesagt noch nie nachgedacht. Wie kommst du darauf?«

»Wir lesen gerade den ›Besuch der alten Dame‹, und ich habe zu Frau Schumann – das ist unsere Deutschlehrerin – gesagt, dass ein über Jahre detailliert geplanter Rachefeldzug, wie ihn die Hauptfigur unternimmt, doch eher typisch weiblich ist.«

»Weil Männer in solchen Situationen anders handeln?«

»Genau. In der Literatur wird das sehr oft thematisiert. Zum Beispiel Shakespeares ›Othello‹, das Stück habe ich neulich mit meinen Eltern im Theater gesehen. Da ist es nicht etwa so, dass der eifersüchtige Ehemann perfide Pläne ersinnt, um seinen Nebenbuhler zu beseitigen. Stattdessen dreht er durch, tötet seine Frau und dann sich selbst. Und zwar noch bevor ihn jemand darüber aufklären kann, dass sie ihn gar nicht betrogen hat.«

Lorenz nickt und runzelt die Stirn. »Othello« spielt in Venedig – mehr fällt ihm dazu im Augenblick nicht ein. »Du meinst also, Männer reagieren auf Kränkungen in der Regel impulsiv, während Frauen bei ihrer Rache eher einem durchdachten Plan folgen?«, fasst er schließlich zusammen.

»Genau. Jedenfalls, wenn man sich an die großen Werke

der Weltliteratur hält. Meine Deutschlehrerin ist allerdings der Meinung, das sei eine veraltete, auf geschlechtsspezifische Merkmale fixierte Sichtweise.« Charlotte seufzt. »Wem soll ich nun glauben? Dürrenmatt und Shakespeare – oder Frau Schumann?«

»Ein echtes Dilemma«, antwortet Lorenz und schmunzelt. »Vielleicht solltest du es mit einer diplomatischen Lösung versuchen: Im Klassenzimmer hältst du dich an Frau Schumann und im restlichen Leben an die Größen der Weltliteratur … Ach, mir fällt gerade noch etwas ein. Könntest du mir einen Gefallen tun?«

»Sicher.«

Lorenz zieht ein Kärtchen aus seiner Hosentasche und reicht es Charlotte. »Kannst du das Henrik geben, wenn er dir mal über den Weg läuft? Damit er mich anrufen kann, sobald er mit seinem Vater über den Schaden an meinem Auto gesprochen hat.«

»Okay, wird erledigt.«

Als wieder das kurze Läuten ertönt, sieht sich Charlotte erschrocken um. Die anderen Schüler sind längst wieder in den Unterrichtsräumen verschwunden. »Oh, ich muss los, die zweite Stunde fängt an! Mach's gut, Lorenz.«

»Du auch, Charlotte. Und schreib mir doch mal eine E-Mail, meine Adresse hast du ja.«

»Mach ich. Tschüss!« Und damit ist das Mädchen bereits um die nächste Ecke des Korridors verschwunden.

Als er die Tür zu seinem Zimmer öffnet, grübelt Lorenz darüber nach, wie er seinem Chef und den Kollegen an der Universität das unrühmliche Ende seines Aufenthalts auf Schloss Falkenberg erklären soll. Dann fällt sein Blick auf die Kleidungsstücke, die er gestern achtlos in eine Ecke geworfen hat, bevor er sich ins Bett legte, um wenigstens noch ein paar Stunden Schlaf zu bekommen. Er hebt die Sachen auf – und muss an den Brief denken, den er am Abend in der Bibliothek gefunden hat. In dem Buch mit der Signatur: IK893.

In den Stunden zuvor hatte er sich den Kopf über den Code auf dem Zettel aus Tamaras Notizbuch zerbrochen. Irgendetwas daran kam ihm bekannt vor, weshalb er sich die Reihe aus Zahlen und Buchstaben noch im Café auf einer Serviette notiert hatte. Aber erst sehr viel später – als er neben Tamara in der Bibliothek saß und die Werke rundherum studierte – fiel es ihm wie Schuppen von den Augen: Der mittlere Teil des Codes war eine Buchsignatur aus der Schlossbibliothek, und zwar die eines der älteren Titel, die auf der Galerie stehen. Da Lorenz sicher war, dass er das betreffende Buch schnell finden würde, ging er sofort hinauf, ohne sich um Tamaras Protest zu kümmern.

Als er das schwere, ledergebundene Werk aus der ersten Hälfte des 19. Jahrhunderts in den Händen hielt, überprüfte er sogleich seine zweite These. Auch diese stellte sich als richtig heraus: Beim Aufschlagen von Seite 522 – der Zahl, die sich ergab, wenn man im Code die eine Ziffer vor und die beiden nach der eigentlichen Signatur hintereinander las – fiel Lorenz ein zusammengefaltetes Blatt in die Hand, das sich auf den zweiten Blick als maschinengeschriebener Brief entpuppte. Weil er auf der im Halbdunkel liegenden Galerie keine Zeit hatte, sich näher damit zu befassen, steckte er das Stück Papier schnell ein, stellte das Buch wieder ins Regal und kehrte zu Tamara zurück.

Jetzt, etliche Stunden später, zieht Lorenz das Blatt aus der Gesäßtasche der Hose, setzt sich an den Schreibtisch, faltet den Brief auseinander und liest.

Meine Liebste, wie oft haben wir uns inzwischen auf diesem Weg geschrieben? Wie oft haben mich deine Zeilen über die Heimlichkeiten hinweggetröstet, hinter denen wir uns leider immer wieder verstecken müssen? Die ver-

gangenen Monate waren wie ein Traum für mich. Ich übertreibe nicht, wenn ich sage, dass du mir eine neue Welt eröffnet hast. Dich zu lieben und von dir geliebt zu werden, das ist ein Glück, auf das ich nicht mehr zu hoffen gewagt hatte. Doch nun sind wir, wie du selbst gesagt hast, an einem Wendepunkt angelangt. Es ist wahr: Wir können nicht ewig so weitermachen.

Mit dir wegzugehen, irgendwo ein neues, gemeinsames Leben zu beginnen – das ist ein verlockender Gedanke. Aber kann dieser Gedanke in der Wirklichkeit bestehen? Würdest du in einem normalen Alltag mit mir nicht irgendwann das Aufregende und Abenteuerliche vermissen? Und wenn du deshalb unzufrieden wärst, würde ich dann nicht irgendwann Gefahr laufen, dir Vorwürfe zu machen, weil ich ein Leben, das mir in weiten Teilen durchaus entsprochen hat, weggeworfen habe?

Ich will nicht, dass wir einmal so enden. Unsere Liebe soll nicht langsam in der Wüste des Alltags vertrocknen. Sie soll bestehen bleiben, unverändert und ewig. Auch wenn das bedeutet, dass wir nun getrennte Wege gehen müssen.

Der Klingelton seines Handys lässt Lorenz erschrocken zusammenfahren. Es dauert einige Sekunden, bis er sicher ist, aus welcher Richtung die Klaviermusik ertönt. Dann steht er hastig auf, kramt das Telefon unter dem Bett hervor und meldet sich – erleichtert darüber, dass der Anrufer noch nicht aufgegeben hat.

»Guten Morgen, Herr Kastner. Hier ist Beckstein.«

Professor Dr. Beckstein, sein Chef am Lehrstuhl für mittelalterliche Geschichte an der Universität München. Lorenz' Erleichterung schlägt unverzüglich in Panik um.

»Ah, Herr Professor, wie … schön, Sie zu hören.«

Am anderen Ende der Leitung ist ein staubtrockenes, ironisches Lachen zu vernehmen. »Wenn Ihnen meine Stimme tatsächlich so viel Freude bereitet, würde ich Ihnen empfehlen, sich öfter mal bei mir zu melden. Sie haben schließlich meine Nummer.«

»Ja. Ähm.« Lorenz täuscht den Kampf mit einem Frosch im Hals vor, um etwas Zeit zu gewinnen.

Doch sein Gesprächspartner kennt kein Pardon. »Also, Herr Kastner, dann wollen wir mal nicht lange um den heißen Brei herumreden. Wie ist bei Ihnen die Lage? Sind Sie fertig mit Ihren Untersuchungen?«

2

»Wie gesagt, nachdem dieser Maximilian von Sandra Vogel mit den Tabletten erwischt wurde, habe ich meinen Bekannten vorgeschlagen, erst einmal einen Gang runterzuschalten. Alles andere hielt ich für zu riskant.«

Peter Kurz schenkt sich Wasser aus der Flasche nach, die die uniformierte Polizistin auf Heinrich Schmitterers Anweisung hin geholt hat. Obwohl das Gespräch mit dem Hausmeister aufgezeichnet wird, hat Tamara inzwischen ihr Notizbuch gezückt. So kann sie sich während seines Berichts Stichworte notieren, zu denen sie dem Verdächtigen später noch Fragen stellen möchte. Peter Kurz hat mit großer Vehemenz abgestritten, Sandra Vogels Mörder zu sein. Umso gespannter ist die Hauptkommissarin nun auf seine Version der Geschichte.

»Aber die haben nicht auf mich gehört«, fährt der Hausmeister fort. »Sie meinten, die nächste Lieferung solle auf jeden Fall noch raus. Das hieß für mich: Die Busse mussten bis Dienstagmorgen beladen werden. Montagabend war ich allerdings in Rosenheim beim Pokern – das ist 'ne harmlose private Runde, wir spielen wirklich nur um kleine Beträge. Ich kam erst spät in der Nacht ins Schloss zurück.«

»Wann genau?«, fragt Heinrich Schmitterer, dem offenbar ebenso wie Tamara sofort aufgefallen ist, dass es sich um den Zeitraum handelt, in dem der Mord geschehen sein muss.

»Genau weiß ich das nicht«, antwortet der Hausmeister, »aber es dürfte nach Mitternacht gewesen sein. Als ich etwas später, nachdem ich meinen Overall und meine Handschuhe angezogen hatte, die Wohnung verlassen habe, um in die Bibliothek zu gehen, war es jedenfalls genau Viertel vor eins. Da hab ich auf die Uhr geschaut.«

Tamara nickt und schreibt etwas auf, bevor sie Peter Kurz anblickt, um ihn so zum Weiterreden aufzufordern.

»Ich wollte alles wie immer machen: die Tabletten aus dem Versteck holen und die Tüten auf die entsprechenden Busse verteilen. Aber als ich die Geheimtür öffnete, kam mir etwas komisch vor. Ich glaube, es war der Geruch von Kerzen, ein bisschen wie in der Kirche. Und dann ... als ich mit meiner Taschenlampe reingegangen war und die Zwischentür geöffnet hatte, habe ich Frau Vogel da liegen sehen ...« Peter Kurz atmet plötzlich schwer. Die Erinnerung an diesen Moment scheint ihn tatsächlich mitzunehmen. Nach einer kurzen Pause hat er sich wieder ein wenig gefangen. »Natürlich habe ich überprüft, ob sie noch lebt – aber da war nichts mehr. Kein Puls, und ihre Augen waren ... tot. Ich geriet in Panik, wusste nicht, was ich tun sollte. Einerseits überlegte ich fieberhaft, was überhaupt geschehen war und wie die Frau in die Kammer gekommen sein konnte. Andererseits hatte ich Angst, dass nun alles auffliegen würde. Alarm schlagen konnte ich nicht, denn dann hätten doch alle sofort von dem geheimen Raum erfahren, und das Versteck wäre mit Sicherheit ebenfalls entdeckt worden. Aber die Leiche da liegen lassen und die Kammer wieder verschließen konnte ich auch nicht. Ich dachte: Wenn Frau Vogel vermisst wird, untersuchen die hier bald jeden Quadratzentimeter – und kommen mir auch auf die Spur. Ich weiß nicht, wie lange es gedauert hat, aber irgendwann war ich davon überzeugt, nur eine Chance zu haben: Ich musste die Leiche wegschaffen. Die Tote musste an einer anderen Stelle gefunden werden. Die Teufelsschlucht fiel mir ein, da springen ja immer wieder Lebensmüde runter. ›Wenn ich sie da runterwerfe, fragt keiner mehr nach der Todesursache‹, habe ich mir gesagt. Jeder wird denken: Selbstmord – ist doch klar. Niemand würde dann auf die Idee kommen, das Schloss zu durchsuchen.« Peter Kurz hält für einen Moment inne. »Ich weiß, das klingt jetzt alles sehr kaltblütig, aber ich stand unter Schock. Und die Frau war nun einmal tot, nichts, was ich tat, konnte sie wieder lebendig machen. Aber mich selbst – mich könnte ich noch retten. Dachte ich.«

»Frau Vogel wurde aber nicht in der Teufelsschlucht gefunden«, stellt Tamara gelassen fest.

Kurz nickt. »Weil ich mein Vorhaben nicht umsetzen konnte. Zuerst lief alles glatt – auch wenn es sehr mühsam und alles andere als angenehm war, die Leiche aus der Kammer und zum Hinterausgang zu transportieren und sie dann im großen Kofferraum des Hausmeisterwagens zu verstauen. Als ich den Schlossberg runterfuhr und noch immer niemand etwas bemerkt hatte, wurde ich ruhiger. Ich dachte, mein Plan könnte tatsächlich aufgehen. Dann bog ich in die Hauptstraße ein, fuhr ein paar hundert Meter durch das nachtschlafende Dorf – und kriegte plötzlich einen Riesenschreck. Da war die Polizei! Wahrscheinlich wegen des Schützenfestes in Rohrdorf. Glücklicherweise hatte ich die Uniformen im Scheinwerferlicht eines anderen Wagens durch das Gestrüpp hindurch gesehen, sonst wäre ich denen hinter der nächsten Kurve direkt vor die Nase gefahren. Eine allgemeine Verkehrskontrolle mit einer Leiche im Kofferraum! Vor Schreck bin ich einfach in die nächste Einfahrt abgebogen – bloß von der Straße runter.«

»Und das war die Einfahrt des Ziegelmeier-Hofs?«, erkundigt sich Tamara der Vollständigkeit halber.

»Genau«, bestätigt Peter Kurz. »In dem Moment war ich

völlig durch den Wind. Ich wusste nicht, ob mich die Polizisten schon bemerkt hatten, und wollte die Leiche sofort loswerden. Also habe ich nicht weiter nachgedacht, sondern bin ausgestiegen, habe sie aus dem Kofferraum geholt und in einer dunklen Nische abgelegt. Danach wollte ich nur noch weg. Ich bin wieder zum Schloss hochgefahren, habe den Wagen abgestellt und mich ins Bett gelegt. Ich wollte nichts mehr hören und sehen, verstehen Sie?«

»Es ist nicht gesagt, dass seine Aussage zu hundert Prozent der Wahrheit entspricht.« Dominik Zeller hält es längst nicht mehr auf seinem grünen Sitzball. Bereits während Tamara ihm von der Aussage des Hausmeisters berichtet hat, ist er aufgesprungen, jetzt läuft er unruhig in seinem Büro auf und ab. »Peter Kurz ist der Einzige weit und breit mit einem Motiv für den Mord an Sandra Vogel – und zwar mit einem verdammt guten. Dass er nur zugibt, was nicht mehr zu leugnen ist – nämlich den Drogenhandel –, und versucht, das Tötungsdelikt abzustreiten, ist nicht weiter verwunderlich, oder?«

»Stimmt«, erwidert Tamara. »Aber ich muss gestehen, dass es von Anfang an Details gab, die mich daran haben zweifeln lassen, dass er für den Tod von Sandra Vogel verantwortlich ist. Vor allem die Vorgehensweise. Würde jemand wie er tatsächlich so umständlich agieren und einen Mord mit Insulin begehen? Hätte er Frau Vogel nicht erschlagen oder erstechen können? Oder in seiner Funktion als Hausmeister einen Unfall fingieren? All das wäre für ihn viel einfacher gewesen. Und trotzdem überlegt er sich so etwas Kompliziertes? Ich weiß nicht. Außerdem stellt sich die Frage, warum er Sandra Vogel ausgerechnet in der geheimen Kammer hätte töten sollen, wenn er sie danach ohnehin wegtransportieren wollte. Das wäre nur dadurch erklärbar, dass er sie dort überrascht und daraufhin spontan ermordet hat. Was aber wiederum nicht zu der sorgfältig vorbereiteten Tat mit Hilfe von mehreren

Insulinspritzen passt.« Die Hauptkommissarin seufzt. »Insofern verwundert mich seine Aussage nicht wirklich. Sie fügt sich sogar ziemlich gut ins Bild – und liefert außerdem eine Erklärung für den seltsamen Fundort der Leiche. Nein, ich denke nicht, dass der Mann lügt.«

Dominik Zeller hält inne, starrt ein paar Sekunden lang schweigend auf einen der abstrakten Kunstdrucke, die an den Wänden seines Büros hängen, und setzt sich dann wieder auf seinen Ball.

»Ihre Argumente«, murmelt er schließlich, »sind nicht leicht von der Hand zu weisen. Eventuell müssen wir tatsächlich annehmen, dass Peter Kurz die Wahrheit sagt. Was aber bedeuten würde, dass wir dringend neue Ermittlungsansätze benötigen. Oder können Sie nach dem augenblicklichen Erkenntnisstand einen anderen Verdächtigen benennen, Frau Stahl?«

»Nein. Mein erster Gedanke war, dass vielleicht einer der Auftraggeber von Herrn Kurz hinter dem Mord stecken könnte. Diesen Leuten wäre sicherlich zuzutrauen, dass sie eine solche Tat akribisch vorbereiten. Aber auch hier stellt sich die Frage: Warum sollten sie es riskieren, die Frau im Schloss zu töten – ausgerechnet an dem Ort, an dem ihre Schmuggelware versteckt ist?« Der Leiter der Mordkommission nickt, und Tamara fährt fort: »Peter Kurz hat vollständig ausgesagt und alle Namen genannt. Die Kollegen sind bereits dabei, die Fahrer der Busse und die Hintermänner des Drogengeschäfts aufzuspüren und festzunehmen. Sofern die sich noch nicht abgesetzt haben, werden wir also bald Gelegenheit haben, sie zu verhören. Allzu viel davon versprechen sollten wir uns allerdings nicht.«

Neue Ermittlungsansätze? Dominik Zeller hat leicht reden. Eine halbe Stunde nachdem sie sein Büro verlassen hat, sitzt Tamara an ihrem Arbeitsplatz vor dem Berg von Notizen, Akten und Unterlagen, die im Fall Sandra Vogel bisher angefertigt wurden. Die Hauptkommissarin blättert, vergleicht, grübelt. Natürlich gibt es einige Fragen, die noch ungeklärt sind. Zum Beispiel: Woher kam das Insulin, also die »Tatwaffe«? Die Antwort darauf könnte das entscheidende Puzzlestück sein, das zur Aufklärung des Mordes führt. In den Apotheken im Umkreis von Falkenberg und Rosenheim hat es in letzter Zeit keine Unregelmäßigkeiten in Bezug auf dieses bestimmte Insulinpräparat gegeben. Soll Tamara ihre Kollegen oberbayern- oder gar bayernweit Nachforschungen anstellen lassen? Ihr wird wohl nichts anderes übrig bleiben.

Sie blättert weiter, und der Name »Tauber« fällt ihr ins Auge. Auch die Ermittlungen am Tegernsee haben letztlich in eine Sackgasse geführt …

Apropos Tegernsee: Für ein Treffen mit Tobi am Wochenende wird Tamara angesichts der aktuellen Lage wohl kaum Zeit bleiben. Schade. Noch heute Morgen hat sie sich ausgemalt, wie das wäre: der Fall gelöst, der Papierkram erledigt und dann den Stress der Woche vergessen, während sie mit Tobi ein paar schöne Stunden verbringt. Sie hat an den Biergarten am Roßacker gedacht, danach könnten sie vielleicht noch ins Kino gehen. Andererseits hätte sich auch ein Ausflug zum Chiemsee angeboten oder eine Wanderung auf die Kampenwand … Wer weiß, vielleicht steht ihnen beiden tatsächlich ein Neuanfang bevor?

Und was ist mit Lorenz? Haben seine verspätet abgeschickten Kurznachrichten nicht bewiesen, dass alles nur ein Missverständnis war? Das gemeinsame Essen gestern in seinem Zimmer auf dem Schloss, anschließend die abenteuerliche Erkundung der versteckten Kammer – hat sie das einander nicht wieder nähergebracht? Tamara kann nicht leugnen, dass dabei ihre Gefühle für ihn, die sie nach dem beschämenden Ereignis im Englischen Garten nur noch verdrängen wollte, zumindest für ein paar Augenblicke wieder aufgeflammt sind. Und wenn sie jetzt an ihn denkt, bekommt sie beinahe ein schlechtes Gewissen, weil sie vorhat, sich erneut mit Tobi zu treffen. Aber manchmal ist das eben so. Der falsche Zeitpunkt, die falschen Umstände. Mit Lorenz war bisher alles so unklar und kompliziert. Missverständnisse entstehen ja auch nicht grundlos. Vielleicht sind sie beide einfach zu unterschiedlich.

Wie auch immer: Am kommenden Wochenende wird sie für Privates wenig Zeit haben. Sie muss Tobi auf jeden Fall absagen. Am besten sofort, damit sie zumindest diesen Punkt von ihrer imaginären To-do-Liste streichen kann. Tamara greift nach ihrem Handy, sucht Tobi in ihren Kontakten – sie hat seine Nummer wieder eingespeichert – und ruft ihn an.

Es klingelt, aber weder er noch seine Mailbox meldet sich. Die Hauptkommissarin versucht es noch einmal – mit demselben Ergebnis. Schließlich fällt ihr ein, dass sie noch immer die Festnetznummer von Tobis Elternhaus in Rottach-Egern auswendig weiß. Während sie die altvertraute Zahlenreihe eingibt, scheinen sich die zweieinhalb Jahre, die seit der Trennung vergangen sind, zu verflüchtigen. Wenn sie im Nachhinein an ihre Beziehung mit Tobi dachte, hat sie sich meist an den Ärger und die Enttäuschungen erinnert, die am Ende alles Schöne verdrängt hatten. Doch nun kehrt etwas anderes, viel Fundamentaleres zu Tamara zurück: das wohlige Gefühl, jemanden an seiner Seite zu wissen, erwartet zu werden, sich anlehnen zu können.

»Ja, bitt schön?«

Ist das wirklich die leise, freundliche Stimme von Oma Helli? Sofort sieht Tamara Tobis Großmutter vor sich: die unerschütterliche Dauerwelle im noch immer dichten, grauen Haar, die unzähligen Lachfalten rund um die Augen, ihre leicht gebeugte Haltung, die dunkelblaue Schürze mit dem Blumenmuster. Plötzlich scheint sogar der unverwechselbare Geruch von Oma Hellis Rohrnudeln in der Luft zu liegen.

»Hallo … hier ist Tamara.«

»Tamara? Des is ja schee! Mia ham uns scho so lang nimma ghead …«

»Ja, das stimmt. Geht es dir gut?«

»Ja mei, hier und da zwickt's scho manchmoi a bisserl … Oba i deaf mi ned beschwern, i bin hoid nimma zwanzig. Und dir? Du arbeitst jetzt in Rosenheim, gell?«

»Ja. Mir geht es auch ganz gut, danke. Du, ich müsste kurz mal mit Tobi reden. Er ist doch momentan bei euch, oder?«

»Ja, er is die Woch bei uns. Eigentlich. Aber vorhin hod er auf Minga fahrn miassn, zur Johanna. Der is zurzeit manchmoi so schlecht, weil sie die Schwangerschaft ned guad vertrogt. I sog immer: Des wead scho, im vierten Monat vergeht des. Oiso, die zwoa kemman wahrscheinlich heid auf d' Nacht mitanand her. Dann dad i am Tobi sogn, dass du angrufen hast. Oder du probierst, dass du ihn aufm Handy erreichst. … Tamara? Bist du no dro?«

»Ja … ja. In Ordnung. Du … Ich … Du brauchst ihm gar nichts auszurichten. Ich ruf ihn auf dem Handy an. Mach's gut, Oma Helli.«

Tamara beendet das Gespräch und wirft ihr Smartphone auf den Schreibtisch, wo es unter den Aktenordner rutscht, den sie zuletzt geöffnet hat. Dann lehnt sie sich zurück, schließt die Augen und fährt sich mit den Fingern durch die Haare. Wie kann ein Mensch nur so dumm sein? Hat sie sich nicht schon mehrfach geschworen, nie wieder auf diesen Kerl reinzufallen? Sie hatte es doch bereits geschafft. Seit zweieinhalb Jahren getrennt, weggezogen, neuer Job, seine Nummer war längst gelöscht. Und dann? Dann läuft sie ihm auf diesem blödsinnigen Seminar über den Weg und denkt tatsächlich, er könne die Lösung ihrer Probleme sein. Hat sie wirklich geglaubt, Johanna sei aus Tobis Leben verschwunden? Oder wollte sie es nur glauben?

Sie ist nicht verschwunden. Im Gegenteil: Sie ist immer noch da und dazu noch schwanger. Und der pflichtbewusste werdende Vater kümmert sich rührend um seine Liebste – wenn er nicht gerade hemmungslos mit seiner Ex-Freundin flirtet. Das ist so erbärmlich, dass Tamara allein beim Gedanken daran übel wird.

Ihr Handy klingelt. Für eine Sekunde fürchtet die Hauptkommissarin, dass es Tobi ist, aber dann fällt ihr wieder ein, dass der gerade Wichtigeres zu tun hat, als bei ihr anzurufen. Sie kramt das Smartphone unter den Akten hervor. Es ist Lorenz.

»Hallo.« Tamaras Stimme klingt ton- und antriebslos, obwohl sie versucht, sich nichts anmerken zu lassen.

»Hallo, Tamara. Alles in Ordnung bei dir?«

»Natürlich, was soll nicht in Ordnung sein?«

»Schon gut, ich dachte nur … Na ja, spielt eigentlich auch keine Rolle. Ich muss mit dir sprechen.«

»Bitte sehr. Ich höre.«

»Nein, ich meine … Es wäre besser, wenn wir uns treffen könnten. Vielleicht habe ich etwas Wichtiges entdeckt. Ich bezweifle inzwischen, dass Peter Kurz tatsächlich der Mörder von Sandra Vogel ist. Wenn man bedenkt, dass der Tatort –«

»Damit erzählst du mir nichts Neues, Lorenz. Tatort und Vorgehensweise passen nicht zum Hausmeister. Außerdem streitet Kurz die Tat ab – und hat wahrscheinlich sogar ein Alibi. Vorausgesetzt, die Jungs seiner Pokerrunde in Rosenheim lassen ihn nicht hängen.«

Lorenz, offensichtlich von Tamaras Einwurf überrumpelt, schweigt für ein paar Sekunden, fährt dann aber nicht minder eindringlich fort: »Aber dann ist das, was ich dir zeigen möchte, umso wichtiger. Kannst du herkommen?«

»Ich soll zum Schloss fahren? Warum kommst du nicht ins Präsidium?«

»Weil … ich denke, dass das besser wäre. Außerdem muss ich noch ein paar Messungen vornehmen, damit ich am Montag im Institut nicht völlig blank dastehe. Meine Zeit hier ist nämlich bereits abgelaufen. Aber nicht, weil ich fertig bin, sondern auf Wunsch des Internatsleiters. Der ist nicht mehr besonders gut auf mich zu sprechen.«

»Wegen der Aktion von letzter Nacht?«

»Sieht so aus. Auch darüber möchte ich mit dir reden. Also, was ist – kommst du?«

»Okay, wie du meinst. In einer halben Stunde bin ich da.«

»Sehr gut ... Sag mal, bei dir ist wirklich alles in Ordnung? Du klingst so deprimiert.«

Tamara seufzt. »Mach dir keine Gedanken, Lorenz. Es ist im Moment alles nur ein bisschen stressig. Also, wo treffen wir uns? In deinem Zimmer im Literatenturm?«

Das nächtliche Gewitter war nicht mehr als ein Intermezzo. Inzwischen ist der Tag vorangeschritten, die Sonne steht wieder hoch am beinahe wolkenlosen Himmel, und nur auf dem Asphalt der engen und schattigen Burgstraße erinnern einige dunkle, feuchte Flecken an den heftigen Regen, der Stunden zuvor hier niedergegangen ist.

Roland Fichtner steuert seinen Wagen schwungvoll um die scharfen Kurven und tritt das Gaspedal voll durch, damit dem Wagen bei der erbarmungslosen Steigung nicht die Puste ausgeht. Noch eine Kehre, dann ist es geschafft: Die Fassade des Schlosses taucht aus dem Dunkelgrün der Nadelbäume auf. Das strahlende Weiß des Hauptgebäudes wirkt wie frisch gewaschen.

Auf dem Parkplatz sieht der Journalist einen Streifenwagen der Polizei. Spezialisten in weißen Einwegoveralls machen sich an zwei Kleinbussen vom Fuhrpark der Schule zu schaffen. Offenbar laufen die Ermittlungen bereits auf Hochtouren. Fichtner kommt keine Minute zu früh.

Heute Morgen erreichten aufregende Neuigkeiten die Redaktion des »Rosenheimer Tagblatts«: Nächtliche Polizeiaktion in Schloss Falkenberg – Festnahme eines vierunddreißigjährigen Angestellten wegen des Verdachts auf organisierten Rauschgifthandel – Zusammenhang mit dem gewaltsamen Tod der Lehrerin Sandra V. nicht ausgeschlossen. Natürlich versuchten die Kollegen sofort, Kontakt mit der Schulleitung herzustellen, um mehr zu erfahren. Vergeblich. Fichtner selbst hat bessere Karten – wurde er doch erst gestern ausdrücklich eingeladen, sich für seine geplante Artikelserie im Gebäude umzusehen.

Natürlich ist die Lage heute eine andere. Wahrscheinlich wäre Dr. Julius Brenner unter den gegebenen Umständen nicht mehr bereit, Fichtner Zugang zu seiner Schule zu gewähren. Andererseits dürfte der Internatsleiter im Moment zu viele Probleme haben, um sich über den Redakteur des »Inntalboten« Gedanken zu machen.

Die Fragen, die Fichtner niemandem stellen darf, aber dennoch beantwortet haben möchte, lauten: Wer ist der Vierunddreißigjährige, der gestern Nacht verhaftet wurde? Wurde er in erster Linie wegen Rauschgifthandels festgenommen, oder hält die Polizei ihn tatsächlich auch für den Mörder von Sandra Vogel? Haben die Beamten diesen Schüler namens Henrik oder seinen Freund Max überhaupt auf dem Zettel? Und wenn nicht, gibt es irgendwo im Schloss Indizien, die das untermauern, was Fichtner auf dem Ziegelmeier-Hof gehört hat? Was er momentan berichten kann, ist reines Hörensagen und wird weder die Polizei noch die Leser des »Rosenheimer Tagblatts« restlos überzeugen.

Der Journalist stellt den Wagen am äußersten Rand des Parkplatzes ab und betritt das Schloss durch den Haupteingang. Er will Henriks Zimmer finden, solange die Schüler und Lehrer noch in den Klassenräumen sind. Aber wo ist der Wohntrakt? Jemanden nach der Richtung zu fragen hält Fichtner in diesem Fall für keine gute Idee. Wie schon bei seinem ersten Besuch sieht er sich erfolglos nach einem Wegweiser oder einem Übersichtsplan des Schlosses um, zunächst im Eingangsbereich, dann an der Treppe, der er schließlich in den ersten Stock folgt. Dort steht am Rand des Flurs eine Reihe von Wägen, die Fichtner an eine Hotelwäscherei denken lassen. Tatsächlich stapeln sich darauf sorgfältig gebügelte Kleidungsstücke und Bettwäsche.

Von links nähert sich eine junge Frau im weißen Kittel. Sie schnappt sich einen Wagen und schiebt ihn den Flur entlang. Fichtner blickt ihr nach, bis sie um die nächste Ecke verschwunden ist, und folgt ihr dann. Wohin wird die Wäsche gebracht, wenn nicht in den Wohntrakt?

Tatsächlich führt die junge Frau den Journalisten zu seinem Ziel, ohne ihn zu bemerken. Nachdem sie den Wagen am Physiksaal und am Chemielabor vorbei und mit etwas Mühe durch die Brandschutztür zwischen Hauptgebäude und Ostflügel geschoben hat, geht sie zunächst durch ein enges Treppenhaus und dann durch einen gemütlich eingerichteten Aufenthaltsraum, von dem ein mit Teppichboden ausgelegter Korridor abzweigt. Hier befinden sich neben jeder der farbig angestrichenen Türen schmale Holzregale, in die die Frau nun jeweils einen oder zwei Wäschestapel legt.

Fichtner wagt sich nur so weit in den Korridor vor, dass er einen Blick auf das Namensschild an der ersten der vielen Türen werfen kann. »Bettina und Miriam«. Er ist also im Bereich der Mädchen gelandet. Der Journalist schleicht zurück bis zum engen Treppenhaus, überlegt kurz und steigt dann ein Stockwerk weiter nach oben. Auch dort stößt er auf einen Aufenthaltsraum und dahinter auf einen ähnlichen Korridor wie unten. Ein Blick auf das Schild an der ersten Tür lässt sein Herz höherschlagen: »Henrik und Lukas«. Bingo! Nicht nur, dass er sich im Wohntrakt der Jungs befindet – er scheint auch gleich das richtige Zimmer gefunden zu haben. Jetzt bleibt nur noch zu hoffen, dass es nicht abgesperrt ist.

Plötzlich hört der Journalist ein leises Quietschen, dann nähern sich von hinten, aus Richtung des Treppenhauses,

Schritte. Ohne zu zögern, greift Fichtner nach der Klinke – und die Tür lässt sich öffnen. Er huscht in den Raum, schließt sie ebenso schnell wie geräuschlos hinter sich, stellt sich dahinter, rührt sich nicht mehr und horcht mit klopfendem Herzen.

Zwei weibliche Stimmen. Der Journalist bückt sich, um durch das Schlüsselloch spähen zu können. Nach wenigen Sekunden kommen zwei Frauen in hellblauen Kitteln in sein Sichtfeld, eine der beiden schiebt einen Putzwagen, dessen quietschende Räder dringend einen Spritzer Öl gebrauchen könnten. Fichtner hält den Atem an, als die beiden direkt vor seiner Tür stehen bleiben.

»Wir fangen hinten an, du rechts, ich links«, sagt die eine und deutet ans andere Ende des Korridors.

Fichtner atmet leise durch.

»Okay«, erwidert die andere. Sie spricht unüberhörbar mit osteuropäischem Akzent. »Hast du gesehen? Zwei von den Lampen sind schon wieder kaputt. Das müssen wir nachher dem Peter sagen, damit er sie reparieren kann, bevor Dr. Brenner etwas merkt. Sonst bekommt er wieder Ärger.«

»Dem Peter? Sag mal … hast du das noch nicht mitbekommen?«

»Mitbekommen? Ich verstehe nicht … Was denn?«

Jetzt wird nur noch geflüstert, und Fichtner muss sich anstrengen, um mitzuhören.

»Heute Nacht war die Polizei hier. Die haben den Peter verhaftet. Offiziell hat Dr. Brenner heute Morgen verkünden lassen, die würden ihn nur befragen, aber einige Schüler und Erzieher sind von dem Tumult geweckt worden und haben beobachtet, wie er mit Handschellen abgeführt wurde.«

»Nein!«

»Doch. Es heißt, er sei der Mörder von Frau Vogel. Ist das nicht schrecklich? Ich meine, ich bin froh, dass sie den Täter geschnappt haben und er nicht mehr frei herumläuft, aber dass es der Peter war, der die ganze Zeit hier gewohnt und mit uns gearbeitet hat … Wenn ich daran denke, läuft es mir kalt den Rücken runter.«

Die Reinigungskräfte gehen nun den Flur hinab, sodass Fichtner nicht mehr hören kann, was sie sagen. Aber das ist auch nicht nötig. Was er verstanden hat, genügt vollkommen: Die Person, die gestern verhaftet wurde, ist der Hausmeister. Weiß der Geier, warum die Polizei ihn verdächtigt und ob er tatsächlich an der Tat beteiligt war. Jedenfalls scheint niemand Henrik und seinen Komplizen auf der Rechnung zu haben. Das heißt, Fichtner hat noch immer einen Recherchevorsprung!

Der Journalist sieht sich hektisch um. Allzu viel Zeit bleibt ihm nicht, bis sich die beiden Putzfrauen zu diesem Zimmer vorgearbeitet haben. Wo soll er anfangen? Außerdem: Wonach sucht er eigentlich? Nun, am besten wäre natürlich ein eindeutiger Beweis dafür, dass Sandra Vogel von einem oder mehreren Schülern getötet wurde, aber Fichtner wäre auch schon mit ein paar handfesten Indizien zufrieden. Dann müsste er sich in seiner Story nicht nur auf das Gespräch berufen, das er gestern auf dem Ziegelmeier-Hof zufällig mitgehört hat.

3

Tamara parkt ihren Dienstwagen direkt neben den Beamten von der Spurensicherung, die ihre Arbeit gerade beendet haben und nun dabei sind, ihre Sachen zusammenzupacken. Die Hauptkommissarin steigt aus und wechselt ein paar Worte mit den Kollegen, bevor sie sich auf den Weg zum Literatenturm macht. Im Schloss stehen die Vorbereitungen für die erste Pause an: Mit routinierten Handgriffen werden Lachs- und Käsehäppchen angerichtet, kleine Schüsseln mit Obstsalat sowie Saft-, Limonaden- und Wasserflaschen aufgereiht. Auch sonst scheint, ungeachtet der Ereignisse der gestrigen Nacht, im Internat alles seinen geregelten Gang zu gehen.

Als Tamara im Literatenturm angelangt ist, klopft sie an die Tür von Lorenz' Zimmer. Es dauert nur wenige Sekunden, bis der Historiker ihr öffnet.

»Komm rein.« Lorenz wirkt ungeduldig. Auf seinem Schreibtisch stapeln sich neben seinem Laptop die Pläne des Schlosses und Papiere mit handschriftlichen Notizen. »Ich habe in der Zwischenzeit versucht, noch ein paar meiner Ergebnisse zu fixieren. Trotzdem wird das alles nur Stückwerk bleiben. Aber ich habe keine Wahl. Dr. Brenner geht davon aus, dass ich längst meine Koffer packe.« Er schiebt die Arbeitsutensilien zur Seite und bedeutet Tamara, sich zu setzen. »Auch deswegen sollten wir uns beeilen. Erinnerst du dich daran, dass ich gestern Abend in der Bibliothek noch einmal kurz unser Versteck verlassen habe und auf die Galerie gegangen bin?«

»Natürlich.« Tamara erinnert sich vor allem daran, wie ungehalten sie über diese Unvorsichtigkeit war.

Mit wenigen Sätzen erklärt Lorenz, wie er das Rätsel um den Code auf dem Zettel aus Sandra Vogels Fach gelöst und die Zahlen-Buchstaben-Kombination als Hinweis auf eine bestimmte Seite in einem bestimmten Buch aus dem Bestand der Bibliothek entschlüsselt hat. Tamara selbst hat das scheinbar belanglose Stück Papier zuletzt gar nicht mehr in ihre Überlegungen einbezogen und ist ziemlich überrascht. Doch bevor sie Lorenz' Gedankengänge kommentieren kann, erzählt er schon weiter.

»Ich habe also das Buch mit der Signatur IK893 gesucht und die entsprechende Seite aufgeschlagen.« Der Historiker steht auf, geht zum Nachtkästchen, zieht die oberste Schublade auf und nimmt ein zusammengefaltetes Blatt heraus. Dann kehrt er an seinen Platz zurück, faltet das Papier auseinander und reicht es Tamara. »Und das habe ich dabei gefunden. In dem

Zwielicht auf der Galerie war es nicht mehr hell genug, um es zu lesen, außerdem musste ich mich ja beeilen. Deshalb habe ich es einfach eingesteckt. Eigentlich wollte ich dir das Blatt später noch zeigen, aber dann habe ich es in der ganzen Aufregung vergessen.«

Die Hauptkommissarin überfliegt die Zeilen und murmelt dabei leise vor sich hin: »Heimlichkeiten … hinter denen wir uns immer wieder verstecken müssen … Wendepunkt … gemeinsames Leben … Liebe soll nicht vertrocknen … getrennte Wege …« Schließlich legt sie den Brief vor sich auf den Tisch und stellt kopfschüttelnd fest: »Das ist ja fürchterlich. Mit dermaßen salbungsvollen Worten abserviert zu werden.«

»Ja, so … kann man das auch betrachten. Natürlich habe ich mich sofort gefragt, wer Absender und Adressat des Briefes sein könnten. Namen werden ja keine genannt.«

»Nachdem der Code in Frau Vogels Fach lag, ist anzunehmen, dass das Schreiben an sie gerichtet war«, meint Tamara.

»Genau. Sie hatte also wahrscheinlich ein heimliches Verhältnis. Du hast doch gesagt, dass Frau Ziegelmeier aus Sandra Vogels Bildern geschlossen hat, dass sich ihre Stimmung nach ein paar Monaten in Falkenberg ziemlich plötzlich geändert hatte? Da könnte doch ein Mann dahinterstecken. Aber irgendetwas an diesem Verhältnis war so heikel, dass die beiden, um nicht aufzufallen, durch geheime Botschaften kommunizieren mussten. Und zwar unter Zuhilfenahme eines Systems, das anmutet, als würde es aus dem vorletzten Jahrhundert stammen.«

Tamara nickt. Es ist in der Tat bemerkenswert, dass jemand im Zeitalter von Handy und Internet auf derart altertümliche Methoden zurückgegriffen hat.

»Aber gerade dieser Umstand ist es, der mich auf eine Idee gebracht hat«, fährt Lorenz fort. »Den Absender des Briefes betreffend. Als ich am Montag hier im Schloss ankam, habe ich als Erstes ein längeres Gespräch mit Dr. Brenner geführt, in dem er mir viel über das Internat erzählt hat. Dabei hat er auch seine Einstellung bezüglich der neuen Medien und sozialen Netzwerke erwähnt. Er ließ durchblicken, dass er keinerlei Vertrauen in die Sicherheit moderner Kommunikationsmethoden habe und heutzutage die meisten Menschen viel zu sorglos mit vertraulichen Informationen umgingen. Das ist mir vorhin wieder eingefallen, sodass ich mich unwillkürlich gefragt habe: Würde der Internatsleiter mit geheimen Botschaften nicht vielleicht auf diese komplizierte Weise verfahren?«

Tamara wiegt ihren Kopf langsam hin und her. »Möglich wäre es …«

»Genau: Es wäre denkbar. Aber das ist natürlich nicht mehr als eine vage Idee. Nun ist mir allerdings auch etwas anderes aufgefallen. Schau dir den Brief noch mal an. Wie ist er geschrieben?«

Tamara wirft einen Blick auf das Blatt. »Mit Schreibmaschine. Wahrscheinlich, damit man im Zweifelsfall nicht von der Handschrift auf den Verfasser schließen kann.«

»So sieht es aus. Aber wer besitzt heutzutage noch eine Schreibmaschine? Die sind ziemlich selten geworden. Allerdings habe ich ausgerechnet während des Gesprächs, von dem ich dir gerade berichtet habe, eine gesehen.«

»Stimmt! Sie steht in Brenners Büro. Die ist mir auch aufgefallen. Ich dachte, die sei nur Dekoration.«

»Trotzdem wäre es gut möglich, dass er sie manchmal noch benutzt, nicht wahr?«

Leises Vogelgezwitscher dringt durch das geschlossene Fenster ins Zimmer, während Tamara nachdenkt. Erst nachdem beinahe eine Minute verstrichen ist, antwortet sie. »Natürlich. Es ließe sich übrigens leicht überprüfen, ob dieser Brief mit Brenners Maschine geschrieben wurde. Wenn ich es mir recht überlege, halte ich es sogar für sehr wahrscheinlich, dass es so ist. Brenner ist offiziell alleinstehend, und sollte er mit einer über fünfzehn Jahre jüngeren Kollegin ein Verhältnis gehabt haben, wollte er bestimmt auf keinen Fall, dass jemand im Internat davon erfährt. Immerhin war er Sandra Vogels Vorgesetzter.« Nun ist es die Hauptkommissarin, die von ihrem Stuhl aufsteht, um langsam durch das Zimmer zu wandern, während sie ihre Theorie der Ereignisse entwickelt. »Nehmen wir mal an, es war tatsächlich so. Der Internatsleiter verliebt sich Hals über Kopf und erlebt, wie er selbst schreibt, dass Sandra Vogel ihm ›eine neue Welt eröffnet‹. Die Lehrerin – seine Geliebte – schwebt ebenfalls im siebten Himmel, und ihre Stimmung schlägt sich in den Bildern nieder, die sie in ihrem Malkurs anfertigt. Die Heimlichkeiten, zu denen die beiden laut des Briefes gezwungen sind, machen ihnen zunächst nichts aus. Vielleicht verleihen sie dem Ganzen sogar einen gewissen Reiz.«

Tamara hält für einen Moment inne und blickt aus dem Fenster. Auf der Terrasse machen sich ein paar Arbeiter am Schacht des Tiefbrunnens zu schaffen. »Doch nach einiger Zeit«, fährt die Hauptkommissarin fort, »ist Sandra Vogel der Meinung, dass ein ›Wendepunkt‹ erreicht sei. Was soll das heißen? Will sie das Versteckspiel beenden? Und wenn ja, was bedeutet das für Herrn Dr. Brenner? Er ist immerhin der unbestrittene Chef hier im Schloss, von Schülern, Lehrern und Erziehern geschätzt und respektiert. Das alles wäre mit einem Schlag vorbei, sein Ruf wäre schwer angekratzt, wenn die Affäre öffentlich würde. Nachvollziehbar, dass der Internatsleiter seine Liebste unter diesen Umständen doch lieber in die Wüste schickt. Wie wir dem Brief entnehmen können, tut er dabei sein Bestes, um sie davon zu überzeugen, dass das sogar die romantischere Lösung sei.« Tamara stößt ein trockenes Lachen aus. »Das ist so typisch! Als hätte es eines weiteren Beweises dafür bedurft, wie rücksichtslos Männer sein können.«

Lorenz, der bis hierhin konzentriert zugehört hat, sieht sich nun zu einem Einwurf genötigt. »Moment mal! Ich habe das ungute Gefühl, dass du gerade nicht nur über den Fall Sandra Vogel sprichst. Vorhin am Telefon warst du auch schon so seltsam. Bist du etwa immer noch sauer auf mich? Ich dachte, ich hätte dir erklärt –«

»Nein, Lorenz, es geht nicht um dich. Es geht um –« Tamara beißt sich auf die Unterlippe, lässt den Satz unvollendet und winkt ab. »Ach, lassen wir das. Konzentrieren wir uns lieber darauf, den Fall zu lösen. Die Frage ist doch: Ist Brenner mit dem Versuch, die Beziehung mit Sandra Vogel unbemerkt zu beenden, durchgekommen? Ich halte es für sehr wahrscheinlich, dass sie ziemlich gekränkt war. Nehmen wir an, die Frau hat wütend und enttäuscht reagiert. Vielleicht hat sie ihm sogar damit gedroht, jetzt erst recht jedem von ihrer Liebschaft zu erzählen. Damit hätte es einen Konflikt gegeben, der sich durchaus als Mordmotiv entpuppen könnte. Wer sagt denn, dass der Internatsleiter tatsächlich keine Ahnung von der Geheimtür und dem dahinter liegenden Raum hatte? Der perfekte Ort, um jemanden verschwinden zu lassen. Dazu eine Methode, die – falls die Leiche doch irgendwann gefunden wird – schon nach kurzer Zeit kaum noch nachweisbar ist. Nur dumm, dass der Hausmeister Frau Vogel noch in derselben Nacht entdeckt und weggeschafft hat.«

»Wenn du wirklich Dr. Brenner verdächtigst, ergeben sich aber sofort weitere Fragen. Zum Beispiel: Wie ist er an das Insulin und das Chloroform gekommen?«

»Also, was das Insulin betrifft: Wir wissen es nicht, aber da gibt es viele Möglichkeiten. Vielleicht ist in Brenners Verwandtschaft ja jemand zuckerkrank, und Chloroform kann man im Internet bestellen oder – wenn man sich ein bisschen auskennt – sogar selbst zusammenmischen. Versteh mich nicht falsch, du hast natürlich recht. Es gibt noch eine Menge Fragen. Und die werde ich Herrn Dr. Brenner augenblicklich stellen.«

»Jetzt gleich? Aber –«

»Wenn wir mit der These, dass dieser Brief von ihm stammt, richtigliegen, hat uns der Internatsleiter zumindest einige sehr bedeutende Informationen vorenthalten. Das allein macht eine erneute Befragung unumgänglich. Alles Weitere wird sich daraus ergeben.«

Tamara öffnet die Tür und dreht sich zu Lorenz um. »Kommst du mit? Vielleicht ist es besser, wenn du ihn mit dem Brief konfrontierst. Dann sieht es nicht sofort wie ein Verhör aus.«

Lorenz nickt zögerlich, steht auf und folgt ihr hinaus auf den Flur. Während die beiden in Richtung des Büros der Internatsleitung marschieren, diskutieren sie mit gedämpften Stimmen. Lorenz ist von der neuen Theorie noch immer nicht restlos überzeugt.

»Was ich mich frage, ist Folgendes: Warum war der Brief noch im Buch und der Zettel mit dem Code im Fach von Frau Vogel? Das sieht doch eher danach aus, als hätte die Nachricht die Adressatin nie erreicht. Und wenn dem so ist, ist es zu dem Streit, von dem du gerade gesprochen hast, wahrscheinlich gar nicht mehr gekommen. Dann hat Dr. Brenner zwar vielleicht geplant, die Beziehung zu beenden – aber Sandra Vogel hat es nicht mehr erfahren, weil sie vorher ermordet wurde. Ich kann mir jedenfalls nicht vorstellen, dass sie den Brief gelesen und dann wieder in das Buch zurückgelegt hat.«

Am Übergang zum Hauptgebäude gehen die beiden durch die schwere Brandschutztür und biegen dann in den Korridor ab, der zum großen Treppenaufgang führt.

»Wer weiß«, meint Tamara, »vielleicht wollte Frau Vogel keine Geheimbotschaften mehr austauschen und hat Dr. Brenner zu einer Aussprache gezwungen, bei der er dann ungefähr das gesagt hat, was wir gerade schwarz auf weiß gelesen haben? Übrigens ist mir gerade noch etwas eingefallen: Du hast gesagt, Dr. Brenner könne es kaum erwarten, dass du von hier verschwindest. Vielleicht liegt das gar nicht daran, dass er beleidigt ist, weil du ihn nicht vorab über unsere nächtliche Aktion in der Bibliothek informiert hast. Wäre es nicht denkbar, dass er dich ganz einfach loswerden möchte? Dass er jetzt, da die Polizei jemanden verhaftet hat, endlich Ruhe einkehren lassen und niemanden mehr im Schloss haben will, der überall herumschnüffelt und auch noch mit den Ermittlern zusammenarbeitet?«

Tamara und Lorenz haben den zweiten Stock des Hauptgebäudes erreicht. Sie laufen den Flur entlang, bis sie vor dem Büro der Internatsleitung stehen. Tamara drückt dem Historiker den Brief in die Hand, klopft an die Tür und öffnet sie gleich darauf. Daniela Weinhold arbeitet gerade am Computer, unterbricht ihre Tätigkeit aber sofort, als sie die Beamtin erblickt.

»Guten Tag, Frau Hauptkommissarin. Haben Sie einen Termin?«

»Nein, aber Herr Kastner und ich würden trotzdem gern mit Herrn Dr. Brenner sprechen. Ist er da?«

»Leider nicht. Ich glaube, er ist auf der Terrasse, um die Arbeiter anzuweisen, den Tiefbrunnen wieder zu verschließen. Lange sollte das aber nicht dauern. Sie dürfen gern hier auf ihn warten, wenn Sie möchten.«

»Nein danke. Wir gehen lieber gleich zu ihm runter.«

»Wie Sie meinen, aber –«

Tamara und Lorenz hören die Erwiderung der Sekretärin nicht mehr. Die beiden haben das Vorzimmer bereits verlassen und sich auf den Weg zum Hinterausgang gemacht.

Roland Fichtner will sich gerade den ersten der beiden Schreibtische im Zimmer von Henrik und Lukas vornehmen, als das Handy in seiner Hosentasche vibriert. Er zieht es heraus. »C. Boes«, steht auf dem Display. Was will die Chefredakteurin denn ausgerechnet jetzt von ihm? Am liebsten würde er sie einfach wegdrücken und dann das Handy ganz abschalten, um in Ruhe arbeiten zu können. Doch er wird das Smartphone sicher gleich brauchen, um Fotos zu machen. Also nimmt er den Anruf flüsternd an: »Fichtner. Frau Boes, es ist gerade –«

Seine Chefin lässt ihn nicht ausreden. »Ich möchte, dass Sie sofort zu mir ins Büro kommen. Wir müssen endlich über die erste Ausgabe des neuen ›Inntalboten‹ reden.«

»Ich kann nicht. Jedenfalls nicht jetzt«, zischt Fichtner.

»Was? Wieso nicht?« Die Irritation in Cornelia Boes' Stimme deutet darauf hin, dass sie in seinem Widerspruch einen akuten Fall von Majestätsbeleidigung vermutet.

»Hören Sie, ich bin auf Schloss Falkenberg. Mein Kontakt zum Internat hat sich zwar wegen des ›Inntalboten‹ ergeben – aber jetzt habe ich die Möglichkeit, hier zum Mordfall Sandra Vogel zu recherchieren.«

»Sie sind in Falkenberg? Im Schloss? Wir versuchen seit Stunden, jemanden von den Verantwortlichen zu einer Stellungnahme zu bewegen.«

»Eben! Die lassen nichts raus. Aber ich habe eine heiße Spur. Im Grunde brauche ich nur noch ein paar zusätzliche Beweise. Morgen werden wir einen echten Knaller als Aufmacher haben.«

»Also, nach allem, was ich weiß, ist der Mordfall so gut wie gelöst und der Täter bereits in Haft. Wo soll da noch der Knaller herkommen?«

»Der Mann, den die Polizei gestern verhaftet hat, ist nicht der Mörder. Wenn Sie mir etwas Zeit geben, besorge ich Ihnen noch heute belastbare Informationen über den wahren Täter.«

»Herr Fichtner, so verlockend das klingt, möchte ich Sie doch daran erinnern, dass –«

»Ich weiß, ich habe bei so einer Sache schon mal ziemlich danebengelegen. Aber diesmal habe ich alles im Griff. Mit meinen eigenen Ohren habe ich gehört, wie der Mörder über seine Tat gesprochen hat. Verstehen Sie? Da gibt es keinerlei Zweifel. Aber jetzt muss ich weitermachen, sonst entdecken die mich hier noch. Reservieren Sie einfach den morgigen Aufmacher für mich. Und halten Sie im Innenteil genügend Platz für eine ausführliche, exklusive Hintergrundstory frei.«

»Herr Fichtner, ich –«

Der Journalist beendet das Gespräch, indem er über das Display wischt. Dann beugt er sich hinunter und öffnet vorsichtig die erste Schreibtischschublade. Sie enthält ein buntes Sammelsurium aus leeren und halb vollen Gummibärchentüten und Kekspackungen sowie eine Unmenge Krümel. In der nächsten findet Fichtner ein paar Schreibblöcke und hofft auf Notizen – vielleicht sogar auf eine Art Tagebuch –, doch die Blöcke entpuppen sich bei näherer Betrachtung allesamt als nagelneu und unbenutzt.

Enttäuscht will er sich bereits der nächsten Schublade zuwenden, als er im Augenwinkel wahrnimmt, dass sich die Türklinke bewegt. Sofort steigt Panik in ihm auf, im Bruchteil einer Sekunde geht er seine Möglichkeiten durch: das Fenster? Keine Chance, das Zimmer befindet sich im zweiten Stock. Unter den Schreibtisch? Da würde man ihn sofort bemerken. Die Tür öffnet sich bereits! Einer der beiden Kleiderschränke? Die sind so schmal, dass nicht mal der noch deutlich schlankere Roland Fichtner von vor zwanzig Jahren darin Platz fände. Das Gleiche gilt für den Spalt zwischen den Betten und dem Fußboden … Es ist zu spät, die Tür ist offen, und ein schlaksiger, dunkelhaariger Junge betritt den Raum.

Henrik hat eigentlich nur auf ein wenig Ruhe gehofft. Der Streit mit Luna und seine verzweifelte Flucht am gestrigen Abend, die unangenehme, aber letztlich doch erleichternde Begegnung mit der Polizei und das darauffolgende lange Gespräch mit Max haben ihn erschöpft. Trotzdem war es nicht leicht, in dieser Nacht in den Schlaf zu finden. Dazu trug auch die Unruhe, die mit der Verhaftung von Peter Kurz einherging, ihren Teil bei. Entsprechend schwer ist es Henrik gerade eben während des Geografie-Unterrichts bei Herrn Friedrich gefallen, seine Augen offen zu halten. Jetzt hätten sie eigentlich Englisch bei Frau Vogel, doch da die nicht mehr lebt, fällt die dritte Stunde aus. Die perfekte Gelegenheit, um sich noch mal kurz ins Bett zu legen.

Als Henrik den dicken, ungepflegten Mann mitten in seinem Zimmer stehen sieht, ist er hellwach, und es platzt aus ihm heraus: »Wer sind Sie? Und was zum Teufel tun Sie hier?«

»Hallo, äh …« Der Mann macht ein paar seltsame Gesten und stammelt irgendetwas Unverständliches, während er sich offenbar fieberhaft eine Begründung für seine Anwesenheit überlegt. Schließlich erklärt er mit unsicherem Lächeln: »Ich kontrolliere die Beleuchtung. Auf dem Flur sind schon wieder zwei Lampen kaputt, und –«

»Was ist denn das für ein Blödsinn?« Henrik ist nicht in der Stimmung, sich an den Haaren herbeigezogene Geschichten anzuhören. »Ich hab Sie hier noch nie gesehen. Und selbst wenn Sie wirklich zum Personal gehören würden, dürften Sie niemals in unseren Zimmern herumschnüffeln, ohne vorher zu fragen. Sie haben hier absolut nichts zu suchen. Ich werde Ihr unbefugtes Eindringen sofort der Internatsleitung melden!« Mit diesen Worten reißt Henrik die Tür wieder auf.

»Halt!« Die Tonlage des Unbekannten hat sich verändert. Er klingt jetzt wie jemand, der etwas Wichtiges zu sagen hat.

Henrik bleibt stehen und dreht sich zu ihm um.

»Ich weiß, was mit Frau Vogel passiert ist«, erklärt der Mann, wobei er seine Stimme dämpft. »Und ich weiß auch, dass du da bis zum Hals mit drinsteckst. Glaubst du unter diesen Voraussetzungen noch immer, dass es eine gute Idee ist, zu Dr. Brenner zu laufen und mich anzuschwärzen?« Der Kerl versucht sich an einem komplizenhaften Lächeln. »Ich will dir nichts Böses, verstehst du? Ich bin Journalist, ich mache einfach nur meinen Job. Und dafür brauche ich noch ein paar Informationen.«

Henrik schließt die Tür wieder und macht zwei Schritte auf

den ungebetenen Besucher zu. Seine Stimme zittert vor Wut. »Was bilden Sie verdammter Mistkerl sich eigentlich ein?«

Der Mann weicht instinktiv zurück und hebt beschwichtigend beide Hände. »Ich will nur sagen, dass wir uns vielleicht einig werden könnten. Nach dem Motto: Eine Hand wäscht die andere. Du solltest dir nichts vormachen, Henrik. Die werden dich früher oder später erwischen, auch wenn sie momentan den Hausmeister verdächtigen. Dann werden sowieso alle erfahren, was passiert ist. Aber wenn du jetzt von dir aus mit der Wahrheit rausrückst, hast du die Möglichkeit, selbst zu bestimmen, wie die Geschichte erzählt wird.« Er macht eine Kunstpause, um seine Worte wirken zu lassen, bevor er in verständnisvollem Ton fragt: »Eigentlich war es ein Unfall, nicht wahr?«

Henrik starrt den Mann ein paar Sekunden lang fassungslos an, bevor er seine Sprache wiederfindet. »Sie … Sie sind ja wahnsinnig. Total plemplem.«

»Hör mal, es hat keinen Sinn mehr, mir etwas vorzuspielen. Du kannst mir vertrauen, ich –«

»Mir reicht's jetzt endgültig. Ich gehe zu Dr. Brenner.« Henrik will einfach nur, dass dieser verrückte Kerl verschwindet. Dafür wird der Internatsleiter sicherlich sorgen, sobald er von dieser Farce erfährt.

Der Journalist versucht noch, ihn aufzuhalten, doch bevor er ihn eingeholt hat, ist Henrik schon auf dem Korridor. Der Mann läuft ihm nach und redet weiter auf ihn ein: Man könne doch über alles sprechen, es sei niemandem geholfen, wenn er jetzt übereilt handle.

Henrik reagiert nicht, sondern setzt seinen Weg zum Büro von Dr. Brenner stur fort. Wenn ihm dieser Idiot bis dorthin folgen möchte – umso besser. Dann kann ihn der Direktor gleich eigenhändig an die Luft setzen.

4

Lorenz öffnet die schwere Tür des Hinterausgangs, die direkt auf die Terrasse führt. Er will Tamara den Vortritt lassen, doch die lehnt mit einer vielsagenden Geste ab. Offenbar soll Lorenz bei dem anstehenden Gespräch mit Dr. Brenner zunächst die Führungsrolle übernehmen, während sie sich dezent im Hintergrund hält.

Die Sonne steht bereits hoch am Himmel, und die Steinplatten reflektieren die Hitze, sodass ein leichtes Flimmern in der Luft liegt. Lorenz' Blick schweift an der kunstvoll geschwungenen Marmorbalustrade entlang, die den Abschluss der Terrasse bildet, bevor das Gelände steil in Richtung Dorf abfällt. Weit hinter der Balustrade ragen die Gipfel unzähliger Berge auf: die erste Reihe gestochen scharf in unterschiedlichsten Grüntönen, die dahinter schon etwas blasser und schließlich einige besonders hohe, die sich jedoch in weiter Ferne befinden und deren hellblaue Kontur sich kaum noch vom Himmel abhebt.

Vor der Balustrade, etwa in der Mitte der Terrasse, befindet sich der Tiefbrunnen, den Lorenz seit seiner Expedition nicht betrachten kann, ohne dass ihm ein Schauer über den Rücken läuft. Die vorläufige Abdeckung aus Holz wurde abgenommen, und mehrere Arbeiter sind dabei, den Brunnen wieder mit der ursprünglichen Betonplatte zu verschließen. Dr. Brenner hat gerade noch mit einem von ihnen gesprochen, doch nun, da er Lorenz erkannt hat, kommt er mit schnellen Schritten auf ihn zu.

»Herr Kastner! Sie möchten sich verabschieden?«

Lorenz schüttelt den Kopf. »Noch nicht. Ich wollte vorher noch etwas mit Ihnen besprechen.«

Der Internatsleiter ist jetzt auf wenige Meter herangekommen und entdeckt Tamara, die einen Schritt vor die Tür gemacht hat.

»Oh, Frau Hauptkommissarin, Sie sind auch schon wieder hier? Guten Tag. Nun, Herr Kastner, was gibt es denn noch? Ich habe wenig Zeit. Wie Sie sehen, sind wir gerade dabei, die Betonplatte anzubringen. Nur diese Holzplanken auf dem Brunnen, das halte ich für fahrlässig. Wir haben hier momentan sowieso schon genügend Probleme. Außerdem hat unsere Erkundung ja gezeigt, dass sich da unten nichts von … Bedeutung befindet. Es ist besser, den Schacht wieder sicher zu verschließen, damit er keine Gefahr darstellt.«

Für einen Moment fragt sich Lorenz, ob Dr. Brenners Sorge tatsächlich nur darin besteht, dass jemand in den mittelalterlichen Brunnenschacht fallen könnte – oder ob er nicht eventuell noch vorhandene weitere Relikte aus der gar nicht allzu fernen Vergangenheit wieder unter der Betonplatte begraben möchte. Doch dann besinnt sich der Historiker auf seine Aufgabe und auf den maschinengeschriebenen Brief, den er in der Hand hält.

»Ich habe gestern in der Bibliothek etwas gefunden.« Er hält dem Internatsleiter das Papier so hin, dass der es zwar gut sehen, aber nicht danach greifen kann.

Dr. Brenner lässt seinen Blick für eine Weile auf dem Brief ruhen. Die Art, wie sein Adamsapfel währenddessen auf und ab hüpft, deutet auf eine gewisse Nervosität hin. »Und was soll ich Ihnen dazu sagen?«, fragt er schließlich betont gelassen. »Ich habe nicht die leiseste Ahnung, was das ist, aber es sieht mir nicht nach einem Dokument aus dem Mittelalter aus. Wenn ich mich recht entsinne, bestand Ihre einzige Aufgabe darin, im Schloss Relikte aus dieser Epoche zu finden. Wenn Sie mich jetzt also entschuldigen würden?« Er will sich bereits wieder abwenden, doch in diesem Moment schaltet sich aus dem Hintergrund Tamara ein.

»Falls dieser Brief auf der Schreibmaschine geschrieben wurde, die in Ihrem Büro steht, kann ich Ihnen versichern, dass es für meine Kollegen von der Kriminaltechnik ein Kinderspiel sein wird, das nachzuweisen.«

Dr. Brenner hält inne und sieht die Hauptkommissarin schweigend an.

»Außerdem«, fährt Tamara fort, »ist Herr Kastner nicht einfach zufällig über diese Nachricht gestolpert. Er hat einen Code entschlüsselt, der auf einem Zettel stand, der in Sandra Vogels Fach hier im Lehrerzimmer lag. Ich gehe deshalb davon aus, dass sie die Adressatin dieser Botschaft war. Wenn ich Ihnen einen Rat geben darf: Nutzen Sie diese letzte Gelegenheit, die Fakten selbst auf den Tisch zu legen. Sonst werden meine Kollegen und ich sie nach und nach ans Licht bringen, und das ist in der Regel die für alle Beteiligten unangenehmere Variante.«

Tamaras Blick hält dem des Internatsleiters nicht nur stand, sondern scheint Dr. Brenner bis auf den Grund seiner Seele zu durchleuchten. Lorenz erinnert sich mit Schaudern daran, dass Tamara auch ihn bereits ein paarmal so angesehen hat. Er möchte jetzt nicht in der Haut des Direktors stecken.

Dr. Brenner dreht sich zu den Arbeitern um. Der Brunnen ist mindestens zwanzig Meter entfernt, und die Männer sind dort so beschäftigt, dass sie offenbar keinerlei Notiz von ihrer Umgebung nehmen. Trotzdem geht der Internatsleiter – gefolgt von Lorenz und Tamara – noch ein paar Schritte näher zum Schloss, bevor er zu sprechen beginnt.

»Ich befand mich in den vergangenen Wochen in einer prekären Lage. Ja, Sie haben recht, wenn Sie vermuten, dass mein Verhältnis zu Sandra Vogel über das rein Berufliche hinausging.« Er räuspert sich, bevor er leise hinzufügt: »Wir hatten eine Affäre.«

»Das heißt, Sie sind tatsächlich der Verfasser dieses Briefes?«, fragt Tamara nach.

»Ja. Die Art, uns gegenseitig Nachrichten zukommen zu lassen, war in erster Linie eine Vorsichtsmaßnahme. Sie können sich vielleicht vorstellen, dass meine Beziehung zu Frau Vogel weder für das Lehrerkollegium noch für das Kuratorium des

Internats akzeptabel gewesen wäre. Deshalb mussten wir sehr auf Diskretion achten. Andererseits kann ich nicht verhehlen, dass dieses doch etwas altertümliche System, geheime Nachrichten zu übermitteln, auch einen gewissen ... romantischen Aspekt beinhaltete. Man schrieb einen Brief – manchmal nur wenige Sätze, um sich zu verabreden, aber manchmal auch mehrere Seiten – auf Papier, wie es früher einmal selbstverständlich war. Dann wartete man auf einen günstigen Moment, um den Brief in einem der Bücher in der Bibliothek zu hinterlegen. Schließlich musste man noch den Code notieren und unauffällig in das Fach des anderen schmuggeln. Das alles – das Verfassen der Nachrichten, aber auch das gespannte Warten auf einen neuen Zettel im eigenen Fach – war mit einem Nervenkitzel verbunden, den wir wohl beide genossen. Jedenfalls zu Beginn.«

»Bis Sandra Vogel die Heimlichkeiten satthatte?«, wirft Tamara trocken ein.

»So drastisch würde ich es nicht ausdrücken. Sie hat eben mit der Zeit Vorstellungen von einem Leben zu zweit entwickelt. Darüber haben wir untereinander auch ganz offen gesprochen und geschrieben. Ich konnte sie verstehen und habe ihre Wünsche bis zu einem gewissen Punkt auch geteilt. Wir ... hatten zwischenzeitlich Pläne, gemeinsam von Falkenberg wegzugehen.«

Dr. Brenner starrt für ein paar Sekunden schweigend auf das an diesem strahlenden Sommertag beinahe unwirklich erscheinende Bergpanorama, ehe er weiterredet. »Andererseits ist mir in dieser Zeit erst so richtig klar geworden, wie viel mir das alles hier bedeutet. Die Schule, dieses wunderschöne Gebäude an diesem phantastischen Ort, meine Mitarbeiter – das konnte und wollte ich nach so vielen Jahren nicht einfach von heute auf morgen aufgeben, verstehen Sie? Schloss Falkenberg ist mein Leben. Es ist mein Beruf, mein Zuhause – und in gewisser Weise ist es auch meine Familie. Für meinen Posten an dieser Schule habe ich lange Zeit alles andere vernachlässigt. Die Beziehung mit Sandra hat mir für einige Monate einen anderen Weg aufgezeigt, eine Alternative zu meinem bisherigen Leben. Das war eine unschätzbar wichtige Erfahrung für mich, aber letztlich konnte ich diesen Weg nicht gehen. Deshalb musste ich ihr die Nachricht schreiben, die Sie in der Bibliothek gefunden haben.«

»Und die Frau Vogel nie gelesen hat«, ergänzt Tamara. »Sonst hätte Herr Kastner sie wohl kaum noch in dem Buch entdeckt. Ich nehme an, normalerweise haben Sie beide die geheimen Botschaften nach dem Lesen vernichtet?«

»Ich für meinen Teil ja. Aber auch Sandra hätte den Brief danach nie zurückgelassen, da haben Sie recht. Das ist wirklich seltsam. Bis gerade eben bin ich fest davon ausgegangen, dass sie ihn bekommen hat. Als ich vorgestern von ihrem Tod erfuhr, war sogar mein erster Gedanke, dass beides miteinander in Zusammenhang stehen könnte. Dass sie sich etwas angetan hat, weil ...« Der Internatsleiter seufzt. »Es war furchtbar.«

»Und trotzdem haben Sie uns nichts von Ihrem Verhältnis mit Frau Vogel erzählt«, stellt die Hauptkommissarin ungerührt fest.

»Das ... war rückblickend sicher ein Fehler. Aber Sie müssen mich verstehen: Ich war von der Nachricht tief erschüttert und bekam gleichzeitig sofort Angst davor, dass bei den Untersuchungen der Todesumstände unsere Affäre aufgedeckt werden könnte. Deshalb habe ich sie verschwiegen. Es mag seltsam klingen, aber ... wenn ich mich im Nachhinein zu unserer Beziehung bekannt hätte, hätte das Sandra doch auch nicht wieder lebendig gemacht. Es wäre mir wie ein sinnloses Opfer vorgekommen.«

»Dass Sie dadurch die Ermittlungen behindert haben, war Ihnen also egal?«

»Nein, das hat mich in der Tat beschäftigt. Vor allem zu Beginn, als ich damit rechnen musste, dass es Selbstmord war.

Erst nachdem diese Möglichkeit so gut wie ausgeschlossen war, stand für mich endgültig fest, dass es keinen Sinn hatte, unser Verhältnis offenzulegen. Ich muss auch gestehen, dass ich versucht habe, Hinweise verschwinden zu lassen. Ich war noch mal in Sandras Zimmer, bevor die Spurensicherung eintraf. Dort fand ich einige meiner Briefe, die sie aufgehoben hatte, nahm sie mit und vernichtete sie.«

»Weil Sie Angst um Ihren guten Ruf hatten?«, fragt Tamara. »Oder vielleicht doch vor dem Gefängnis? Ist Ihnen klar, dass das, was Sie uns gerade berichtet haben, ein Motiv sein kann? Vielleicht hat Sandra Vogel Sie, statt Ihren Brief zu lesen, zu einem Gespräch genötigt. Eventuell hat sie, nachdem klar wurde, dass Sie doch keine gemeinsame Zukunft mit ihr planen, gedroht, auf eigene Faust alles öffentlich zu machen? In Ihrer Verzweiflung könnten Sie beschlossen haben, Frau Vogel für immer in der versteckten Kammer verschwinden zu lassen.«

»Aber ich … Das ist doch absurd! So etwas hätte ich nie getan. Ich … Ich habe Sandra geliebt, trotz allem. Außerdem wusste ich nichts von einer Geheimtür in der Bibliothek, bis Herr Kastner gestern beim Mittagessen davon gesprochen hat. Ich verstehe überhaupt nicht, warum … Sie haben in der vergangenen Nacht doch Herrn Kurz festgenommen. Ich dachte, damit wäre der Fall gelöst: Sandra ist ihm auf die Schliche gekommen, und er hat sie getötet.«

»Ihr Hausmeister hat ein Alibi für die Tatzeit. Er hat die geheime Kammer als Drogenversteck genutzt und die Leiche von Frau Vogel von dort weggeschafft – aber wir gehen nicht mehr davon aus, dass er für ihren Tod verantwortlich ist.«

»Aber das ist doch unmöglich …« Dr. Brenner starrt auf die Steinplatte vor seinen Füßen. »Wer kann es sonst gewesen sein? Und aus welchem Grund?«

»Entschuldigung, wenn ich mich einmische«, meldet sich jetzt Lorenz zu Wort, der zuletzt nur noch schweigend zugehört hat. »Aber mir ist gerade ein Gedanke gekommen. Ehrlich gesagt habe ich schon die ganze Zeit daran gezweifelt, dass Sie, Herr Dr. Brenner, der Täter sind. Aber bis jetzt konnte ich mir nicht genau erklären, warum. Es war mehr … so ein Gefühl.«

Tamara runzelt die Stirn und sieht Lorenz skeptisch an. Offenbar fürchtet sie, dass er das Gespräch in eine falsche Richtung lenken könnte. Von Gefühlen hält sie im Zusammenhang mit der Aufklärung eines Mordfalls nicht viel, das weiß der Historiker längst. Aber was ihm gerade eingefallen ist, geht weit über eine unbestimmte Ahnung hinaus. Vielmehr kommt es ihm so vor, als habe Dr. Brenners Bericht eine Lücke geschlossen, als würde sich nun vor seinen eigenen Augen ein Puzzleteil mühelos ans andere fügen.

»Sie haben doch gerade gesagt, das hier«, der Historiker macht eine ausladende Geste, die das gesamte Schloss einschließt, »sei so etwas wie Ihre Familie.«

Der Internatsleiter nickt kaum merklich. Er scheint ebenso wie die Hauptkommissarin keine Ahnung zu haben, worauf Lorenz hinauswill.

»Ich nehme an, dies beruht auf Gegenseitigkeit. Sicherlich sind Sie für viele Menschen im Schloss ein unverzichtbarer Bestandteil der Institution und derjenige, der hier alles zusammenhält. Sie haben mit dem Gedanken gespielt, aus Falkenberg wegzugehen. Was wäre wohl passiert, wenn jemand außer Ihnen und Sandra Vogel davon erfahren hätte?«

»Aber wie hätte das geschehen können?«, fragt Dr. Brenner ungläubig. »Und wer sollte wegen so etwas einen Mord verüben? Warum überhaupt?«

»Vielleicht, weil das der letzte, entscheidende Tropfen war, der das Fass zum Überlaufen brachte.«

Tamara seufzt ungeduldig. »Lorenz, ich bitte dich: Wenn du etwas zu sagen hast, dann raus damit. Aber keine langen Vorträge.«

»In Ordnung.« Er nimmt Tamara diesen Einwurf nicht

krumm, dazu ist er viel zu sehr auf das Bild fixiert, das nach und nach in seinem Kopf Gestalt annimmt. »Es ist so: Schon als wir Peter Kurz in der Kammer überrascht haben, war ich verwirrt. Irgendwie habe ich es nicht geschafft, in ihm den Mörder von Sandra Vogel zu sehen. All dieser Aufwand, sich das Chloroform und das Insulin zu beschaffen und das Opfer nachts in die Kammer zu locken – das erschien mir unpassend. Womit ich richtiglag, wie sich schnell gezeigt hat. Ähnlich geht es mir jetzt bei Ihnen, Herr Dr. Brenner. Sie sind sicher ein Mensch, der überlegt, bevor er handelt. Aber dass Sie Ihre Geliebte mit Hilfe eines solch perfiden Plans getötet haben, halte ich kaum für denkbar.«

»Vielen Dank auch, Herr Kastner«, kommentiert der Internatsleiter die Überlegung sarkastisch.

Lorenz ignoriert seine Bemerkung und fährt fort: »Vorhin hatte ich ein interessantes Gespräch mit einer jungen Dame. Es ging um das Thema Rache. Sie meinte, Männer würden sich normalerweise im Affekt rächen, Frauen stattdessen geduldig den richtigen Zeitpunkt abwarten und sich einen ausgeklügelten Plan überlegen. Ich weiß, dass eine solch eindeutige Zuordnung nach Geschlechtern heute eigentlich nicht mehr zeitgemäß ist. Trotzdem würde ich mich festlegen: Sandra Vogel ist von einer Frau getötet worden.«

Dr. Brenner hört jetzt interessiert zu, ebenso Tamara, die anscheinend verschmerzen kann, dass Lorenz nun doch einen Vortrag hält.

»Die Mörderin muss Ihnen so nahestehen, dass ihr Ihr Verhältnis mit Sandra Vogel trotz aller Vorsichtsmaßnahmen nicht verborgen geblieben ist. Wahrscheinlich hat sie auch von den geheimen Botschaften gewusst und sie gelesen. Wer käme unter diesen Gesichtspunkten als Täterin in Frage, Herr Dr. Brenner?«

Der Internatsleiter antwortet nicht, starrt Lorenz nur schweigend an.

Nach ein paar Augenblicken fährt der Historiker fort: »Ich erinnere mich gut an den Moment, in dem Sie und Frau Weinhold von Sandra Vogels Tod erfahren haben. Wie Sie wissen, war ich zufällig anwesend. Sie, Herr Dr. Brenner, waren sichtlich erschüttert. Ihre Sekretärin ebenso. Was mich jedoch schon an dem Tag verwundert hat, war die erste Frage, die Frau Weinhold der Kriminalhauptkommissarin stellte. Sie lautete nicht etwa: ›Wie ist das passiert?‹ oder ›War es ein Unfall?‹. Stattdessen wollte sie sofort wissen, *wo genau* man die Leiche gefunden habe. So als sei es nicht der Todesfall an sich, sondern vor allem der Fundort, der sie überraschte.«

Lorenz lässt diesen Gedanken für ein paar Sekunden wirken, bevor er weiterspricht: »Als ich mich einmal etwas länger mit Peter Kurz unterhielt, hat er eine interessante Bemerkung über Ihre Sekretärin gemacht. Er sagte sinngemäß, Frau Weinhold engagiere sich so sehr, als sei sie nicht bei Herrn Dr. Brenner angestellt, sondern mit ihm verheiratet. In demselben Gespräch erwähnte der Hausmeister übrigens, dass sie sich regelmäßig um eine kranke Verwandte in Kiefersfelden kümmere.« Er wendet sich an Tamara: »Die Apotheken in Kiefersfelden wurden noch nicht auf Auffälligkeiten in Zusammenhang mit Insulin überprüft, oder?«

Die Hauptkommissarin verneint, und der Historiker fährt fort: »Die Frau, die wir suchen, muss außerdem von der versteckten Kammer in der Bibliothek gewusst haben, aber soviel ich bei meinen Recherchen herausgefunden habe, ist die Geheimtür in keinem mir vorliegenden Dokument verzeichnet. Und von wem habe ich die Unterlagen erhalten?«

»Von mir«, antwortet Dr. Brenner.

»Nicht direkt. Frau Weinhold hat sie in Ihrem Auftrag zusammengesucht und dann an mich weitergegeben. Es könnte durchaus sein, dass es in irgendeinem Plan oder einem anderen Schriftstück aus dem 19. Jahrhundert, das ich nie zu Gesicht bekommen habe, einen Hinweis auf die Geheimtür gibt. Und wenn Ihre Sekretärin darauf gestoßen ist, während sie den Plan für Sandra Vogels Ermordung entwickelte –«

»Vorsicht!«

Tamaras gellender Schrei lässt nicht nur Lorenz und Dr. Brenner zusammenfahren, er sorgt auch dafür, dass die Arbeiter, die noch immer mit der Betonplatte beschäftigt sind, sich erschrocken umsehen.

Die Hauptkommissarin macht zwei schnelle Schritte auf Lorenz zu, setzt zum Sprung an, legt im Flug ihre Arme um seine Schultern und reißt ihn mit sich. In dem Augenblick, in dem sie nebeneinander zu Boden stürzen, ertönt in unmittelbarer Nähe ein heftiger Knall. Dr. Brenner macht instinktiv einen Satz nach hinten, stolpert über seine eigenen Beine und fällt der Länge nach auf den Rücken.

Wenige Sekunden später rappeln sich Tamara und die beiden Männer wieder auf, der Schreck ist allen dreien in die bleichen Gesichter geschrieben. Die Steinplatte, auf der Lorenz gerade noch gestanden hat, ist in mehrere Teile zerbrochen. In ihrer Mitte liegt eine Bronzebüste: der Sockel zersplittert, aber ansonsten beinahe unversehrt, die Lippen unter dem schmalen Bärtchen ein wenig zusammengekniffen, das Kinn energisch vorgeschoben und der pupillenlose Blick starr in den Himmel gerichtet.

Vom Panoramafenster in Dr. Brenners Büro aus betrachtet, markiert die Büste das Zentrum eines eigenartigen Ensembles. Die durch ihren Einschlag verursachten Brüche in der Steinplatte gleichen einem dämonischen Strahlenkranz, dessen äußerem Rand sich die Hauptkommissarin, der Historiker und der Internatsleiter nur verhalten nähern, während die Arbeiter, die nun endgültig von der Betonplatte am Brunnenschacht abgelassen haben, in einigem Abstand einen Halbkreis von Schaulustigen bilden.

Daniela Weinhold fühlt nichts. Um die schwere Bronzefigur

zum Fenster zu tragen und sie dann über die Brüstung zu stoßen, hat sie ihre letzten Reserven mobilisiert – alles, was noch an Liebe, Treue und Hingabe, aber auch an Hass, Wut und Verzweiflung übrig war. Nun ist sie vollkommen leer und unendlich erschöpft.

Der Historiker ist der Erste, der den Kopf in den Nacken legt und zu ihr heraufblickt. Ihn hatte sie treffen wollen. Ihn, der glaubt, alles verstanden zu haben. Gar nichts hat er verstanden. Niemand außer ihr selbst hat auch nur den Hauch einer Vorstellung davon, was es bedeutet, so zu lieben wie sie.

Stets war sie bereit, ihre eigenen Wünsche und Sehnsüchte hintanzustellen und alles für ihn zu tun. Ihn zu lieben, das bedeutete, für ihn da zu sein, ihn zu unterstützen – aber auch, sich nicht zwischen ihn und seine Aufgabe zu drängen. Und diese Aufgabe ist Schloss Falkenberg.

Hätte sie Kinder gewollt? Ein eigenes Haus, in das er am Abend zurückgekehrt wäre, um sie innig zu umarmen und zu küssen? Zweifellos. Wäre es ihr Wunsch gewesen, dass er auch nur ein einziges Mal nach ihrer Hand gegriffen oder ihr mit seinen zarten, feingliedrigen Fingern sanft über das Haar gestrichen hätte, in der stillschweigenden Übereinkunft, dass sie für ihn etwas viel Wichtigeres sei als nur eine tüchtige Sekretärin? Natürlich. Aber wer wirklich liebt, ist bereit, Opfer zu bringen.

Sie hat Opfer gebracht, und sie war glücklich. Sie hat vom Leben nicht mehr verlangt, als in seiner Nähe sein zu dürfen und in stiller Hingabe für ihn zu sorgen. Gemeinsam mit ihm seine Familie – das Internat – sicher durch alle Stürme des Alltags zu lenken. Nichts anderes hat sie gewollt. So hätte es bleiben können – nein: So hätte es bleiben *müssen*.

Doch dann tauchte diese Person auf, diese falsche Schlange, das verführerische Biest mit dem Lächeln einer Sirene. Daniela Weinhold hatte schon bald ein ungutes Gefühl – und als sie ihrem Chef eines Tages heimlich in die Bibliothek folgte und kurz darauf die Nachricht in den Händen hielt, die er in einem der Bücher deponiert hatte, wurde ihre Befürchtung zur Gewissheit. Julius Brenner ist nur ein Mensch und keineswegs vollkommen – wer kann ihm verdenken, dass er sich in einem schwachen Moment von der Jugend und der körperlichen Anziehungskraft einer jungen Lehrerin blenden ließ? Wäre es bei einer kurzen Affäre geblieben, hätte Daniela Weinhold diesen Schmerz ertragen, so wie sie in den vergangenen Jahren vieles ertragen hat. Selbstverständlich überwachte sie fortan die Korrespondenz der beiden, ließ sich aber nichts anmerken und behandelte ihren Chef wie eh und je – in der Überzeugung, dass er bald zur Besinnung kommen, seinen Fehler einsehen und die Sache beenden würde.

Doch diese Person, der Demut und Bescheidenheit völlig fremd waren, ließ das nicht zu. Sie lockte ihn wieder und wieder mit ihren albernen Spielchen und ihren in der Bibliothek versteckten Botschaften. Nach einer Weile begann sie, ihm absurde Gedanken einzuflüstern, Gedanken an ein völlig anderes Leben außerhalb des Schlosses, weit weg von Falkenberg. Und Dr. Brenner, der sich hilflos im Netz dieser Spinne verfangen hatte, fand offenbar nicht mehr die Kraft, ihr zu widerstehen. Aus seinen Nachrichten sprach keine Gegenwehr, sondern nur noch mattes, erschöpftes Einverständnis.

Wenn Daniela Weinhold diese Briefe las, begann sie zu zittern, und Tränen flossen über ihre Wangen. Doch schon kurz darauf wurden ihre Trauer und ihr Selbstmitleid von einem mächtigen Feuersturm des Zorns hinweggefegt. Sie würde dieses Unrecht nicht tatenlos geschehen lassen. Sie, die immer gewusst hatte, wo ihr eigener Platz war, würde dieser Frau ein für alle Mal den ihren zuweisen.

Während der Vorbereitungen wurde sie von ihrer eigenen Gelassenheit überrascht. Es fühlte sich gut an, selbst etwas zu tun und nicht mehr einfach nur zusehen zu müssen, wie das Unglück seinen Lauf nahm. Sie erinnerte sich, dass sie vor einigen Jahren einen Zeitungsartikel über einen Mord durch Insulin gelesen hatte, einen körpereigenen Stoff, der bei der Untersuchung einer Leiche zunächst nicht auffällt und sich außerdem schnell abbaut. Nicht, dass sie angenommen hätte, man würde die Tote bald finden – bei der Sammlung von Unterlagen über das Schloss, die sie im Auftrag von Dr. Brenner für einen Historiker namens Lorenz Kastner zusammentragen musste, hatte sie eine äußerst interessante Entdeckung gemacht. Sie konnte ja nicht ahnen, dass dem Hausmeister die geheime Kammer in der Bibliothek längst bekannt war und er sie für seine kriminellen Machenschaften nutzte.

Der Arzt ihrer Tante hatte vollkommenes Vertrauen zu ihr. Ohne weitere Fragen stellte er ihr ein zusätzliches Rezept aus, nachdem sie ihm zerknirscht erklärt hatte, eine ganze Packung mit Insulinspritzen sei ihr aus der Einkaufstasche auf die Straße gefallen und von einem vorbeifahrenden Wagen überrollt worden. Das Chloroform ließ sie über eine etwas dubiose Internetseite sicherheitshalber an die Adresse ihrer Tante liefern.

Dr. Brenner bemerkte offenbar nicht, dass sie eines Nachmittags, während er in einer Sitzung mit den Mitgliedern des Kuratoriums war, heimlich seine Schreibmaschine benutzte, um eine Botschaft an Sandra Vogel zu verfassen, in der es nicht nur um eine Geheimtür in der Bibliothek ging, sondern auch um eine »besondere Überraschung für einen besonderen Menschen«, und außerdem einen Code aus Zahlen und Buchstaben auf einen kleinen Zettel zu tippen, so wie der Internatsleiter es regelmäßig tat. Alles lief derart reibungslos, dass sie beinahe versucht war zu glauben, eine höhere Macht habe sich mit ihr verbündet. Doch das Schwerste stand noch bevor – es galt, konzentriert zu bleiben und keine Fehler zu machen, bis es zu Ende gebracht wäre.

Völlig ahnungslos tappte Sandra Vogel in die Falle, die sie ihr gestellt hatte. Daniela Weinhold konnte in der Dunkelheit der Nacht von einem Versteck in der Bibliothek aus beobachten, wie die Lehrerin die Geheimtür öffnete und kurz darauf in dem dahinter liegenden Gang verschwand. Sie folgte ihr geräuschlos bis in die von Kerzenlicht erleuchtete Kammer, betrat sie nur wenige Augenblicke nach ihr und drückte ihr von hinten das mit Chloroform getränkte Tuch auf Nase und Mund. Bis Sandra Vogel realisierte, dass dies nichts mit der Art von Überraschung zu tun hatte, mit der sie rechnete, war es schon zu spät. Sie konnte sich nur noch für einige Sekunden wehren, bevor sie schließlich betäubt zusammensackte.

Daniela Weinhold handelte nun wie in Trance. Sie glaubte, sich selbst dabei zusehen zu können, wie sie der Lehrerin routiniert eine Spritze nach der anderen in den linken Oberarmmuskel verabreichte und dann das Tuch wieder mit der farblosen Flüssigkeit tränkte, um es ihr noch einmal für eine Minute fest auf das Gesicht zu pressen. Dann raffte sie alles zusammen, blies die Kerzen aus, schaltete stattdessen ihre Taschenlampe ein, nahm den Kerzenständer mit und schloss kurz darauf die Zwischen- und die Geheimtür hinter sich. Wahrscheinlich würde Sandra Vogel noch einmal aufwachen, aber sie würde sich nicht orientieren können und hätte nicht die Kraft, in der Dunkelheit nach der Tür zu suchen, diese zu öffnen oder um Hilfe zu rufen. Sie war verloren. Daniela Weinhold hatte es zu Ende gebracht. Als sie sich bald darauf zu Bett legte, fiel sie schnell in einen tiefen, traumlosen Schlaf.

So problemlos bis dahin alles gelaufen war, so unvorhersehbar entwickelten sich die Ereignisse am folgenden Tag. Die Nachricht, dass Sandra Vogels Leiche unten im Dorf gefunden worden war, versetzte sie in Panik und stellte sie ebenso wie die Ermittler vor ein Rätsel. Doch noch war nichts verloren: Die Polizei schien im Dunkeln zu tappen – auch weil Dr. Brenner sein Verhältnis mit der Toten verschwieg. Nachdem dann in der vergangenen Nacht der Hausmeister verhaftet worden war, sah es so aus, als würde sich alles zum Guten wenden. Sicherlich hätte es noch eine Weile gedauert, bis der Mord und die Sache mit den Drogen aus den Schlagzeilen und den Köpfen der Leute verschwunden gewesen wären – aber danach hätte alles wieder so sein können wie früher.

Und nun steht da unten dieser Historiker mit einem Brief, den Dr. Brenner geschrieben haben soll – und in dem angeblich steht, dass er die Affäre mit Sandra Vogel ohnehin beenden wollte. Heißt das nicht, dass sie völlig grundlos all ihren Mut zusammengenommen und ihr unbescholtenes Leben in die Waagschale geworfen hat? Doch damit nicht genug: Gerade hat sie gehört, wie Lorenz Kastner außerdem Indizien aufzählte, die dafür sprechen, dass sie die Mörderin von Sandra Vogel ist. Fakten und Äußerlichkeiten, die vielleicht für Anwälte und Richter wichtig sind, aber doch im Grunde rein gar nichts bedeuten. Der Historiker glaubt tatsächlich, alles verstanden zu haben. Aber das ist nicht der Fall. Niemand, der nicht wie sie geliebt und gelitten hat, wird sie je verstehen.

Gleich wird es vorbei sein. Mit etwas Mühe erklimmt Daniela Weinhold die Brüstung des Panoramafensters. Die Blicke der auf der Terrasse Versammelten gelten jetzt ausnahmslos ihr, einige rufen etwas, doch die Worte dringen nicht zu ihr durch.

Sie richtet sich auf, wobei sie sich mit beiden Händen am Fensterrahmen festhält, und hebt den Kopf. Eine zärtliche Brise umschmeichelt ihre Wangen und ihren Hals. Die rostroten Ziegeldächer Falkenbergs leuchten in der Sonne, dahinter glitzert das Wasser des Inn, der sich zwischen den sanften Hügeln des über die Jahrtausende von ihm selbst geschaffenen Tals hindurchschlängelt. Am Horizont, von majestätischer Schönheit, die Berge. Was zählt inmitten von all dem schon ihr kleines, unbedeutendes Leben?

Sie nimmt die Hände vom Fensterrahmen, schließt die Augen und lässt sich langsam nach vorn kippen. Die Rufe von unten werden energischer, verzweifelter, dann werden sie vom lauten Pochen ihres Herzens und dem Rauschen des Blutes in ihren Ohren übertönt. Es wird nicht länger als eine Sekunde dauern.

Ein eiserner Griff packt Daniela Weinhold am Arm und reißt sie nach hinten. Sie stößt einen Schrei aus, stürzt und schlägt auf dem harten Parkettboden des Büros auf. Sie spürt das Gewicht eines sehr schweren Körpers auf ihrem eigenen und zwei starke Arme, die sie fest umklammern.

»Keine Angst.« Roland Fichtner ist außer Atem, seine Stimme zittert. »Ganz ruhig, Frau Weinhold. Ganz ruhig.«

5

»Wer ist eigentlich dieser Schüler, von dem in der Pressemitteilung der Polizei die Rede ist? Dort heißt es, er war bei Ihnen, als Sie gerade noch rechtzeitig das Büro des Internatsleiters betreten haben.«

Cornelia Boes steht neben dem Arbeitsplatz von Roland Fichtner und stützt sich mit beiden Handflächen auf dessen Schreibtisch. Der Journalist ist dabei, seine Reportage für die morgige Ausgabe zu schreiben, während die Chefredakteurin noch immer versucht, sich ein vollständiges Bild von den Ereignissen des Vormittags zu machen. So erfreulich es ist, dass ein Journalist ihrer Zeitung mitten im Zentrum des dramatischen Geschehens war, muss sie sich doch erst an den Gedanken gewöhnen, dass dieser Coup ausgerechnet Roland Fichtner gelungen ist.

»Ach, dieser Junge. Der … hat mir nur den Weg gezeigt«, antwortet Fichtner. »Schloss Falkenberg ist groß, wie Sie wissen. Nirgends im Gebäude hängen Übersichtspläne oder so was in der Art.«

»Verstehe. Und wie ist das alles nun genau abgelaufen? Als ich Sie vorhin angerufen habe, sagten Sie, Sie hätten gehört, wie der Täter über den Mord gesprochen hat. Also haben Sie die Sekretärin im Vorfeld belauscht? Wie hat sich das ergeben?«

»Ähm, ja, also ... im Prinzip stimmt das schon.« Fichtner räuspert sich. »Aber darauf würde ich nicht den Schwerpunkt meines Artikels legen. Ich denke, für die Leser ist vor allem die Schilderung des Anschlags auf den Historiker und der dramatischen Festnahme von Frau Weinhold interessant.«

»Damit liegen Sie wahrscheinlich richtig. Ich will Ihnen auch gar nicht groß reinreden. Immerhin waren Sie es, der hautnah dabei war. Ich bin gespannt auf Ihren Artikel. Sie werden ihn doch bis zum Redaktionsschluss fertig bekommen?«

»Ja, sicher. Das heißt: Falls ich von jetzt an ungestört daran arbeiten kann ...«

»Natürlich!« Cornelia Boes nimmt sofort ihre Hände vom Schreibtisch, tritt einen Schritt zurück und lächelt ihren Redakteur aufmunternd an. »Schreiben Sie nur, lassen Sie sich nicht ablenken.« Sie dreht sich um und stöckelt ohne einen weiteren Kommentar davon.

Roland Fichtner wartet, bis die Chefredakteurin die Bürotür hinter sich geschlossen hat, dann lässt er von der Tastatur ab und lehnt sich grinsend zurück. Diesmal hat er es geschafft. Er hat es allen gezeigt. Ja, seine Recherchen sind nicht so geradlinig verlaufen, wie Cornelia Boes es annimmt. Aber am Ende war das Glück auf seiner Seite. Oder besser ausgedrückt: Es ist auf ihn *zugekommen*. Vielleicht, weil seine Chakren jetzt offen sind?

Da fällt Fichtner ein: Er muss die Chefredakteurin noch seine Spesenrechnung abzeichnen lassen. Schließlich haben seine Nachforschungen auf dem Ziegelmeier-Hof letztlich zum Erfolg geführt. Außerdem sollte er die momentane Lage nutzen, um wieder ein eigenes Büro für den »Inntalboten« durchzusetzen. Ein Büro, von dem Cornelia Boes weit entfernt ist und in dem er nach Belieben schalten und walten kann. Und so viele Zigaretten rauchen, wie er will.

Nicht sehr weit entfernt, in einem anderen Rosenheimer Büro, versucht der Leiter der Mordkommission zum gleichen Zeitpunkt, der Schilderung von Hauptkommissarin Tamara Stahl zu folgen.

Die Gemütsfarbe Rot sei bei Untergebenen nicht ganz unproblematisch, hat ihm der Seminarleiter in Seeon bei einem Bier am Abend des zweiten Kurstages im Vertrauen erklärt. Bei diesen Menschen müsse man mit gelegentlichen Alleingängen rechnen, sie seien sehr ungeduldig und würden Anweisungen, deren Sinn sich ihnen nicht sofort erschließe, wahrscheinlich nicht befolgen. Andererseits seien sie immer für positive Überraschungen gut, wenn man ihnen etwas Freiraum lasse. Es sieht so aus, als hätte sich diese Einschätzung heute eindrucksvoll bestätigt.

Viele der in Frage kommenden Erklärungen für den Mord an Sandra Vogel hätten Dominik Zeller nicht weiter überrascht: eine Konfrontation mit skrupellosen Drogenhändlern oder mit unzufriedenen Eltern eines Schülers etwa oder ein psychopathischer Frauenmörder, der zufällig der Nachbar der Leiterin ihres Malkurses war. Dass sich nun jedoch alles um eine Liebesgeschichte drehen soll – genau genommen sogar um zwei: eine erfüllte und eine unerfüllte –, will nicht so recht in seinen Kopf. Deshalb lässt er sich jetzt die ganze Angelegenheit zum wiederholten Mal erklären und unterbricht die Hauptkommissarin dabei immer wieder mit Fragen.

»Moment – die Sekretärin hat also von dieser Geheimtür gewusst?«

»Sie hat erst wenige Wochen vor ihrer Tat davon erfahren. In ihrer Wohnung im Schloss haben wir einen Plan gefunden, der, wie wir vermuten, aus dem Besitz des Adligen stammt, der im 19. Jahrhundert umfangreiche Renovierungen im ganzen

Gebäude vornehmen ließ. Darin sind die Tür und der dahinter verborgene Bereich eingezeichnet. Der Plan war wohl Teil der Unterlagen, die Frau Weinhold für Herrn Kastner zusammenstellen sollte, aber damit er das Versteck nicht findet, hat sie ihn nicht an ihn weitergegeben.«

»Und das Insulin –«

»Kam aus einer Apotheke in Kiefersfelden, in der Frau Weinhold regelmäßig für ihre an Diabetes leidende Tante eingekauft hat. Das haben wir bereits überprüft.«

Tamara versucht, sich ihre Ungeduld nicht allzu sehr anmerken zu lassen. Aber hat sie ihrem Chef das alles nicht schon ausführlich erklärt? Wenn er es noch immer nicht verstanden hat, könnte er doch einfach auf den schriftlichen Bericht warten, der einer der wichtigsten Punkte auf Tamaras momentan ziemlich langer To-do-Liste ist. Ganz oben steht außerdem ein Gespräch mit Daniela Weinhold. Doch die Sekretärin, die nach der unerwarteten Rettung durch diesen Journalisten nur ein knappes Geständnis abgelegt hat und sich dann ohne Gegenwehr abführen ließ, ist laut Diagnose des Polizeiarztes noch nicht vernehmungsfähig.

»Sagen Sie mal«, setzt Dominik Zeller zu einer weiteren Frage an, »dieser Historiker … Wie hieß der gleich noch mal?«

»Lorenz Kastner.«

»Wirklich erstaunlich, dass er auch diesmal wieder vor Ort war und mitgeholfen hat, den Fall zu lösen. Er neigt auffällig dazu, in Tötungsdelikte verwickelt zu werden und dabei selbst in Lebensgefahr zu geraten. Scheint ein ungewöhnlicher Mensch zu sein.«

»Ja«, bestätigt Tamara und kann sich ein Lächeln nicht verkneifen. »Ja, das ist er wirklich.«

Das laute Geräusch der Briefkastenklappe beim Einwurf der neuesten Ausgabe des »Rosenheimer Tagblatts« sorgt dafür, dass Jakob Ziegelmeier senior in seinem dunkelgrünen Sessel in der Wohnküche der alten Bauernwohnung die Augen aufschlägt. Langsam streckt er die Hand aus, um Vorhang und Gardine ein wenig zur Seite zu schieben. Draußen geht gerade die Sonne auf, der Samstagmorgen kündigt sich in Form eines zartrosa Streifens am Horizont an.

Die richtige Zeit, um zum Melken in den Stall zu gehen. Später, wenn es schon ganz hell, aber noch nicht zu heiß ist, muss er hinaus auf die Wiesen und Felder. Für einen Bauern gibt es keinen Tag, an dem er nicht gebraucht wird von seinem Land und seinen Tieren. Natürlich nur, solange er einen gesunden, für die Arbeit tauglichen Körper hat. Und einen Hof mit Viehbestand, Heu- und Getreideproduktion. Wenn es mit all dem einmal vorbei ist, spielt Zeit keine Rolle mehr. Dann sitzt man da, sieht zu, wie sie vergeht, und wartet nur noch darauf, dass sie einen endlich mitnimmt.

Auch wenn es die Sonne noch nicht über die Hügel im Osten geschafft hat, sind die Blumenbeete und Büsche, die Friederike im Frühjahr gepflanzt hat, gut zu erkennen. Dahinter die Galerie, wo früher die Garage und das Gerätelager waren. Vor dem inneren Auge von Jakob Ziegelmeier senior taucht das Bild eines Leichenwagens auf, in den ein grauer Plastiksarg verladen wird. Ernste Gesichter, Uniformen. Noch nicht lange her ist das, ein paar Tage vielleicht. Jemand ist vor seiner Zeit gestorben, eine sehr traurige Angelegenheit. Auch eine junge Beamtin mit kurzen blonden Haaren vom Polizeipräsidium in Rosenheim war da.

Aber vielleicht habe ich das alles auch nur geträumt, denkt er und sieht dann seine Frau, die wegen der Sonne ihre Augen etwas zusammenkneift. Schweiß glänzt auf ihrer Stirn, eine einzelne Haarsträhne lugt unter dem roten Kopftuch hervor. Sie sagt etwas, doch er kann sie nicht hören, sie ist noch zu weit weg. Er muss zu ihr.

Seine Hand lässt die Gardine los, und sein Kopf sinkt wieder auf das dunkelgrüne Polster des Sessels. Er ist dabei, diese

Wohnung endgültig zu verlassen, in der er einst als blutiges Bündel das Licht der Welt erblickt hat und die, wenn sein Körper erst einmal hinausgeschafft ist, Platz für zwei Gästezimmer bieten wird oder für ein geräumiges Ferienapartment.

Weder das verrottende Gebilde aus Fleisch, Knochen und Haut, in dem er bis zuletzt gefangen gewesen ist, noch Mauern aus Ziegelsteinen und Mörtel halten ihn zurück. Das alles lässt er in diesem Augenblick bereits hinter sich.

Von oben betrachtet fällt auf, dass die Dachziegel auf dem renovierten Gebäudeteil heller sind. Irgendwo darunter wird in Kürze Jakob Ziegelmeier junior aufstehen, frühstücken und dabei einen Blick ins »Rosenheimer Tagblatt« werfen, bevor er in die Werkstatt geht. Seine Frau wird etwas später, nach ihren Yogaübungen, versuchen, die Zeitung auf dem Küchentisch zu ignorieren, da sie beschlossen hat, in nächster Zeit sämtliche Formen von negativer Energie frühzeitig von sich fernzuhalten. Doch das kleine Foto unter der Schlagzeile auf dem Titelblatt wird sie neugierig machen. Sie wird sich fragen, was Raimund Schuster, der Mann, der gestern noch ein kombiniertes Yoga-, Farbtherapie- und Meditationsseminar zur Raucherentwöhnung bei ihr absolviert hat, mit Sandra Vogels Tod zu tun hat. In diesem Moment wird Elias im Schlafanzug die Treppe herunterkommen und wortlos zum Kühlschrank gehen, um sich sein Frühstück zuzubereiten.

Der drei Meter hohe, blickdichte Zaun zwischen der Galerie und dem Haus, das die Tochter von Jakob Ziegelmeier senior einst an die Stelle des alten Fischweihers gebaut hat, wirkt aus der Höhe wie eine hässliche Narbe. Er trennt, was seit jeher zusammengehört. Offenbar keimt in Udo Pasig ein ähnlicher Gedanke – denn weshalb sollte er sonst in einigen Tagen bei Friederike klingeln und ein gemeinsames Abendessen mit ihr und ihrem Mann vorschlagen? Man sei eine Familie, wird er zu ihr sagen, da könne man doch nicht auf Dauer in Unfrieden miteinander leben.

Auf dem bewaldeten Hügel, an den sich ringsum die Häuser Falkenbergs schmiegen, erhebt sich, von den ersten, zaghaften Sonnenstrahlen des Tages beleuchtet, das Schloss. Dort muss man in Zukunft ohne die bisherige Internatsleitung auskommen, da sich Dr. Julius Brenner ab Montag krankmelden und bald darauf – nach der einvernehmlichen Auflösung seines Arbeitsvertrags – ein Jahr Auszeit nehmen wird, um ein Buch über den Umgang mit digitalen Medien im Schulbetrieb zu schreiben.

Die Lehrer und Erzieher des Internats werden in der Woche nach der Festnahme von Daniela Weinhold versuchen, so etwas wie Normalität zu wahren, indem sie auf die Einhaltung des Stundenplans pochen – auch wenn es während des Unterrichts kaum ein anderes Thema als die jüngsten Ereignisse geben wird.

Ludmilla von Sternberg wird angesichts der jüngsten Enthüllungen beschließen, sich aus dem Kuratorium zurückzuziehen und ihre Tochter Charlotte von der Schule zu nehmen. Dazu wird diese ihrem neuen Freund Lorenz Kastner in einer E-Mail schreiben: »Wahrscheinlich komme ich nächstes Jahr auf ein Internat in der Schweiz. Das ist schade, weil mir das Schloss gut gefallen hat. Immerhin konnte ich meine Mutter davon überzeugen, dass ich in der neuen Schule nicht mehr reiten muss, sondern stattdessen einen Film- und Fotoworkshop besuchen darf.«

Henrik aus der elften Klasse wird mit einem mulmigen Gefühl an den anstehenden Sommerurlaub auf Sylt denken, denn dort wird er seinem Vater neben der Sache mit den Amphetaminen auch erklären müssen, dass er mit dessen Porsche einen Kleinwagen gerammt und dabei einen nicht ganz unerheblichen Schaden verursacht hat. Keine besonders erfreulichen Aussichten. Andererseits stehen die Chancen nicht schlecht, dass ihn Luna ins Sommerhaus an der Nordsee begleiten darf. Was soll sein Vater auch dagegen sagen? Schließlich wird er ebenfalls seine neueste Eroberung – Céline, neunundzwanzig, Immobilienmaklerin – mitbringen.

Die sensationellen Nachrichten aus Falkenberg sind von überregionalem Interesse, weshalb nicht nur das »Rosenheimer Tagblatt« darüber berichtet, sondern auch andere Zeitungen wie der »Münchner Kurier«, dessen neueste Ausgabe gerade am Tegernsee im Briefkasten der Taubers landet. Jens Tauber wird keine Zeit haben, um ihn zu lesen. Er ist mit Wichtigerem beschäftigt. Nach Ermittlungen gegen einen seiner Freunde im Gemeinderat von Rottach-Egern ist die Rechtmäßigkeit der Baugenehmigung für sein Wohnhaus in Zweifel gezogen worden, es droht der erzwungene Abriss oder zumindest eine Strafzahlung in immenser Höhe. Während der Architekt alle Hebel in Bewegung setzt, um das Schlimmste zu verhindern, wird sich seine Frau immer wieder fragen, ob Maximilian im Internat in Falkenberg überhaupt noch gut aufgehoben ist. Doch schließlich wird der Junge auf der Schule bleiben und im nächsten Jahr, ebenso wie sein Freund Henrik, die Abiturprüfungen bestehen.

»Was wird jetzt eigentlich aus deinem Forschungsprojekt?«, fragt Tamara und greift in die Papiertüte voller Kirschen, die Lorenz mitgebracht hat. Es ist Sonntagnachmittag in Rosenheim, und die beiden sitzen auf einer Bank im Schatten eines riesigen Kastanienbaums. Auf dem Fußweg unmittelbar vor ihnen hüpft ein Rotkehlchen auf und ab, wohl in der Hoffnung, auch etwas aus der verlockend raschelnden Tüte zu bekommen. Ein paar Meter dahinter fließt breit und gemächlich der grün schimmernde Inn.

»Morgen bin ich wieder am Institut und stelle meine Ergebnisse vor«, antwortet Lorenz und spuckt einen Kern ins Wasser. »Aber ich gebe mich keinen Illusionen hin: Selbst wenn die Forschungsgruppe zustande kommt, werde ich wohl kein Teil davon sein. Ich glaube, Herr Professor Beckstein hält nicht mehr sehr viel von mir.«

»Das tut mir leid«, sagt Tamara, nachdem auch sie einen Kern in hohem Bogen in den Fluss befördert hat.

Lorenz zuckt mit den Schultern. »Vielleicht ist es ganz gut, wenn daraus nichts wird. Immer nur alte Mauern vermessen und dazu noch die Berge von Fachliteratur, das alles beschäftigt mich eigentlich schon viel zu lange. Ich frage mich, ob ich nicht mal etwas ganz anderes machen sollte.«

»Ach ja?«, fragt Tamara erstaunt, als ihr Handy klingelt. Sie entschuldigt sich und wirft einen Blick auf das Display. Es ist Tobi. Sie lehnt den Anruf ab und blickt für einige Sekunden nachdenklich auf das vorbeifließende Wasser. Dann löscht sie Tobi mit ein paar schnellen Bewegungen ein zweites Mal aus ihren Kontakten und steckt das Handy zurück in ihre Umhängetasche.

»Was würdest du denn gern tun, wenn du dich nicht mehr hinter deinen Büchern verstecken willst?«, setzt sie das unterbrochene Gespräch fort.

»Das ist alles noch ein bisschen unausgegoren«, antwortet Lorenz. »Längerfristig habe ich keinen Plan oder so etwas, aber kurzfristig hätte ich schon eine Idee.«

»Und die wäre?«

»Also, ich muss zugeben, dass die Aufklärung von Kapitalverbrechen eine spannende Angelegenheit ist. Keine Angst, ich will deswegen nicht gleich selbst Polizist werden. Aber meinen persönlichen Kontakt zu den Ermittlungsbehörden würde ich gern … intensivieren.«

»Verstehe«, meint Tamara. »Und wie genau stellst du dir das vor?«

Lorenz antwortet nicht, sondern legt die Tüte mit den Kirschen neben sich auf die Sitzfläche der Bank, wendet sich Tamara zu und küsst sie.

Das Rotkehlchen kommt zögernd und vorsichtig näher. Es ist versucht, sich bis auf die Bank vorzuwagen, denn der Kuss zieht sich in die Länge, und die raschelnde Tüte scheint darüber in Vergessenheit zu geraten. Doch dann, wie auf ein nur für ihn wahrnehmbares Signal hin, flattert der Vogel einige Meter in die Höhe, beschreibt im Flug einen Halbkreis über dem Fluss und verschwindet schließlich hinter dem dichten Laub des Kastanienbaums.

Fabian Marcher

KRANZHORN

Broschur, 288 Seiten

ISBN 978-3-7408-0066-6

Ein Wanderer stürzt in den Tod und ganz Oberaudorf glaubt an einen Unfall. Als kurz darauf aber ein weiterer Dorfbewohner leblos im See liegt, ist diese Theorie dahin. Dem umtriebigen Bürgermeister kommt die Unruhe mehr als ungelegen. Schließlich soll Oberaudorf als »Schönstes Dorf Bayerns« ausgezeichnet werden. Doch hinter den blitzsauberen Fassaden stoßen Historiker Lorenz Kastner und Kommissarin Tamara Stahl auf ein tödliches Netz aus Intrigen und sorgsam gehüteten Geheimnissen.

Julia Lorenzer, Fabian Marcher

111 ORTE IN ROSENHEIM UND IM INNTAL, DIE MAN GESEHEN HABEN MUSS

Broschur, 240 Seiten

ISBN 978-3-95451-735-0

In Rosenheim trifft bayerische Tradition auf südländische Lebensart, Bürgerstolz und Erfindungsreichtum. Hier wird in historischen Kaufmannshäusern und malerischen Gassen altem Handwerk neues Leben eingehaucht, modernste Technik weiterentwickelt, Raum für Kunst und Kultur geschaffen – und bei alldem das leibliche Wohl nicht vergessen. Die Stadt ist weit mehr als nur der malerische Hintergrund für Vorabendkrimis, und wer glaubt, sie schon zu kennen, für den hält sie garantiert noch einige Überraschungen bereit! Im Umland und am Inn warten unter anderem Deutschlands höchstgelegene Kirche, urzeitliche Kreaturen und geheimnisvolle Burgruinen auf Entdeckungsreisende.